早期丝绸之路探微

ZAOQI SICHOU ZHILU TANWEI

杨共乐◎著

北京师范大学出版集团
BEIJING NORMAL UNIVERSITY PUBLISHING GROUP
北京师范大学出版社

图书在版编目（CIP）数据

早期丝绸之路探微/杨共乐著. —北京：北京师范大学出版社，2011.9
ISBN 978-7-303-11963-9

Ⅰ. 早… Ⅱ. 杨… Ⅲ. 丝绸之路-研究 Ⅳ. K203

中国版本图书馆 CIP 数据核字（2010）第 249375 号

营销中心电话 010-58802181 58808006
北师大出版社高等教育分社网 http://gaojiao.bnup.com.cn
电子信箱 beishida168@126.com

出版发行：北京师范大学出版社 www.bnup.com.cn
北京新街口外大街 19 号
邮政编码：100875
印　　刷：北京京师印务有限公司
经　　销：全国新华书店
开　　本：148 mm × 210 mm
印　　张：9.5
字　　数：225 千字
版　　次：2011 年 9 月第 1 版
印　　次：2011 年 9 月第 1 次印刷
定　　价：28.00 元

策划编辑：李雪洁　　责任编辑：李雪洁　徐会超
美术编辑：毛　佳　　装帧设计：毛　佳
责任校对：李　菡　　责任印制：李　啸

序 言

"丝绸之路"是一条横贯欧亚大陆的商业要道，也是一条联系东西方各国政治、经济、文化的交通大道。对其进行认真细致的研究既是学术的需要，也是时代的需要。因为世界上虽然在这一领域已经有众多学者作过探究，但尚有许多问题无法解释，还须各国学者从不同的角度对之进行思考、钻研与辨析。而当今经济全球化的快速推进又迫使各国学者对世界古代的交往模式和途径进行新的评估。"丝绸之路"自然成了学者们关注的重点。

"丝绸之路"这一概念最早是由普鲁士地理学家、近代地貌学的创始人和东方学家李希霍芬(Ferdinand von Richthofen)提出来的。① 李希霍芬在 1877 年出

① 弗尔地那德·冯·李希霍芬实际上早在 1870 年和 1872 年间就有了东西方"丝绸之路"的概念。他在给上海商会的信中这样写道："自远古以来，商人便开辟了从兰州府到肃州的自然商道，并继而向前延伸分叉成更多的天然道路。沿着南路，秦朝的名声传到了波斯人和罗马人那里。14 世纪以后，马可·波罗旅行到了兰州府，从那里经宁海府归仕城到了忽必烈可汗(元太祖)的住处。中国皇帝在很早以前便意识到占据这些国际交通路线的重要性，因为它能使他们控制中亚。" Ferdinand von Richthofen, *Baron Richthofen's Letters*, 1870—1872, North China Herald Office, Shanghai, 1903, p. 149. 后来这些思想在其 3 卷本的《中国亲程旅行记》(*China. Ergebnisse eigener reisen und darauf gegründeter studien*, 1877—1885)中得到了更充分的论证。

版的名著《中国亲程旅行记》一书第1卷中十分明确地把"自公元前114至127年间连接中国、河中以及印度的丝绸贸易之路"称为"Seidenstraβen"。① 1910年，德国的东亚史研究专家赫尔曼(Albert Herrmann)又把这一道路进一步延长至遥远的叙利亚。他在《中国与叙利亚间的古代丝绸之路》一书中这样写道："我们应把这一名称(丝绸之路)的含义进而延长到通往远西的叙利亚。总之，在与东方大国(即中国)进行贸易期间，叙利亚始终未与它发生过什么直接关系。然而正如我们首次了解到夏德的研究成果那样，尽管叙利亚不是中国生丝的最大市场，但也是较大的市场之一。而叙利亚主要就是依靠通过内陆亚洲以及伊朗的这条道路获取生丝的。"②后来赫尔曼的这一学说又得到了一些汉学家的进一步阐发。19世纪末至20世纪初，西方和日本的"学者"及"探险家"，如俄国的普尔热瓦尔斯基、英国的斯坦因、德国的勒柯克、瑞典的斯文赫定、法国的伯希和、日本的大谷光瑞等，连续到我国西北边疆地区进行考察，找到了古代中国与亚、非、欧各国交往的许多遗址和遗物，并分别著书丰富这条横贯欧、亚大陆的丝路的内容。

1933年，斯坦因在其《古代中亚之道路》一书中，专列一章讨论中国在中亚的扩张与文明的交往，提出了以下著名的结论，即："为促进中国内地资源的开发，如何利用新开辟的线路为中国的手工业产品，特别是为最贵重的丝织品寻找新市场，就显得十分重要。事实上，中国的文献记录中有充足的证据表明：开始于汉武帝时期的

---

① 弗尔地那德·冯·李希霍芬：《中国亲程旅行记》第1卷，柏林，1877(Ferdinand von Richthofen, *China*, Bd. 1, Berlin, D. Reimer, 1877)，454页以次。

② A. 赫尔曼：《中国与叙利亚间的古代丝绸之路》，柏林，1910(Albert Herrmann, *Die alten Seidenstraβen zwischen China und Syrien*, Wittenberg, Herroé & Ziemsen, Berlin, 1910)，10页以次。

西部扩张，既有政治动机，也有与贸易密切相关的经济因素。”①此后，“丝绸之路”研究开始与经济因素结合起来。“丝绸之路”也越来越受到世界学术界的重视。

近些年来，人们对“丝绸之路”的经济作用提出了许多质疑，认为：“丝绸之路”的存在毋庸置疑，但其经济的重要性显然已被夸大。美国学者阿谢德(S. A. M. Adshead)是这一观点的主要代表。阿谢德在其著作《中国在世界历史之中》一书中提出了经济作用不大的四条理由。第一，他引用布罗代尔“不要过高估计前现代任何贸易的巨大重要性”的说法，认为在17世纪波罗的海的谷物贸易——谷物是当时欧洲商业的主要物品之一——只提供地中海地区消费粮的1%或2%，以此说明早期“丝绸之路”进行大规模丝绸贸易的不可行性。第二，陆路运输费用昂贵。陆路运输的平均费用是水路运输的20～40倍。在可能的条件下，人们宁走水路而不走陆路。第三，由于地势、护送费及各个地区间的关税，丝绸之路甚至在陆路贸易中也是昂贵的。第四，当丝绸在罗马取得了神奇的成功，作家们对此大谈特谈时，罗马人消费的主要方式是奢侈品多于纺织品。根据芬尼(M. I. Finley)的说法，市场大量缺乏纺织品是古代经济的一个特点。即使普林尼的1亿塞斯退斯不属于夸张，它们总计也仅占罗马国内生产总值的2%。② 所以，阿谢德认为丝绸之路的真正意义是文化的而非商业的。③

应该说，中外学者在丝路研究方面用功极勤，成绩斐然，但由于受语言、方法、历史、知识等方面的影响，还有许多问题尚需进

---

① Sir Aurel Stein, *On Ancient Central Asian Tracks*, New York, Pantheon, 1964, pp. 19-20.

② 参见 M. I. Finley, *Ancient Economy*, London, Chatto and Windus, 1973, p. 137。

③ 参见阿谢德：《中国在世界历史之中》，24页，石家庄，河北教育出版社，1993。

一步探讨和研究。尤其是对早期“丝绸之路”的探研上，其难度更大，薄弱点更多，待人开垦的领域也更广。1986年，联合国根据国际信息化时代业已到来、各民族间经济、学术和文化交流日趋密切的客观事实，把“丝绸之路研究”作为“世界文化发展十年”三大计划中的第一项内容，并将其列为重大科研攻关项目。其重要性不言而喻。笔者选择“丝绸之路”作为自己10余年来研究的重点，主要是出于以下考虑：(1)“丝绸之路”作为连接欧亚大陆的动脉，是世界历史发展的主轴，与世界历史的发展关系密切。古代世界的几个主要文明中心，如中国、印度、伊朗、埃及、希腊、罗马等，均借此古道而发生直接或间接的联系。因此，要了解古代世界主要文明之间的相互联系和影响，就必须对连接这些文明的主要纽带“丝绸之路”进行深入的研究。(2)众所周知，“丝绸之路”的终点是罗马，丝绸的大规模需要也来自罗马；罗马是丝绸的主要消费地，也是推动古代中国丝绸走向西方的重要吸收源。要了解“丝绸之路”的经济价值、社会意义，就必须对遗留于古典文献中的相关材料作一系统的收集和整理，并在此基础上对有关具体问题进行深入探研，而这一点恰恰是当今学术界做得不够的。

本书主要想改变以往中国学者多侧重中国古代文献、西方学者又多偏重西方文献来研究“丝绸之路”的单一研究方法，凭借作者既熟悉古代汉语，又学过希腊语、拉丁语和埃及象形文字等语言优势，既学习古代中国史，又研究古代外国史这一学术优势，充分利用中西方的文献资料和考古成果，用中国文献和西方或印度文献相互印证的双重证明法，分三个层面来思考和研究早期的“丝绸之路”。第一个层面是对西方古代文献中相关丝绸方面的材料进行深入的梳理、分类、翻译和分析，为深入研究“丝绸之路”做好基础性的工作；第二个层面是在深入分析和研究8世纪以前(尤其是放在公元前4至6世纪之间)亚、欧各主要文明区之间关系的基础上，重点审视“丝绸之路”开辟对东西方社会的影响，把丝路研究置于当时的国际背景之下；第三个层面是对发生在早期“丝绸之路”上的若干重大事件进行实质性的考证，从而为“丝绸之路”研究的具体化尽微薄之力。

本书共分交往篇、质疑篇、重新思考篇、考据篇和材料篇五部分。

交往(主要指社会交往)是人类区别于动物的天性，是人类走出野蛮、走进文明并不断促进文明发展的重要前提。进入文明时代以后，作为人类基本实践活动的文明交往更成为推动社会发展的主要力量，构成衡量“人类历史变革和社会进步”的重要标尺。本书考虑的交往载体主要是古代的中国与罗马，交往的形式分为信息的传递、物品(主要是丝织品流入罗马)和文化作品的交流以及人员间的直接交往。从现有的材料看，丝绸是连接东西方古代文明最重要的物品，东西方各文明区之间早在公元前1至8世纪就形成了一个较为完整且自成一体的“丝绸世界”。这个世界从产丝的中国开始，转经中亚、波斯和印度，再到买丝消费的罗马。这是世界上出现的一种独特的跨文明区但同时又超越跨文明区的文明现象。依赖已有的文献材料，破解典型事件，重新勾勒早已存在过的“丝绸世界”，反映当时人对这个世界的认识过程是本书交往篇的主要内容。

历史学是一门求真的科学，好奇和质疑是求真的前提。质疑篇主要是对古代学者和近现代学者提出的，并对当今学术界有重大影响的一些重要学术问题进行溯源、辨析，还历史一个真实，为研究提供鉴定上的空间，把去伪存真建立在史实的鉴定之上。

历史学的探索富有乐趣，但同时也充满艰辛。重新思考篇是笔者对一些世界性疑难问题研究后留下的思考。其中有的是挑战权威观点的，有的是挑战现有结论的；有的解决了，有的部分地解决了问题；有的提出了新的思考点，有的还有待新史料出现后的进一步验证。

考据是历史学的基本方法，也是揭示真相的重要手段。把握和运用考据方法是历史工作者必须认真对待并严加训练的基础课程。考据篇选择的是一系列争论不休的世界性学术难题。这里所用的史源分析法、分类比较法、东西文献互证法都是建立在笔者自己的知识积累和研究探索基础上的，应该说取得了很好的成效。笔者为此感到非常欣慰。

获取权威材料是历史学的基础性工作，也是历史学研究之第一前沿。为掌握“丝绸之路”方面的众多资料，我们的学术前辈辛勤耕耘，不惜以毕生之功，追求“竭泽而渔”之效。其中著名者有：英国学者亨利·欲尔(Sir Henry Yule)、法国学者乔治·戈岱司(George Coedes)和阿里·玛扎海里(Ali Mazaheri)。亨利·欲尔在其《古代中国见闻录》①一书中挖掘了部分西方古代学者记载的中国信息。乔治·戈岱司在其《希腊拉丁作家远东古文献辑录》②一书中比较详细地罗列了15世纪以前提到过远东的拉丁、希腊文献，并将其译成法文。阿里·玛扎海里在《丝绸之路——中国与波斯文化交流史》第二篇中摘录了一些希腊罗马作家论述中国的部分文献。他们都做了“一人劳而万人逸、一时劳而多时逸”的开拓性奠基工作。这里尤其值得一提的是我国学者张星烺。张星烺先生是我国近代著名史学家，中西交通史研究的开拓者和中西交通史学科的主要奠基人。他禀承丰厚家学，深通国故；早年赴美、德留学，精通数国语言，史学根底深厚。曾先后任厦门大学、燕京大学、辅仁大学教授，辅仁大学历史系主任。张星烺先生才华横溢，学贯中西，研究领域广泛，成绩斐然，其中六卷本《中西交通史料汇编》是至今为止在这一领域搜集材料最多且最具权威性的著作。《中西交通史料汇编》内容宏富，主要包括史料摘录和注释考证两部分。史料摘录主要以文献材料为主，以地区和国家分类，按时间顺序先后排列，以远而近，由少而多。注释考证则是张先生自己思考和研究的成果，是著作者自身智慧的结晶。编

① Henry Yule, *Cathay and the Way Thither*, London, Printed for the Hakluyt Society, 1866.

② 乔治·戈岱司的《希腊拉丁作家远东古文献辑录》初版于1910年。笔者研读的是：George Coedes, *Textes D'auteurs Grecs et Latins Relatifs A l'Extreme-Orient*, Georg Olms Verlag Hildesheim, New York, 1977。

注者充分利用已经辑录的大量资料，对其中的地名和史事进行考释和研究，并提出了自己的观点，其中不乏真知灼见。周一良先生曾对张星烺先生有过这样的评价，他说："我国学者中，筚路蓝缕开创中西关系史(不包括近代外交史)研究者当推张星烺先生。张先生创始于20世纪20年代的《中西交通史料汇编》皇皇巨著，参考西域成果，辅以新知，举凡交通路线、人物往来，物产传播等等，无不囊括。虽名为交通，实即文化交流之内容。"①可以毫不夸张地说，后来治中西交通史相关学科的学者无不从张星烺先生的作品中汲取营养。

在写作本书时，笔者大量阅读并参考了他们的成果，但也感觉到有必要对他们的材料加以补充与修正。笔者根据实际研究的需要，对前辈学者所忽略的领域，尤其是西方古代史书中关于丝绸方面的材料，进行了系统、全面的整理，工程之大令笔者不敢回首，但它确实给笔者的研究带来了许多意想不到的收获，帮助解决了许多难以想象的难题。笔者始终认为："详尽而又透彻地把握史料，冷静而又深刻地钻研问题，正确而又清晰地还原历史"应该是历史工作者追求的目标。但要做到这一点需要付出巨大的努力。本书的写作虽很艰辛，但创获颇丰。这些创获既来源于笔者对相关重大问题理解的加深，也来源于笔者在解决问题过程中所进行的反复思考与精心钻研。

本书在创作过程中，得到了北京师范大学资深教授刘家和先生无私的点拨和指导。刘先生的教诲常常能使笔者对事物的认识高度大为提升，让笔者在精深的学术面前不但看到而且真切地体会到了学问的巨大魅力。收获之大，成效之明显让笔者欣喜不已。其实这本书就是按照刘先生所阐述的考据学方法和理论操作的，书里吸纳了先生的许多智慧，同时也蕴涵着先生的辛劳与希望。中国社会科

① 黄时鉴主编：《插图解说中西关系史年表》，1页，杭州，浙江人民出版社，1994。这里的20年代是指20世纪20年代。

学院学部委员廖学盛先生是笔者研究生时期希腊文、拉丁文和希腊史等课程的老师。多年来，廖先生一直对笔者的成长关爱有加，对笔者的学业关怀备至，有问必答，帮助笔者解决了许多语言上的难题。笔者在此深表谢忱！北京师范大学出版社的李雪洁编辑，对本书作了认真的审读，提出了许多宝贵的修改意见。笔者由衷地感谢她。

由于本书涉及的内容具有跨度大、范围广、语言多等特点，不足之处肯定不少，笔者衷心希望在本书出版后，能得到读者善意的批评。

目　录 CONTENTS

一、交往篇

二、质疑篇

三、重新思考篇

四、考据篇

五、材料篇

目 录 CONTENTS

Part 1 Communication

Part 2 Questioning

Part 3 Reconsideration

Part 4 Textual Researches

Part 5 Sources

一、交往篇

罗马的扩张以及对东方国家的了解与接触

在西方古代文明的发展进程中，罗马是后起的国家，一直置身于西方文明的西部边缘。罗马对东方国家的了解和接触是与其成功的对外扩张紧密相连的。按时间顺序，罗马对东方国家的了解与接触可以分为两个阶段。第一个阶段是公元前 8 世纪中叶至前 30 年，了解和接触的对象主要是希腊、马其顿、叙利亚和埃及，其范围还在地中海周围地区。第二个阶段是公元前 30 年至 6 世纪。此时，因为希腊、马其顿、叙利亚和埃及都成了罗马帝国的一部分，其接触和交往的对象也随着其地域的变化而有了明显的变化。阿拉伯、帕提亚、印度、贵霜帝国和中国成了其深入了解、加强联系的主要国家。其交往的范围也由地中海地区进入埃及东部的红海、印度洋，甚至远达太平洋。其交往的手段、物品以及区域也随着罗马帝国实力的增强而更趋广泛、复杂，影响也更为深远。

一

德国学者黑格尔曾经提出过两河流域和地

中海地区历史由东方向西方转移的观点，即：如果说波斯帝国是这一传统的滥觞，那么随之而来的是马其顿亚历山大的帝国，其地缘中心显然是在波斯帝国的西部与边缘。当然，这个帝国不久就随着亚历山大的死亡而分裂，并被更加靠西的罗马帝国取代。新的秩序在原有秩序的边缘完成，在经历了一个发展时期之后开始征服原有的帝国并彻底取代旧势力。罗马帝国的兴起就是如此。

罗马最初是一个位于意大利半岛中部的小国，大约建城于公元前8世纪中叶，属于希腊文明圈的西部边缘区。建城初期，它只不过是第伯河畔的一个弱国，处境十分艰难。到公元前5世纪后半期，罗马人在与近邻的斗争中开始转入优势。公元前431年，他们战胜了厄魁人，接着又多次打败伏尔西人，夺回被伏尔西人占领的拉丁沿海土地。三次维伊战争不但使罗马扫除了位于拉丁北部的埃特鲁里亚之患，而且也为其向南扩张训练了一支实力过硬、兵农结合的军队。

此后的一百余年间，罗马人基本上是在与中、南部的意大利人交战中度过的。人口众多但又分散的意大利人没能阻挡住罗马这辆战车向前发展的步伐。他们纷纷被罗马征服，成为执行罗马“分而治之(divide et impera)”政策的对象。罗马人依靠各部落和各地区社会上层对意大利进行治理。同时，又以建立殖民地等方法对之加以巩固。殖民地居民有些由拉丁同盟所遣，有些由罗马直接派出。通过这种方式，罗马人在用“剑”征服的基础上，很快又用“犁”抚平了征服者与被征服者之间的裂痕。

罗马在征服意大利以后，开始越出意大利边界，与活跃于地中海地区的海上强国迦太基发生冲突。从公元前264年到公元前146年，罗马与迦太基进行了三次战争。战争的结果是迦太基战败，沦为罗马的附属国，罗马成了西部地中海的霸主。

与迦太基人交战正酣之时，罗马人又在东部地中海开辟战场，开始通过征服的方式与东部地中海世界发生联系。当时东部地中海有马其顿、希腊王国、埃及托勒密王国和叙利亚塞琉古王国等。这些国家都为亚历山大部下所建，在其与罗马接触时，皆有了百余年发展的历史。

罗马人向东扩张首先是从征服马其顿、希腊开始的。这既有地缘方面的原因，也有战略上的思考。通过三次马其顿战争(公元前 214—前 205 年、公元前 200—前 196 年和公元前 172—前 167 年)，罗马人完成了对东部大国马其顿的征服，不但使马其顿、希腊成为罗马领土的一部分，而且也使其成了罗马继续向东发展的桥头堡。当罗马和马其顿进行第二次战争之时，叙利亚国王安提奥库斯三世乘机向西发展，越过赫勒斯滂海峡并掠取了马其顿的色雷斯地区，从而引起罗马与叙利亚之间的战争(公元前 192—前 188 年)。叙利亚战争是向东扩张的罗马与向西拓展的塞琉古之间爆发的争霸遭遇战。安提奥库斯三世是当时塞琉古的国王。他于公元前 223 年上任，先平内乱，接着发动第四次叙利亚与埃及之间的战争(公元前 219—前 216 年)。公元前 211 年，他开始远征帕提亚、巴克特里亚、印度等地，迫使帕提亚、巴克特里亚承认叙利亚的宗主地位。与此同时，他又从印度孔雀王朝那里获取 150 头战象。公元前 205 年，安提奥库斯三世回到叙利亚，历时七年的东征结束，自称“伟大的国王”。三年以后，他挑起第五次叙利亚与埃及之间的战争(公元前 202—前 200 年)，并最后获胜，从而结束了埃及与叙利亚为争夺腓尼基等地而进行的长期鏖战。此后，安提奥库斯三世又夺取了埃及在西里西亚的领地以及马其顿的部分城市，并开始把侵略的目光转向希腊。

公元前 192 年安提奥库斯三世率军进入希腊半岛，与罗马发生直接冲突。公元前 190 年，罗、叙两军在小亚细亚的马格尼西亚展开会战，叙利亚惨遭失败，死伤 5 万余人，被迫向罗马求和。公元前 188 年，双方订立和约，规定：叙利亚放弃在小亚细亚和色雷斯地区的属地，12 年赔款 15 000 他连特，只保留 10 艘船舰。此后，叙利亚王国也就逐渐失去了其在东部地中海的重要地位。公元前 63 年，罗马大将庞培征服小亚细亚东部地区，并于不久占领叙利亚和巴勒斯坦，塞琉古王国最后灭亡。罗马人在塞琉古王国的基础上新建了叙利亚行省。

与此同时，罗马的另一位大将恺撒征服了山外高卢，将罗马的疆域扩大至不列颠地区。公元前 30 年，屋大维击败政敌安敦尼和埃及女王克里奥帕特拉的联军，从而结束了埃及独立发展的历史，灭亡了埃及的托勒密王朝，使埃及成为罗马帝国的一个行省。对于罗马人来说，征服埃及意义重大。此后，罗马每年都能从这里获取巨大的粮贡，罗马与东方之间的贸易也因此变得更为直接和频繁，东方的商品开始源源不断地流入罗马市场，影响着罗马的经济与民生、改变着罗马的社会与风俗。① 罗马已经成为地中海地区名副其实的主人。

罗马帝国并非一天建成。它是罗马实力的象征，罗马武力的结果与必然，当然，也是罗马和平的起点。经过数个世纪的征战，罗马人终于以其独特的形式征服了环地中海周围地区的古代世界，迎来了长达两个半世纪的"罗马和平（Pax Romana)"时代。那种政治上、行政上的统一，为经济生活开辟了新领域、创造了新条件，给罗马带来了前所未有的发展空间和活动舞台。罗马帝国关注的重点除了经济生活上的地方性或区域性以外，更加重视相互联系、互相渗透的综合整体以及这种综合整体的建设与发展。罗马境内的农业、手工业和商业在帝国这一广阔的平台上快速变革、进步惊人。帝国城市更是星罗棋布，联系紧密。其中仅高卢就有将近 1 200 座，西班牙有 690

---

① 奥古斯都时代，罗马每年从埃及获取的税收是 50 000 000～60 000 000 塞斯退斯。奥勒里乌斯·维克托(Aurelius Victor)记载，在奥古斯都时代，每年约有20 000 000摩底粮食从埃及运入罗马。参见 Brev.，1，6。

多座，意大利也有近 1 200 座，阿非利加 650 座，希腊 950 座，东部亚洲行省则有 5 000 多座。爱德华·吉本认为，有许多高卢的城市如马赛、阿尔勒、尼姆等，它们古代的格局完全不次于甚至更高于，它们目前的情况。① 城市的繁荣既是帝国经济发展的象征，也是帝国罗马化的重要成果。帝国境内的罗马化运动，随着地方城市的不断出现而推进迅速。它既改变着各地的传统习惯，又使原先在各地间业已存在的生活差异日趋缩小，从而使分散的地中海世界紧紧地连接在一起，共同分享罗马治下的和平。

二

与罗马地域帝国建立的同时，罗马的多民族文明也辐射至帝国的四周，罗马人的足迹远涉帕提亚、印度、中亚，甚至到达中国。以罗马意大利为中心、以行省为屏障、以四周邻国为影响区和交往区的罗马庞大势力区，开始在古代世界的历史上展现活力，与东方的中国共同构成推动当时世界文明发展的两大重要力量。正如老普林尼所说："罗马帝国的统治开启了世界性的交流和联系；多种商品的交换，以及普遍享有的和平促进了文明的进化，加快了生活质量的改善。"②正是罗马的和平，使得最遥远的地方和民族彼此熟悉认识，使不同地方的人与他们的产品、植物为世人所知。③

据说，早在公元前 3 世纪初叶，帕特洛克利斯奉安提奥库斯一世之命，曾往里海探险，他回来报告说：那里有一条重要

---

① 爱德华·吉本：《罗马帝国衰亡史》上册，48～51 页，北京，商务印书馆，1997。

② Pliny the Elder, *Natural History*, 14, 1, 2.

③ Pliny the Elder, *Natural History*, 27, 1, 3.

商路，起自北印度(和中国)到达奥克塞斯河，在那里乘船下行该河，或者经过奥克塞斯河流入里海的航道直达里海，或者登岸走一段陆路，以达里海。然后，把货物用船运载，横渡里海，并上溯库尔河，达到航路的顶端，再从这里把货物运送，经过梯弗利斯……以达黑海……所以奥克塞斯河流域是一条贸易大道，它是通过里海和外高加索而进入西方世界的要道。① 公元前1世纪中叶，庞培来到小亚细亚，指挥米特里达梯战争。在小亚期间，他就派人考察上述线路。据瓦罗记载：庞培领导的这次探险十分成功。通过这次考察，罗马人证实：从印度到阿姆·达尔亚(Amu Darya)支流巴克特鲁斯(Bactrus)附近的巴克特里亚需7天的路程，印度商人从巴克特鲁斯穿过里海到达居鲁斯(Cyrus)，然而再用不少于5天的陆上运输时间就能到达本都的法西斯(Phasis)。②

公元前1世纪后半叶，奥古斯都在其继子提比略即将出发去亚美尼亚的时候，派遣查兰克斯的伊斯多勒(Isidore of Charax，拉丁文名字为：Isidorus Characenus)先去收集有关东方主要是帕提亚的资料，写了《帕提亚旅程(*Parthian Stations*)》一书。③ 此书既是重要的军事作战指南，又是罗马认识帕提亚的必备手册。书中对罗马东部的帕提亚国家的交通贸易线路勾勒清晰。作者把幼发拉底河上的祖格马(Zeugma)作为道路的起点，先后涉及美索不达米亚(Mesopotamia)、巴比伦

---

① 参见汤普逊：《中世纪经济社会史》上册，28页，北京，商务印书馆，1984。

② Pliny the Elder，*Natural History*，6，19.

③ 参见 Wilfred H. Schoff，*Parthian Stations by Isidore of Charax: An Account of the Overland Trade Route between the Levent and India in the First Century B. C.*，Philadelphia，Published by the Commercial Museum，1914，p. 17。

表 1 帕提亚相关路线情况表

路线经过地区	路线经过地区的主要城镇或乡村	大致路程
Mesopotamia、Babylonia	Zeugma、Daeara、Charax Sidae、Coraea、Mannuorrha Auyreth、Commisimbela、Alagma、Ichnae、Nicephorium、Galahatha、Chumbana、Thillada Mirrhada、temple of Artemis、Allan、Phaliga、Nabagath、Asich、Dura Nicanoris、Merrha、Giddan、Belesi Biblada、Anatho、Izan、Aipolis、Besechana、temple of Atargatis、Neapolis、Seleucia	171Schoeni①
Apolloniatis	Artemita、Chalasar	33Schoeni
Chalonitis	Chala	21Schoeni
Media	Carina	22Schoeni
Cambadena	Bagistana	31Schoeni
Upper Media	Concobar、temple of Artemis、Bazigraban、Adrapana、Ecbatana、	38Schoeni
Media Rhagiana	Rhaga、Charax、Mardi	58Schoeni
Choarena	Choarena、Apamia	19Schoeni
Comisena		58Schoeni
Hyrcania		60Schoeni
Astauena	Asaac	60Schoeni
Parthyena	Parthaunisa、Nisaea、Gathar、Siroc、Saphri	25Schoeni
Apauarticena	Apauarctica、Ragau	27Schoeni
Margiana	Antiochia	30Schoeni
Aria	Candac、Artacauan、Alexandria of the Arii	30Schoeni
Anaua	Phra、Bis、Gari、Nia	55Schoeni
Zarangiana	Parin、Coroc	21Schoeni

① Schoeni 为古波斯长度单位，约 5.2～5.6 公里。

续 表

路线经过地区	路线经过地区的主要城镇或乡村	大致路程
Sacastana	Barda、Min、Palacenti、Sigal、Alexandria	63Schoeni
Arachosia	Biyt、Pharsana、Chorochoad、Demetrias、Alexandropolis	36Schoeni
		858Schoeni

(Babylonia)、阿波罗尼阿提斯(Apolloniatis)、查罗尼提斯(Chalonitis)、米底(Media)、迦巴德纳(Cambadena)、上米底(Upper Media)、米底·拉吉阿纳(Media Rhagiana)、考里纳(Choarena)、考米塞纳(Comisena)、希尔伽尼亚(Hyrcania)、阿斯陶俄纳(Astauena)、帕尔底耶纳(Parthyena)、阿帕阿提赤纳(Apauarticena)、马尔吉阿纳(Margiana)、阿里阿(Aria)、阿那阿(Anaua)、扎拉吉阿纳(Zarangiana)、撒加斯塔纳(Sacastana)和阿拉考斯阿(Arachosia)20个地区。全书共记录沿途城镇70余个，乡村数十个，以及遍布帕提亚全境的陆道线路和它们之间的相关距离。至于帕提亚以外的东部地区则很少涉猎，这或许与书的性质有关。不过，罗马人对帕提亚地区了解得如此明晰，还是让人非常吃惊。①

① 帕提亚一直是罗马人的劲敌，是罗马连接远东地区的中间屏障。罗马人与其交手多次，但始终无法消除这道屏障。公元前53年，克拉苏卡雷惨败，使罗马人长期留下痛苦的回忆。公元前36年，安敦尼又被帕提亚打败；232年，亚历山大·塞维鲁再次败于帕提亚之手；258年，瓦勒里阿努斯被帕提亚打败而成为沙普尔大帝的俘虏；364年，朱里阿努斯被帕提亚打伤而阵亡。罗马在帕提亚的各次战争，都付出了极高的代价，但收效甚微。虽然在图拉真时期，罗马人一度征服过两河流域的土地，并建立了美索不达米亚、巴比伦和亚述等行省，但很快又被哈德良撤回。正因为如此，所以，罗马对帕提亚的地理学研究特别发达。

从现有的材料来看，罗马与印度的官方交往大约始于奥古斯都时期。当时，有一位名叫潘迪翁的印度国王曾派使者于公元前25年从婆卢噶车出发前往罗马。四年后，他们在萨摩斯见到了奥古斯都，并给他带来了一些礼品，其中有一只虎、一条蟒蛇和一位能用脚趾射箭的无臂少年。使团的领导人是一位僧侣，名叫扎马诺斯·切加斯，他带有一封写在羊皮纸上的信件，用希腊文写成。信中向元首建议结成联盟，并给予罗马人民在他的辖区自由通行的权利。扎马诺斯·切加斯死于雅典，是在火葬堆上自焚而死的。据斯特拉波说，他的墓志铭如下："这里埋葬着扎马诺斯·切加斯，来自巴戈萨的一位印度人，他按照本国的习俗使自己得到永生。"①显然，这次出使并没有达到预期的目的。

1至2世纪，罗马进入历史上最强盛的时期。当时的罗马帝国"拥有世上最富饶美好的区域，掌握着最进步发达的文明，自古以来声名不坠而且纪律严明的勇士，防卫着疆域辽阔的边界。法律和习俗虽温和，却能发挥巨大的影响力，逐渐将各行省融合成为整体。享受太平岁月的居民尽情挥霍先人遗留的财富和荣光"。② 帝国的繁荣大大地增加了罗马人与世界接触的机会。罗马与东方世界的陆上交往更趋密切。普林尼的《自然史》和托勒密的《地理学》不但比较清晰地记述了帕提亚、中亚、印度等地的详细情况，而且还用较多的笔墨记录了罗马人与这些地区居民之间的关系。尤其值得一提的是，托勒密在其《地理学》一书中，还直接保存了一支马其顿商队由陆路过石城经

---

① Strabo, *Geography*, 15, 73. 奥古斯都认为："印度国王的使者常被派往前来觐见，在此以前，他们从未觐见过任何罗马将军。"《奥古斯都自传》，31。

② 爱德华·吉本：《罗马帝国衰亡史》第1卷，1页，台北，联经出版事业股份有限公司，2004。

新疆到达中国内地的重要材料。① 这支马其顿商队是已知的第一批由陆路到达中国的罗马人。正是由于这次活动，才使罗马人对远东的中国有了更准确的认识。

罗马在向东发展陆上交通的同时，又以埃及为据点在印度洋上重新开通了向东航行的海道，并在原先的基础上又有了新的更大的突破。在罗马人之前，从地中海世界出发有两条航线通往东方。一条傍岸近海行驶，从红海出曼德海峡，沿阿拉伯半岛北上，过阿曼湾，再沿伊朗高原南岸直抵印度河口，然后南下马拉巴尔海岸（印度西海岸）到达斯里兰卡；另一条出曼德海峡，横越阿拉伯海，直达印度南部海岸。在托勒密王朝后期，埃及商船沿近海航行去印度的船只约有 20 艘。罗马人统治埃及后，奥古斯都企图直接控制埃及以东的海上航线，于公元前 24 年派大将迦鲁斯率 1 万大军东征阿拉伯半岛，结果大败而归。不过，奥古斯都在位期间，罗马与印度和中国的贸易并未因这次失利而受到影响。据斯特拉波记载：每年从埃及扬帆驶出曼德海峡，沿近海东航的船舶就达 120 艘。②

大约在 48 年左右，一位名叫希帕鲁斯(Hippalus)的希腊航海家，在长期航海实践的基础上发现了印度洋上的季风。③夏季(4 月至 10 月)，罗马的船队可以乘西南方吹来的海风东行平安地从亚丁航海到印度，而冬季(11 月至次年 3 月)乘反方向风即东北风西行又可顺利地从印度返回阿拉伯半岛。希帕鲁斯于是借助这种著名的"贸易风"建立了一条直航印度的航线。以后另一些人按照他的办法又发现了几条通往中部和南部印度的航线。罗马至印度的航程随着季风的发现而进一步缩短；跨印度洋航行也随着季风的发现而成为现实。更为重要的

---

① 参见 Claudius Ptolemy，*Geographyia*，1，11。

② Strabo，*Geography*，2，5，12.

③ 参见 *Periplus Maris Erythraei*，57。

是，季风的发现使罗马的船只可以直接从红海边的贝勒尼斯或密奥斯·霍尔莫斯驶向印度，从而避开了受阿拉伯人控制的阿拉伯海岸，使罗马的船只更为安全。

老普林尼是古代罗马著名的百科全书式的学者，是1世纪收集东部材料最多的作家①。他在综合分析前人和当时人具体信息的基础上，总结出了从埃及到印度的航程与航道。第一航道由埃及的港口出发，经红海到达亚丁，再从亚丁乘西风越过阿曼湾直航巴塔拉；第二航道从亚丁直航孟买以南的斯吉鲁斯；第三航道则建立于公元前后，来自埃及的罗马船只可以直接从南阿拉伯港口驶入南印度的穆吉里斯(Muziris，今克朗格诺尔)。

在克劳狄和尼禄时代，一些罗马人到达了今天的斯里兰卡和孟加拉湾。当地的使节也来到了罗马。这些内容保存在普林尼的《自然史》中。他这样记载：

> 在克劳狄就任元首期间，塔普罗巴那(Taprobane)岛(即今天的斯里兰卡)的使节来到罗马，我们有机会获得更准确的消息。相关情况如下：一位名叫安尼乌斯·普罗卡姆斯(Annius Plocamus)②的人已经从政府处获得红海地区的收税权，其被释奴船绕阿拉伯半岛后，被北风狂吹，过了喀尔曼尼亚(Carmania)，漂泊十五日后至希布里(Hippuri)。在这里他受到该岛国王的盛情款待，逗留六个月。他学会

① 普林尼在写作《自然史》时，共参考了3 145位罗马作家和327位非罗马作家的作品，从2 000部著作中摘引了丰富的资料。恩格斯把他称作是“罗马的百科全书家”。

② 安尼乌斯·普罗卡姆斯家族是红海一带的包税人，对罗马与印度间的贸易非常关心。参见《法国汉学》丛书编辑委员会编：《考古发掘与历史复原》，238页，北京，中华书局，2006。

了当地语言，回答国王的提问，向国王讲述了恺撒和罗马人的情况。国王听后感触很深。同时，国王还发现由被俘获者带到该岛的罗马钱币，虽然上面的头像显示出它们为不同的君主所铸，但却为同一重量，由此他知道我们做交易时的诚实。这一切皆促使国王与罗马人建立友好关系，国王派出四名使节前往罗马，为首者名叫拉齐阿斯(Rachias)。

罗马人从这些使节中了解到：

该岛面对印度的一侧，向东南方向延伸达一万斯塔狄乌姆(Stadium)。赛里斯人居于埃摩图斯(Emodus)山以外，因通商为外人所知。拉齐阿斯的父亲曾到访过赛里斯国，当他们到达赛里斯时，赛里斯人总是奔至沙滩与之相见。使节们描述说，赛里斯人身材高大超乎常人，红发、碧眼，声音沙哑，没有能相互沟通的共同语言。使者所述其他情况与我国商人所述完全吻合。运往彼处的商货放置到一条河流的岸边，与赛里斯人出售的商货并列；赛里斯人如对交易感到满意，便拿走货物。①

这些来自海上的信息，虽然离事实有一定的距离，但毕竟为西方的罗马人认识更远的中国提供了非常重要的想象空间，从而为其进一步的扩张提供了动力。

罗马与东方的商贸交往，既促进了交往双方经济的发展，也促使罗马成为世界重要的商贸中心。如阿里斯提德斯所言：

各个季节的产品，各个国家、河流、湖泊以及希腊和

① Pliny the Elder, *Natural History*, 6, 24.

> 非希腊艺术的产品都通过陆地和海洋运至罗马……在各民族中生长和制作的产品无一例外地大量汇聚到这里。各个季节的商船，从各片领土上带着这些产品前来，从而使罗马几乎成了世界共同的商业中心。
>
> 人们能够看到来自印度，甚至来自幸福的阿拉伯(Arabia)的货物数量如此之多，以至于可以猜测，这些领土上的树木皆因此而遭裸剥。这些领土上的居民如果需要什么东西的话，肯定会到这里(罗马)，恳求分取(曾经属于)他们自己的东西。另外，人们还可以看到来自野蛮人国家的巴比伦的服装和装饰，数量巨大，运输容易……海上的人来来往往，从不停息，海洋可以为商船提供足够的空间。①

得益于世界各地的开放、沟通与交流，得益于罗马帝国威仪天下，罗马与东方间的商贸发展迅速。而贸易的飞速发展，使大量被搁置的商品最终成为一般的日常用品。②

当然，我们也应该知道，利益动机对于罗马与东方的交往具有重要的促进作用。以埃及至印度的海路为例，据普林尼记载：“一条比较可信的航海线路是从斯阿格鲁斯(Syagrus)开始的，然后经阿拉伯半岛，再后到帕它勒(Patale)，其距离有1 332里(1 335里)，到了这里之后能够得西风之助。此风在那里的名字叫做希帕鲁斯(Hippalus)。后来出现了一条更短，而且更安全的线路，人们可以从相同的半岛出发前往印度的斯吉鲁斯(Sigerus)港；这条线路使用了很长时间，直到最后一艘商船发现了一条更短的线路。人们对于利益的渴望让印度离我们更近了。如今，每年都有前往印度的航行。”与之相应的是

---

① 阿里斯提德斯：《罗马颂》。

② Pliny the Elder, *Natural History*, 14, 1. 参见 Pliny the Elder, *Natural History*, 27, 3。

“印度每年从我们国家获取的利润都从未低于5 500万塞斯退斯。而那些被交换的商品在我们国家销售的价格是原价格的百倍以上。”①对于这一点就是相距遥远的中国人也十分清晰。《后汉书·西域传》就这样说道：大秦“与安息、天竺交市于海中，利有十倍”。《晋书·西域传》更认为“其利百倍”。

1世纪末，罗马人对于印度洋向东航行的海道更加清楚，更加具体，甚至已经知道了秦尼人和秦尼之地，《埃立特里亚航行记》就是最好的见证。《埃立特里亚航行记》一书为一位希腊人用希腊文写成。作者虽然没有留下名字，但我们从其作品中能够知道，他来自罗马埃及的贝勒尼斯市，是一位穿梭于印度洋的资深航海员。书中记述了作者自身的航海实践，其中包括对非洲、阿拉伯和印度海岸的准确认识，是一部十分重要的印度洋航海指南。书中有很多实用的信息。这些信息包括非常重要的航线、航线海岸不同港口的特点及其可以购置的商品、当地居民的风俗以及不同时期航海的风向、水流等，表明罗马人在探索印度洋的海道方面又有了新的进展。《埃立特里亚航行记》明确地告诉我们有四条航线：第一条顺着红海的非洲海岸航行直到卡尔达富角的南端；第二条路线从红海的阿拉伯海岸出发绕阿拉伯半岛直至波斯湾深处；第三条沿印度海岸航行；第四条是通向东方秦尼的道路。对于这条路，或许因为作者自己没有亲身考察过，所以记载得不甚明了。

罗马帝国与印度，并通过印度与东方其他国家尤其是中国的往来，在2世纪时已经从探险活动变成经常化的、交往频繁的贸易活动。据托勒密记载：有一位名叫亚历山大的人已经知道了向东航行到达中国的线路。他先前曾在孟加拉湾附近试航，大约在2世纪前叶，来到卡提加拉(Cattigara)，并写过一部旅行记。托勒密《地理学》中出现的中国南部许多城市的名字

① Pliny the Elder, *Natural History*, 6, 101. 另一说法为5 000万塞斯退斯。

大都来自这位亚历山大的记载。而据《后汉书·西域传》记载：桓帝“延熹九年(166)，大秦王安敦遣使自日南徼外献象牙、犀角、瑇瑁，始乃一通焉。其所表贡，并无珍异，疑传者过焉”。这些到达中国的罗马人是否是政府的使者值得怀疑，但他们肯定是已知的第一批由海路到达中国访问的罗马人。

罗马商人于2世纪由海路到达中国的事实表明，罗马人已经把商业范围直接从地中海延伸至红海、印度洋，甚至远达南中国海，从而开始把欧洲文明区、非洲的埃及文明区和亚洲的印度文明区以及中国文明区这些原先分散的文明区，通过商业将其连接起来。这在历史上是不曾有过的。226年，也即孙权黄武五年，又有大秦商人秦伦来见孙权。在其返回大秦时，孙权还派官员刘咸护送之。遗憾的是，秦伦中途病故，没能返回罗马。284年(晋武帝太康五年)，又有罗马使节来到中国，并献密乡纸三万幅。①

与此同时，也有大量的东方人来到罗马帝国。例如，在图拉真就任罗马元首时，就有许多东方人至罗马向其表示祝贺。② 107年，图拉真征服达西亚，班师罗马，同样有许多东方国家遣使庆贺，其中包括印度人。③ 狄奥·克利索斯托姆斯(Dio Chrysostomus)曾在亚历山大里亚城发表演讲。他面对听众，这样说道：

> 在你们中我不仅见到希腊人和意大利人，还有近临的叙利亚人、利比亚人和西里西亚人，以及居住在更远处的埃塞俄比亚人和阿拉伯人，而且看到巴克特里亚人、斯基太人、波斯人和一些印度人，他们照例与你们一起聚集剧

---

① 参见杜佑：《通典》卷一九三。

② Dio Cassius, *Roman History*, 68, 5.

③ Dio Cassius, *Roman History*, 68, 15.

场，成为这里的观众。①

这说明罗马与东方国家之间的关系已经相当密切。

大约从4世纪初至6世纪中叶，罗马帝国的全盛时期终结，此后便进入了其发展史上的衰亡期。城市衰败，农业衰退，商业、手工业和艺术衰落，普遍的贫穷化以及政治混乱是这个时期的主要特征。395年，罗马帝国的君主狄奥多西一世去世。帝国被分成东、西两半，分别由他的两个儿子阿尔卡狄乌斯(Arcadius)和郝诺里乌斯(Honorius)分治。此后，罗马帝国再也无法组织起强大的力量来抵御外族的进攻、平息内部的起义。410年，西罗马帝国的首都罗马被西哥特人洗劫。476年，西罗马帝国灭亡。东罗马帝国虽然延续至1453年，但实力已经远不如前。与此同时，罗马与远东的贸易主导权也开始落入中间人手中。波斯成为主要的获利者以及远东商品的重要集散地。位于美索不达米亚的巴特纳就是这样的集散地之一。阿米阿努斯·马塞利努斯说：巴特纳"从前为马其顿人所筑，与幼发拉底河毗邻，是大批富商居住的地方。每年九月初，各类商人都成群结队地赶来参加商品交易会，这一城市每年都举办交易会以采购从印度人和赛里斯人那里发来的商品，此外还采购来自各地的食品。这些物品分别通过海路和陆路而运入巴特纳城"。② 6世纪，科斯马斯(Cosmas Indicopleustes)更把波

---

① Dio Chrysostomus，*Ad Alexandr.*，40.

② Ammianus Marcellinus，*Res Gestae*，14，3，3. 华明顿认为印度人和中国人经常参加巴特纳交易会，其使用的证据有 Procopius of Caesarea，*The Persian War*，2，12 和马苏德的《黄金草原》。尤其是马苏德的《黄金草原》中提到了在 Hira 附近有印度和中国的船只。但这些都是较后的材料。参见 E. H. Warmington，*The Commerce between the Roman Empire and India*，Second Edition，Revised and Enlarged，London，Curzon Press，1974，p. 138。

斯看做是丝绸贸易的中间地。他说："丝绸之国位于整个印度的最远端，当人们进入印度洋，它就在其左方，但它要比波斯湾，或印度人称之为塞勒提巴(Selediba)、希腊人称之为塔普罗巴那(Taprobane)的那个岛屿(即今斯里兰卡——译者)要远得多。此国被称作秦尼扎(Tzinitza)，其左边有大洋环绕，正如巴巴里亚(Barbaria)的右边被大洋环绕一样。……因为秦尼扎的位置非常偏左，所以丝商们走陆路辗转各国到达波斯比行海路所花的时间要短，距离要近。因为去秦尼扎的航行者向塔普罗巴那岛以东航行的路程比由波斯湾进入波斯的距离还要远。此外，从波斯湾嘴到塔普罗巴那这段海路，也即穿越整个印度洋的那部分海路也很长。所以，任何人要从秦尼扎到达波斯，走陆路都会近很多；这也是在波斯总是存有大量丝绸的原因。"①这些显然是查士丁尼试图打破波斯经济封锁、努力寻找中国蚕种的主因。当然，从这里我们也能够看到，随着罗马国力的削弱，罗马与东方交往日渐衰落的客观事实。至 6 世纪末叶，罗马的商人们几乎不再问津通向红海和印度洋的道路。

三

罗马的对外扩张不但铸造了强大的领土帝国，而且为罗马人的足迹遍及世界创造了极佳的条件。罗马与东方国家的交往和接触无论对相关地区历史的发展，还是对古代世界历史的发展影响都很深刻。对于罗马人来说，这些变化和影响则显得更为明显和重要。

首先，它促进了罗马洲际贸易的发展，许多最遥远国土上出产的物品皆被运至罗马，以满足罗马的奢侈和高雅生活。斯基太提供的高级毛皮，从巴尔干海边陆运到多瑙河地区来的琥

---

① Cosmas Indicopleustes，*Topographia Christiana*，2.

珀，巴比伦的地毯和其他一些东方的手工艺品在罗马一直销路甚佳。更为重要的是一种国际贸易又在阿拉伯和印度之间密切进行。每年夏至前后必有一支规模不小的船队从埃及的密奥斯·霍尔莫斯港口驶出，经红海，借季风之助，只用约四十天时间便越海至马拉巴尔的海岸或塔普罗巴那岛，与东方商人进行买卖交易。① 罗马的远东贸易商队甚至远达中国从事商业活动。托勒密记载的由陆路进入中国的马其顿商团以及《后汉书·西域传》所记录的大秦王所遣的使者就属于这一类。

其次，它推动并促进了东地中海原料加工业的繁荣。以丝绸加工业为例：中国的丝绸运到罗马后，常常被拆解再作纺织，以制成罗马人喜欢的衣服。所谓“常利得中国丝，解以为胡绫”②，或“常利得中国缣素解以为胡绫绀纹”，就是当时情况的真实反映。③ 对此，罗马的普林尼、路加和昆提良等都有详细的记述。④ 3世纪后期的戴克里先还专门规定了制作丝织品的最低工资敕令和最高物价敕令（Edict of Diocletian）。内容见表2和表3。

表 2

工作类型	工作性质	最低工资	
刺绣与丝织工人	用部分丝线刺绣工绣衫一件	1盎司	200狄纳里乌斯
	全纯丝线刺绣工绣衫一件	1盎司	300狄纳里乌斯
丝织工	织半丝品兼维护	1　天	25狄纳里乌斯
	织无图案全丝品兼维护	1　天	25狄纳里乌斯
	织菱形图案全丝品		40(60)狄纳里乌斯

① 爱德华·吉本：《罗马帝国衰亡史》上册，53～54页。

② 鱼豢：《魏略·西戎传》。

③ 马端临：《文献通考》卷三三〇。

④ Pliny the Elder, *Natural History*, 6, 20; Lucan, *Pharsalia*, 10, 141～143; Quintilian, *Training of an Orator*, 12, 10, 47.

表 3

物品类型	具体物品	最高限价	
丝织品	白丝 拆解之丝布	1 磅 1 盎司	12 000 狄纳里乌斯 64 狄纳里乌斯
紫染类	紫染原丝	1 磅	150 000 狄纳里乌斯①

大约到帝国时期，地中海东岸的贝鲁特(Berytus)、腓尼基的推罗(Tyre)、西顿(Sidon)以及埃及等地都成为中国丝绸制作和重新加工制作业的中心。② 这些说明罗马人爱好中国的丝绸原料，但在制成衣服等产品时，还是以当地的文化传统和爱好习惯作为其主要的参照系。由此也反映了地中海文化在西方制造业和市场运行规则中所起的重要作用。

再次，对罗马衣食习惯的改变影响明显。印度的香料是罗马人追求的对象，使用胡椒更成了罗马社会的一种爱好。对此，普林尼感到非常不解。他说："胡椒的使用成为一种潮流实在让人很惊讶。"胡椒不具备任何一种水果或浆果所能起的作用，它唯一的特征就是刺激性。"就因为这一点，我们还得从遥远的印度进口。是谁第一个想到用它来烹饪食物呢？又是谁这样贪吃以至于认为饥饿都不再是一种充足的开胃品了？"③胡椒在罗马深受欢迎，以致在图拉真市场里有一条专门出售胡椒等香料的"胡椒街"。在服饰方面，印度的棉纱和中国的丝绸对罗马贵族妇女和男人的着装变化影响很大。在公元前 2 世纪以前，罗马人的衣料主要以毛料和亚麻为主。棉纱传入后，罗马

① The Edict of Diocletian on Maximum Prices；Tenney Frank，*An Economic Survey of Ancient Rome*，Vol. 5，Paterson，New Jersey，Pageant books，Inc. 1959，p. 305.

② Procopius of Caesarea，*The Secret History*，25.

③ Pliny the Elder，*Natural History*，12，29.

人开始追求高贵典雅、轻柔飘逸、色泽多样的棉纱织物，并一时成为时尚。中国的丝绸更是罗马贵族喜爱的佳品，深受罗马上层和民众的青睐。

最后，开阔了罗马人的视野，丰富了罗马人的地理学知识，从而大大提升了罗马人对东方世界的了解。以位于远东的赛里斯为例：老普林尼对赛里斯的了解非常有限，他只认识到赛里斯居住在里海和斯基太人以东，海摩图斯(Hemodus)山以外，赛里斯人以树林中所产的毛(即丝)出名，能活 140 岁。他告诉我们的是赛里斯人的大致位置。到 1 世纪末，《埃立特里亚航行记》一书则明确记录了远东有一个秦国(Thinai)，这里出产丝布，由陆路经中亚的巴克特里亚可到达婆卢羯车(Barygaza)①，或经恒河可至利穆里亚(Limuria)。

婆卢羯车是罗马人进入印度的重要海港，中国的丝织品通过这里源源不断地流向罗马世界。至于更具体的地理信息书中很少提及。但到 2 世纪的托勒密时期，情况发生了很大的变化。托勒密在其《地理学》中不但告诉我们通往赛里斯的具体道路，而且还告诉我们赛里斯较为详细的位置。例如，他在书中这样写道：

---

① 这条线路与中国隋朝裴矩所说的南道非常吻合。据裴矩《西域图记》记载："发自敦煌，至于西海，凡为三道，各有襟带。北道从伊吾，经蒲类海铁勒部，突厥可汗庭，度北流河水，至拂菻国，达于西海。其中道从高昌，焉耆，龟兹，疏勒，度葱岭，又经钹汗，苏对沙那国，康国，曹国，何国，大、小安国，穆国，至波斯，达于西海。其南道从鄯善，于阗，朱俱波，喝盘陀，度葱岭，又经护密，吐火罗，挹怛，忛延，漕国，至北婆罗门，达于西海。共三道诸国，亦各自有路，南北交通。"遗憾的是，中国人因为没有走完中、南路，所以西海以后的情况不甚了解。参见《隋书·裴矩传》。范晔：《后汉书·西域传》中也有："天竺国一名身毒……西与大秦通，有大秦珍物。"

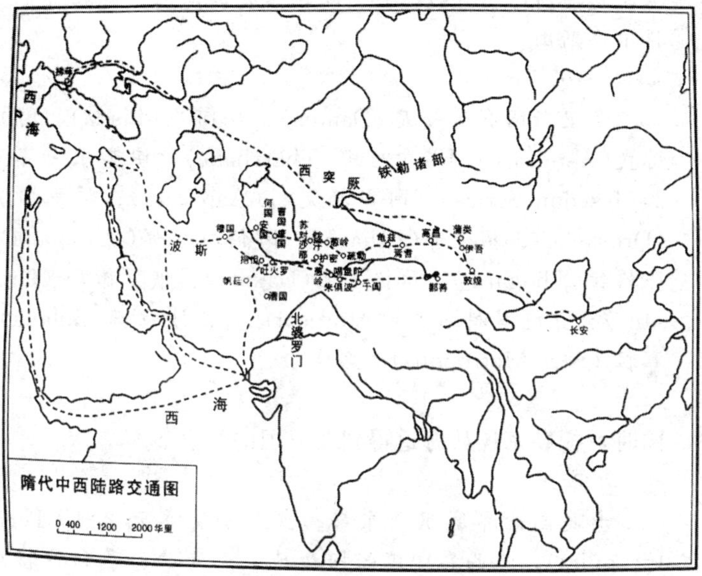

隋代中西陆路交通图

（图见中国社会科学院考古研究所：《夏鼐文集》下册，85页，北京，社会科学文献出版社，2000）

赛里斯国西界斯基太国(Scythia)，在伊毛斯岭外。北界无名地，与吐雷(Thule)岛同纬。东亦界无名地。界在东经一百八十度，北起北纬六十三度。南下至南纬三度为止。南界印度恒河东岸地，沿北纬三十五度至东经一百七十三度该地极端为止。

……

赛里斯国四周有安尼巴山(Anniba)绕之。又奥格萨襄山系之东段，又阿斯弥良山、喀襄山、塔古鲁斯山、海摩图斯山、赛里库斯山、鄂拖罗科尔哈斯山皆在国之边鄙也。境内有二大川，几贯流全境。第一川名俄科达斯河，其一源在奥斯萨襄山，又一源则来自阿斯弥良山。第二川名包泰斯河(Bautes)，共一源在喀襄山，又一源在鄂拖罗科尔哈斯山。

……

赛里斯国有达麦尼(Damna)、皮阿底(Piada)、阿斯弥良(Asmiraea)、塔尔哈那(Tharrhana)、伊赛东·赛里加(Issedon Serica)、阿斯拍克利(Aspacara)、特罗撒齐(Drosache)、拍辽那(Paliana)、阿伯拉喀那(Abragana)、陀格拉(Thogara)、达格才他(Daxata)、俄罗撒那 (Orosana)、鄂拖罗科尔哈(Ottorocorrha)、沙泣那(Solana)、赛拉 (Sera Metropolis)等名城。

同时，托勒密还从海道得到秦尼国的消息。

秦尼国北界赛里斯东鄙。东及南皆界无名地(Terra Incognita)，其西界印度恒河边地、大海曲、泰利俄特斯海湾及秦尼湾。秦尼湾畔有黑人，专食鱼。①

在另一处，托勒密更明确指出：

赛里斯的各地方和其首都位于秦尼人地方以北；而赛里斯以东是一片无名的泥泞湖泽的土地。这个地方丛生着高大的芦苇，非常茂密，以致人们可以踏着它横渡到对岸去。从那里起，有条道路不但能经过石城到达巴克特里亚，而且还可以经过帕利博特拉(Palimbothra)到达印度。②

很显然，至2世纪，罗马的地理学知识已经有了明显的进

① 张星烺：《中西交通史料汇编》第1册，135～137页，北京，中华书局，2003。略有改译。

② Claudius Ptolemy，*Geographyia*，1，17.

步。地理学的发展是罗马与东方世界交往频繁的反映，同时又反过来为罗马对外贸易的进一步繁荣提供了重要的知识基础。

当然，与东方的交往和接触也对罗马的生活习惯、文化传统以及道德观念产生了一定的冲击。帝国时期有大量的诗歌、政论文章及政府决议都是针对奢侈这一现象的。而在罗马人看来，导致罗马社会奢侈之风的根源主要在东方，如东方的阿拉伯、印度和中国。政府的行政命令显然无法阻止罗马人对东方物品的爱好，更无法从根源上阻挡东方物品西进的步伐。

罗马与东方各国接触的过程，实际上也是文明不断交融的过程。旧的种族、地域和语言偏见随着交往的深入而被迅速改变。罗马学者辛尼加说："你看到：一些部落和人民改变了居住地。在野蛮人居住的中心地区为什么有一些希腊城市？在印度人和波斯人中为什么用马其顿语交谈？……在亚洲居住有许多雅典人。"①这些交融过程有的体现在当时，如：在印度就有众多的罗马商人定居经商。② 在贵霜帝国，不但其金币的重量和成色仿效罗马金币（Aurei），而且国王也曾一度使用"恺撒"的称号。③ 有的则展现于后来。有的通过直接交往完成；有的则经过间接交往实现。850—925 年，阿布尔・法拉吉・穆罕

① Videbis gentes populosque mutasse sedes. Quid sibi volunt in mediis barbarorum regionibus Graecae urbes? Quid inter Indos Persasque Macedonicus sermo?... Atheniensis in Asia turba est. Seneca, *To Helvia on Consolation*, 7, 1.

② 参见杨共乐：《罗马社会经济研究》，90～91 页，北京，北京师范大学出版社，1998。在 Podouke 的考古发掘表明，在 Arikamedu 附近有大量进口的意大利 Arezzo 陶器以及意大利双耳尖底瓶。在包含 1 世纪地理信息的《波廷格尔地图（*Tabula Peutingeriana*）》里就有马拉巴海岸的穆吉里斯港以及附近的奥古斯都庙（Templum Augusti）。

③ 参见 A. L. Basham, *A Cultural History of India*, New Delhi, Oxford University Press, 1984, Chapter 30；加文・汉布里主编：《中亚史纲要》，吴玉贵译，65 页，北京，商务印书馆，1994。

默德·本·伊斯哈克的《书目》中叙述的有关盖伦医学的传播就是典型的例子。穆罕默德·本·扎卡里雅·拉齐说：

> 一位中国男人来到我家，在我居住的城里待了差不多一年的时间。他只用了五个月的时间就学会了阿拉伯语，会说会写，并且成为一位雄辩而精明的写作家和神速的书法家。当他决定回乡时，他提前一个月对我说："我即将告辞回乡，我想让人给我口述加里安(Galien，即盖伦；拉丁文写为：Aelius Galenus、Claudius Galenus；希腊文写为：Γαληνός，又称帕加马的盖伦)的十六本书，好让我抄录下来。"我回答他："你的时间不多了，不可能来得及抄写了，即使(第17页)抄写一小部分也不可能了。"他说："我恳求你在我所剩的时间里，能为我出一把力，用最快的速度向我口授。你说多快我将尽力写多快。"我找来了我的一位学生，要他帮我们这个忙。我们以最快的速度向他口授，然而他写得比我们说得还快。我们核对时才相信，他抄写得是准确的。①

盖伦是罗马人，拉齐是阿拉伯人，而文中的学习者又是中国人，三者属于不同的民族和国家，但他们都是世界优秀文明的传承者与传播者。

总之，罗马与东方国家的接触不纯粹对罗马自身有重要作用，就是对于相互接触的东方各国都有很大的影响。不同民族的居民通过相互间的交流、接触和比较，不断提升自己的文明，同时也不断改变世界的面貌，推动世界历史的发展。从这个意义上说，罗马的文明属于意大利，属于地中海地区，但更属于世界。

---

① 费琅编：《阿拉伯波斯突厥人东方文献辑注》上册，耿昇、穆根来译，152～153页，北京，中华书局，1989。

汉魏时期中国对西方世界认识的加深

汉魏时期是中国历史上非常重要的时期。这一时期除了政治、经济和文化有了很大的发展以外，中国的地理学知识亦日趋丰富，尤其是对于西方世界的认识有了大踏步的提升和拓展。充分揭示这个提升和拓展的过程无论对中国史的研究，还是对世界史的研究都有很重要的意义。因为乌弋山离、条支、安息和大秦是当时西亚和地中海地区最主要的国家，所以对这些地区认识的加深，实际上也是当时人对西部世界认识水准提高的表现和反映。下文将以《史记》、《汉书》、《后汉书》和《三国志》为依据，来逐个剖析当时人对西部这些国家认识逐渐加深的过程。

一、乌弋山离

乌弋山离，简称乌弋，也称山离乌弋。这一国名在司马迁的《史记》里没有出现。最早提到这一国家的是《汉书·傅常郑甘陈段传》。据班固记载：建昭三年(公元前36)，陈汤与甘延寿出西域。汤既领外国，便与延寿谋曰：“夷狄畏服大种，其天性也。西域本属匈奴，今郅支单于威名远闻，侵陵乌孙、大宛，常为康居画计，欲降服之。如得此二国，北击伊列，西取安息，南排月氏、山离乌弋，数年之间，城郭诸国危矣。且其人剽悍，好战伐，数取胜，久畜之，必为西域患。郅支单于虽所在绝远，蛮夷无金城强弩之守，如发屯田吏士，敺从乌孙众兵，直指其城下，彼亡无所之，守则不足自保，千载之功可一朝成也。”这说明早在公元前1世纪后半叶，这个国家就已经存在了。《汉书·西域传》则更讲得明确，其中在乌弋山离条写道：

乌弋山离国，王去长安万二千二百里。不属都护。户口胜兵，大国也。东北至都护治所六十日行。东与罽宾、北与撲桃、西与犁靬、条支接。

行可百余日，乃至条支……乌弋地暑热莽平，其草木、畜产、五谷、果菜、食饮、宫室、市列、钱货、兵器、金珠之属皆与罽宾同，而有桃拔、狮子、犀牛。俗重妄杀。其钱独文为人头，幕为骑马。以金银饰杖。绝远，汉使希至。自玉门、阳关出南道，历鄯善而南行，至乌弋山离，南道极矣。转北而东得安息。

此外，这一名字还在《汉书·西域传》中的皮山、罽宾、安息和车师后城长国等小传里出现过。这些材料或来自出塞将领如陈汤等的叙述，或来自曾经到过乌弋山离的中国使者。因为《汉书》明确指出：乌弋山离虽然“绝远，汉使希至”，但毕竟有一部分使者到达了乌弋。因此，我们完全有理由相信班固时代的中国人对乌弋山离已经有了相当的了解。

《后汉书》对乌弋山离有了更具体的记载。其内容主要分布于《后汉书》的《西域传》中，这些记载包括：(1)自皮山西南行经乌秅，涉悬度，历罽宾，六十余日，可行至乌弋山离国；

(2)乌弋山离地方面积达数千里；(3)复西南马行百余日至条支；(4)乌弋山离国当时已改名为排持；(5)乌弋山离不是南道的终点，而是南道的一段。这显然是甘英提供的信息。它比《汉书》又多了一条认识乌弋山离的新途径，使人们对于乌弋山离国的认识达到了新的高度。

二、条支

条支或条枝在《史记》、《汉书》、《后汉书》和《三国志注》中都有记载，但内容却有一定的不同。从这些不同中，我们既能看到古人对西方认识水平的提高，更能看到古人惊人的活动和探索能力。

条枝首见于《史记·大宛列传》，文中这样写道：

> 安息在大月氏西可数千里。……其西则条枝，北有奄蔡、黎轩。
>
> 条枝在安息西数千里，临西海。暑湿。耕田，田稻。有大鸟，卵如瓮。人众甚多，往往有小君长，而安息役属之，以为外国。国善眩。安息长老传闻条枝有弱水、西王母，而未尝见。

《史记·大宛列传》是司马迁主要根据张骞所提供的有关西方的信息写成的。而有关条支的材料则来自张骞在西域时的传闻。因为司马迁写得很清楚："骞身所至者大宛、大月氏、大夏、康居，而传闻其旁大国五六，具为天子言之。"传闻其旁大国五六中就有条支。不过，虽然上述文字的主要依据是"传闻"，但它还是反映了汉武帝时期中国对西域最西端地区的认识，而且从现有的资料判断，这些"传闻"和认识都有一定的历史根据。当然，这种认识还是很肤浅的。到了东汉班固撰写

《汉书》时，对于西方的认识，比司马迁时代已增加了不少。关于条支，他虽然承袭了《史记·大宛列传》的基本内容，但还是增加了三点很重要的信息。班固在《汉书·西域传》一文中这样写道：

安息国……北与康居、东与乌弋山离、西与条支接。

乌弋山离国……西与黎靬、条支接。

行可百余日，乃至条支。国临西海。暑湿，田稻。有大鸟，卵如瓮。人众甚多，往往有小君长，而安息役属之，以为外国。善眩。安息长老传闻条支有弱水、西王母，亦未尝见也。自条支乘水西行，可百余日，近日所入云。

这三点信息包括：(1)条支既与安息国相接，又与乌弋山离国相邻；(2)有一条可以经乌弋山离而到达条支的陆路，路上所需时间为百余日；(3)司马迁所记的条支，是当时西汉人所知的最西部地区。而班固却认为条支并非地球上最西部的地区。自此乘水西行，还可到达西方更远的地区。

到了东汉中后期，特别是从73至127年，经过班超、班勇父子等在西域较长时段的活动之后，中国对条支的知识又大大增加了。据《后汉书·西域传》记载：

自皮山西南经乌秅，涉悬度，历罽宾，六十余日行至乌弋山离国……复西南马行百余日至条支。

接着说：

条支国城在山上，周回四十余里。临西海，海水曲环其南及东北，三面路绝，惟西北隅通陆道。土地暑湿，出狮子、犀牛、封牛、孔雀、大雀。大雀其卵如瓮。

转北而东，复马行六十余日至安息。后役属条支，为置大将，监领诸小城焉。

同传安息条又说：

和帝永元九年(97)，都护班超遣甘英使大秦，抵条支。临大海欲度，而安息西界船人谓英曰："海水广大，往来者逢善风三月乃得度，若遇迟风，亦有二岁者，故入海人皆赍三岁粮。海中善使人思土恋慕，数有死亡者。"英闻之乃止。

在范晔以前，《三国志·魏志》裴松之注引鱼豢《魏略·西戎传》时也谈到过条支。文中这样说道：

自是(疏勒所属各国)以西，大宛、安息、条支、乌弋。乌弋一名排特，此四国次在西，本国也，无增损。前世谬以为条支在大秦西，今其实在东。前世又谬以为强于安息，今更役属之，号为安息西界。前世又谬以为弱水在条支西，今弱水在大秦西。

与《史记》、《汉书》相比，《后汉书》和《三国志·魏志》注对条支的认识有了明显的加深。这些加深主要表现在：第一，消息更加丰富、正确和具体。第二，条支已从安息的外国，即安息的蕃国、附属国变成了安息的一部分，安息的西界，由安息人安置将领，镇守其地。条支雀也变成了安息雀。第三，明确指出，要到大秦须经过条支，而且在条支有一条通往大秦的海路。这是前世所不知道的。更重要的是，这种认识是建立在可靠的信息基础上的，是建立在甘英亲身经历的基础上的。因此，这种认识具有相当的客观性。

三、安息

安息国，为阿萨息斯一世(Arsaces Ⅰ)所建，以后的国王为纪念阿萨息斯一世的功绩，皆称之为阿萨息斯。① 中国史籍

① 关于安息王朝建立者阿萨息斯的情况，早在古代就有多种说法。斯特拉波认为，阿萨息斯是斯基太大益部落的阿帕勒人。“阿萨息斯是一名斯基太人，他率领大益人，即住在乌浒河边的游牧部落阿帕勒人进攻帕提亚行省……”“据说阿萨息斯具有斯基太的血统。然而，也有人认为阿萨息斯是巴克特里亚人。他为了摆脱狄奥多德斯(Diodotus)及其追随者日益增长的势力，在帕提亚行省举事起义。”参见 Strabo，*Geography*，11，9，3。尤士丁认为，阿萨息斯“是个来历不明、英勇非凡的人。他平常靠抢劫掠夺为生。当他听到塞琉古在亚洲惨遭失败的消息后，便不再害怕国王，率领一帮盗匪进攻帕提亚人，击败并杀死他们的统治者安德罗戈拉斯，夺取了统治帕提亚人的权力。过了不久，阿萨息斯又占领了赫卡尼亚地区……阿萨息斯不仅夺取王位，而且建立自己的王国。因此，他对于帕提亚人而言，不啻是波斯的居鲁士、马其顿的亚历山大、罗马的罗慕鲁斯。阿萨息斯去世时年时已老。帕提亚人尊敬他，以至于此后所有帕提亚国王皆用‘阿萨息斯’之名。阿萨息斯的儿子和继承人也叫‘阿萨息斯’……”参见 Justinus，*Epitoma Historicarum Philippicarum Pompei Trogi*，41，4～5。阿里安则认为，领导这次起义的是阿萨息斯及其兄弟提里达特斯两人：“帕提亚人属斯基太部落。他们在和被征服的波斯人一道臣服于马其顿人之后，又因为下面的原因独立了：阿萨息斯氏族有两兄弟——弗里阿帕塔斯的继承人阿萨息斯和提里达特斯。安条克王(圣人)委派的这个边远行省的总督菲列克拉斯想对两兄弟中的一位施以暴力。他们由于忍受不了这般侮辱，杀死了这名总督。然后，他们又和五位同谋共同讨论自己的计划，并号召人民起来推翻马其顿人，夺取政权……”参见阿里安：《帕提亚史》，片段，1；也可参见 Isidore of Charax，*Parthian Stations*，Philadelphia，Published by the Commercial Museum，1914，p. 9。

中的安息就来自 Arsaces 的音译。罗马人将其称之为帕提亚(Parthia)。

安息国于公元前 3 世纪中叶兴起于里海的东部地区。到公元前 2 世纪中叶已成为古代西亚地区的一支重要力量，与东部的汉帝国、贵霜帝国以及西部的罗马帝国构成了当时世界上最强大的国家。因为地处西亚，所以早在汉代中国人就对安息有了一定的了解。根据《史记·大宛列传》记载：

> 安息在大月氏西可数千里。其俗土著，耕田，田稻麦，蒲陶酒。城邑如大宛。其属小大数百城，地方数千里，最为大国。临妫水，有市，民商贾用车及船，行旁国或数千里。以银为钱，钱如其王面，王死辄更钱，效王面焉。书革旁行以为书记。其西则条枝，北有奄蔡、黎轩。

又说：

> 初，汉使至安息，安息王令将二万骑迎于东界。东界去王都数千里。行比至，过数十城，人民相属甚多。汉使还，而后发使随汉使来观汉广大，以大鸟卵及黎轩善眩人献于汉。及宛西小国驩潜、大益，宛东姑师、扜罙、苏薤之属，皆随汉使献见天子。天子大悦。

班固时期，他虽然抄录了《史记·大宛列传》安息条的许多信息，但只要仔细阅读，我们就能发现《汉书·西域传》已经补充了许多新的内容。现将《汉书·西域传》的有关内容摘录于下。

> 安息国，王治番兜城，去长安万一千六百里。不属都护。北与康居、东与乌弋山离，西与条支接。土地风气、

物类所有，民俗与乌弋、罽宾条。亦以银为钱，文独为王面，幕为夫人面；王死辄更铸钱。有大马爵。其属小大数百城，地方数千里，最大国也。临妫水，商贾车船行旁国。书革，旁行为书记。

武帝始遣使至安息，王令将将二万骑迎于东界。东界去王都数千里。行比至，过数十城，人民相属。因发使随汉使者来观汉地，以大鸟卵及犁靬眩人献于汉，天子大悦。安息东则大月氏。

帕提亚国王弗拉埃塔奇斯(Phraateces)和王后穆萨(Musa)

与《史记·大宛列传》相比，《汉书·西域传》主要增加了下面三方面的内容：第一，王都的位置明确化，王都与长安的距离具体化。第二，除了证实“王死，辄更铸钱”这一传统外，还发现了“文独为王面，幕为夫人面”的现象。从现存的实物资料来看，这一现象确实存在过。[①] 第三，在安息国的东边有大月氏和乌弋山离国。

到了范晔写《后汉书》时，由于甘英到达了安息西界条支以及安息使者多次来汉，所以《后汉书》的作者范晔对于安息有了更进一步的认识。据《后汉书·西域传》记载：

> 安息国居和椟城，去洛阳二万五千里。北与康居接，南与乌弋山离接。地方数千里，小城数百，户口胜兵最为殷盛。其东界木鹿城，号为小安息，去洛阳二万里。章帝章和元年，遣使献狮子、符拔。

和帝永元九年(97)，都护班超派遣部属甘英出使大秦。抵条支，临大海欲度，后为安息西界船人所阻。

> 十三年，安息王满屈复献狮子及条支大鸟，时谓之安息雀。
>
> 自安息西行三千四百里至阿蛮国。从阿蛮西行三千六百里至斯宾国。从斯宾南行渡河，又西南至于罗国九百六

---

① 这一现象发生于公元前2至4年。钱币背面出现的王后，名叫穆萨(Musa)，历史学家约瑟夫称其为“Thermusa”。穆萨为意大利奴隶之女，被奥古斯都送给帕提亚国王弗拉埃特斯四世(公元前37—前2年在位)作妾。受宠扶正后，被名为女神穆萨。她说服弗拉埃特斯四世立其子弗拉埃塔奇斯(Phraateces)为继承人，并将其他儿子送至罗马作人质。弗拉埃特斯四世死后，穆萨与其子弗拉埃塔奇斯共治(公元前2—4年)，后又成婚，铸国王与王后头像于银币上。穆萨与其子弗拉埃塔奇斯在帕提亚统治6年，后为帕提亚人推翻。很显然，班固对安息的信息大约来自或停留在王莽时期。参见Josephus，*Antiquities of the Jews*，18，2～4；*Res Gestae Divi Augusti*，32。参见李雅书选译：《罗马帝国时期》上册，13页，北京，商务印书馆，1985。

十里，安息西界极矣。自此南乘海，乃通大秦。

《后汉书》对于安息的最大认识是第一次知道了安息的西部疆域，知道了条支是安息的西界，从于罗南乘海，乃通大秦。安息国居和椟城，去洛阳二万五千里。87年曾遣使献狮子、符拔；101年，安息王满屈（Pacorus Ⅱ，77/78至114/115年在位）复献狮子及条支大鸟。这些信息都为中国人进一步探索西方的未知地区创造了条件。

四、大秦

大秦是汉时西方大国。《后汉书》作者认为："其人民皆长大平正，有类中国，故谓之大秦。"《三国志》卷三十注引《魏略》中的记载，称大秦"其俗人长大平正，似中国人而胡服。自云本中国一别也"。

对于中国人来说，最早知道"大秦"这一名字和消息的应该是班超。而最早前往大秦去了解这一国家情况的则是甘英。据《后汉书·西域传》记载：

和帝永元九年，都护班超遣甘英使大秦，抵条支。临大海欲度，而安息西界船人谓英曰："海水广大，往来者逢善风三月乃得度，若遇迟风，亦有二岁者，故入海人皆赍三岁粮。海中善使人思土恋慕，数有死亡者。"英闻之乃止。

甘英在"抵条支，临大海"后，除了向安息的西界船人询问渡海的消息外，还从他们那里得到了许多大秦方面的知识。这些知识包括以下几方面的内容：

1. 秦国的名称和地理位置。"大秦国一名犁鞬，以在海西，亦云海西国。”

2. 大秦国的大小、百草和习俗。

地方数千里，有四百余城。小国役属者数十。以石为城郭。列置邮亭，皆垩塈之。有松柏诸木百草。人俗力田作，多种树蚕桑。皆髡头而衣文绣，乘辎軿白盖小车，出入击鼓，建旌旗幡帜。

3. 大秦国国王的情况，包括国王的居住地、办事方法以及与中国不一样的立王标准。

所居城邑，周圜百余里。城中有五宫，相去各十里。宫室皆以水精为柱，食器亦然。其王日游一宫，听事五日而后徧。常使一人持囊随王车，人有言事者，即以书投囊中，王至宫发省，理其枉直。各有官曹文书。置三十六将，皆会议国事。其王无有常人，皆简立贤者。国中灾异及风雨不时，辄废而更立，受放者甘黜不怨。

4. 大秦国的珍贵物品。

土多金银奇宝，有夜光璧、明月珠、骇鸡犀、珊瑚、琥珀、琉璃、琅玕、朱丹、青碧。刺金缕绣，织成金缕罽、杂色绫。作黄金涂、火浣布。又有细布，或言水羊毳，野蚕茧所作也。合会诸香，煎其汁以为苏合。凡外国诸珍异皆出焉。

5. 大秦国的货币、商业状况以及大秦王对汉的态度。

以金银为钱，银钱十当金钱一。与安息、天竺交市于海中，利有十倍。其人质直，市无二价。谷食常贱，国用富饶。邻国使到其界首者，乘驿诣王都，至则给以金钱。其王常欲通使于汉，而安息欲以汉缯彩与之交市，故遮阂不得自达。

甘英从安息西界船人那里得到的这些知识，一方面非常真实；另一方面也非常具体。这是中国使者第一次获取大秦方面的众多信息，是甘英在出使过程中所取得的巨大成就。而《魏书》和《晋书》对大秦国的陈述也基本上承袭了甘英所提供的内容。

除此之外，范晔还记录了海路方面的有关情况。据《后汉书·西域传》载：

至桓帝延熹九年，大秦王安敦遣使自日南徼外献象牙、犀角、瑇瑁，始乃一通焉。其所表贡，并无珍异，疑传者过焉 。

不过，比《后汉书》成书较早的《魏略》在记录大秦国的内容方面比甘英提供的信息还要多。据《魏略·西戎传》载：

大秦国一号犁靬，在安息、条支西大海之西，从安息界安谷城乘船，直截海西，遇风利二月到，风迟或一岁，无风或三岁。其国在海西，故俗谓之海西。有河出其国，西又有大海。海西有迟散城，从国下直北至乌丹城，西南又渡一河，乘船一日乃过。西南又渡一河，一日乃过。凡有大都三，却从安谷城陆道直北行之海北，复直西行之海西，复直南行经之乌迟散城，渡一河，乘船一日乃过。周回绕海，凡当渡大海六日乃到其国。国有小城邑合四百余，东西南北数千里。其王治滨侧河海，以石为城郭。其土地有松、柏、槐、梓、竹、苇、杨柳、梧桐、百草。民俗，田种五谷，畜乘有马、骡、驴、骆驼。桑蚕。俗多奇幻，口中出火，自缚自解，跳十二丸巧妙。其国无常主，国中有灾异，辄更立贤人以为王，而生放其故王，王亦不敢怨。其俗人长大平正，似中国人而胡服。自云本中国一别也，常欲通使于中国，而安息图其利，不能得过。其俗能胡书。其制度，公私宫室为重屋，旌旗击鼓，白盖小车，邮驿亭置如中国。从安息绕海北到其国，人民相属，十里一亭，三十里一置，终无盗贼。但有猛虎、狮子为害，行道不群则不得过。其国置小王数十，其王所治城周回百余里，有官曹文书。王有五宫，一宫间相去十里，其王平旦之一宫听事，至日暮一宿，明日复至一宫，五日一周。置三十六将，每议事，一将不至则不议也。王出行，常使从人持一韦囊自随，有白言者，受其辞投囊中，还宫乃省为决理。以水晶作宫柱及器物。作弓矢。其别枝封小国，曰泽散王，曰驴分王，曰且兰王，曰贤督王，曰汜复王，曰於罗王，其余小王国甚多，不能一一详之也。国出细絺，作金银钱，金钱一当银钱十。有织成细布，言用水羊毳，名曰海西布。此国六畜皆出水，或云非独用羊毛也，亦用木皮或野茧丝作，织成氍毹、毾㲪、罽帐之属皆好，其色又鲜于海东诸国所作也。又常利得中国丝，解以为胡绫，故数与安息诸国交市于海中。海水苦不可食，故往来者希到其国中。山出九色次玉石，一曰青，二曰赤，三曰黄，四曰白，五曰黑，六曰绿、七曰紫，八曰红，九曰绀。今伊吾山中有九色石，即其类。①

---

① 《后汉书·西域传》“大秦国”注引《魏略》云：“大秦国俗多奇幻，口中吐火，自缚自解，跳十二丸，巧妙非常。”又参见：《西京赋》、《正都赋》及《平乐观赋》。

和裴松之同时的《西域旧图》也记录了与《魏略·西戎传》相近的内容。《西域旧图》云：

> 大秦多金、银、铜、铁、铅、锡、神龟、白马、朱髦、骇鸡犀、瑇瑁、玄熊、赤螭、辟毒鼠、大贝、车渠、玛瑙、南金、翠爵、羽翮、象牙、符采玉、明月珠，夜光珠、真白珠、琥珀、珊瑚、赤白黑绿黄青绀缥红紫十种流离、璆琳、琅玕、水精、玫瑰、雄黄、雌黄、碧、五色玉、黄白黑绿紫红绛绀金黄缥留黄十种氍毹、五色毾㲪、五色九色首下毾㲪、金缕绣、杂色绫、金涂布、绯持布、发陆布、绯持渠布、火浣布、阿罗得布、巴则布、度代布、温宿布、五色桃布、绛地金织帐、五色斗帐、一微木、二苏合、狄提、迷迷、兜纳、白附子、薰陆、郁金、芸胶、薰草木十二种香。
>
> 大秦道既从海北陆通，又循海而南，与交趾七郡外夷比，又有水道通益州、永昌，故永昌出异物。前世但论有水道，不知有陆道，今其略如此，其民人户数不能备详也。自葱领西，此国最大，置诸小王甚多，故录其属大者矣。
>
> 泽散王属大秦，其治在海中央，北至驴分，水行半岁，风疾时一月到，最与安息安谷城相近，西南诣大秦都不知里数。驴分王属大秦，其治去大秦都二千里。从驴分城西之大秦渡海，飞桥长二百三十里，渡海道西南行，绕海直西行。且兰王属大秦。从思陶国直南渡河，乃直西行之且兰三千里。道出河南，乃西行，从且兰复直西行之汜复国六百里。南道会汜复，乃西南之贤督国。且兰、汜复直南，乃有积石，积石南乃有大海，出珊瑚、珍珠。且兰、汜复、斯宾阿蛮北有一山，东西行。大秦、海西东各

有一山，皆南北行。贤督王属大秦，其治东北去汜复六百里。汜复王属大秦，其治东北去於罗三百四十里渡海也。於罗属大秦，其治在汜复东北，渡河，从於罗东北又渡河，斯罗东北又渡河。斯罗国属安息，与大秦接也。

我们虽然不知道他们的信息来源于何处？但从《后汉书·西域传》所怀疑的下述话语中，即又云："从安息陆道绕海北行出海西至大秦，人庶连属，十里一亭，三十里一置，终无盗贼寇警。而道多猛虎、狮子，遮害行旅，不百余人，赍兵器，辄为所食。"又言："有飞桥数百里可渡海北。诸国所生奇异玉石诸物，谲怪多不经，故不记云。"从这段话中，我们确实能够知道还有许多人去过大秦或听过大秦的故事。而《魏略》的这些记录很可能来自这些人。正因为如此，所以马端临将泽散、驴分归属于魏时所闻的大秦地区。虽然我们还不能确定泽散、驴分的具体位置，但我们完全可以相信在《魏略》时代，中国对西部世界的认识又有了新的发展、达到了新的高度。我们由此可以断定：泽散、驴分一定是在安息与大秦的交界区，因为只有在这些边界区，其领土的归属才有变化不定的特点。

五、西王母之邦

随着人们对西方世界认识领域的不断扩大、认识水平的不断深化，西王母也逐渐成了极西地区的代名词，不断走出国门，向中亚、西亚和地中海地区推进。

我国文献中最早记载西王母的是《山海经》。《山海经·西山经》曰："西王母，梯几而戴胜仗。其南有三青鸟，为西王母取食，在昆仑虚北。"《大荒西经》云：

西海之南，流沙之滨，赤水之后，黑水之前，有大山，名曰昆仑之丘。有神，人面虎身，有文，有尾，皆白，处之。其下有弱水之渊环之。其外有炎火之山，投物辄然。有人戴胜，虎齿，有豹尾，穴处，名曰西王母。此山万物尽有。

《穆天子传》记载，周穆王曾西征到过西王母之邦，见过西王母。《大戴礼记·少间》、《尚书大传》均言舜之时，西王母曾献白珪。《论衡》谓禹、益见西王母。《尔雅·释地》，以觚竹、北户、日下、西王母为四荒。《淮南·地形》云："西王母在流沙之濒。"流沙即古人所说的极西之地，但一直无法确知它的具体位置。

从《史记》开始，西王母逐渐进入了西亚和地中海地区。《史记·大宛列传》云："安息长老传闻条支有弱水、西王母，而未尝见。"《汉书·西域传》云："安息长老传闻条支有弱水、西王母，亦未尝见也。自条支乘水西行，可百余日，近日所入云。"《后汉书·西域传》曰：大秦"或云其国西有弱水、流沙，近西王母所居处，几于日所入也。"《三国志》注引《魏略·西戎传》曰："前世谬以为条支在大秦西，今其实在东。前世又谬以为弱水在条支西，今弱水在大秦西。前世又谬以为从条支西行二百余日，近日所入，今从大秦西近日所入。"《魏书·西域传》曰："大秦西海水之西有河，河西南流。河西有南、北山。山西有赤水，西有白玉山。玉山西有西王母山，玉为堂云。从安息西界循海曲，亦至大秦，四万余里。于彼国观日月星辰，无异中国，而前史云条支西行百里日入处，失之远矣。"

从上面的记载中，我们能够发现西王母之邦由东向西不断推进的过程。而这一过程恰好与我国对西方世界认识水平加深的过程相一致，是我国对西方世界认识水平加深的一种反映。

综上所述，我们能够得出以下结论：第一，在汉魏时期，我国对于西亚和地中海东部地区有了较为深入的了解，当然，这种了解并不是一步到位的，它有一个过程。第二，这一了解的过程实际上也是人们对西亚和地中海东部地区主要国家认识不断加深的过程。第三，支撑这种认识的基础主要是当时人的亲身实践，或当时人有意识的询问和研究，所以具有相当的真实性。它对于开阔中国人的思路，拓宽中国人的视野有很大的帮助。而总结这些成就的取得也正是本文的主旨所在。

罗马人对丝之来源的认识与再认识

丝绸是中国带给罗马的重要礼物，是中华文明对世界文明做出的重大贡献。罗马人对丝绸钟爱有加。丝、丝的来源，丝织品的编制常常是罗马作家谈论的话题。经过罗马学者的描述和争论，丝绸这种高级消费品不但在罗马市场上享有长期的声誉，而且在罗马文化领域也有了远东形象的特有含义，成为罗马人不断向东探险的重要精神动力。下文力图以时间为顺序，系统考察罗马人认识丝及其来源的过程，这对于丝绸文化以及丝绸文化传播的研究皆有十分重要的意义。

维吉尔是罗马共和末帝国初最著名的诗人，也是第一个提到远东民族赛里斯人的罗马人。他在《农事诗》中曾提到：

赛里斯人(Seres)从树叶上梳下精细的

羊毛。①

《农事诗》是维吉尔继《牧歌》以后写作的另一部重要作品，创作于公元前37至前30年之间。维吉尔的观点显然来自希腊作家涅阿尔浩斯(Nearchos)。涅阿尔浩斯是亚历山大的部将，随亚历山大东征波斯。他把棉花称作是某些树枝上生长出的羊毛，认为人们可以用这些羊毛纺织出精美的织物，马其顿人用它来做枕头和马鞍上的坐垫；同时，他还认为用棉花制成的织物很像由树皮中抽出而成的赛里斯布。②

1世纪的辛尼加曾3次提到赛里斯人从树上采摘丝线。他这样写道：

> 女仆们，带走这些紫色饰金的服装！我不要推罗人的紫红染料，也不要遥远的赛里斯人采自树叶中的线。③

> 让那些使分散的达哈人(Dahae)烦恼的国王们，那些控制着红海和被红宝石的光彩映成血红色海面的国王们，或是那些为强悍的萨尔马提亚人打开里海通道的国王们都联合起来；让他们竞争谁敢在多瑙河上行走、谁敢在以其

---

① "Velleraque ut foliis depectant tenuia Seres."对于维吉尔提到的蚕丝问题，《农事诗》一书的现代编辑者有这样一句定性的话，即："在维吉尔时代，罗马人对蚕一无所知，以为他们从东方进口的丝生长于树叶之上。" Virgil, *Georgics*, 2, 121, Cambridge, Massachusetts, Harvard University Press, 2006.

② Strabo, *Geography*, 15, 693, Cambridge, Massachusetts, Harvard University Press, 2006.

③ "Removete, famulae, purpura atque auro inlitas vestes, procul sit muricis Tyrii rubor, quae fila ramis ultimi Seres legunt."Seneca, *Phaedra*, 387～389.

羊毛驰名的赛里斯人那里（不管他们居住在哪个地方）行走。勇敢者获取王位。①

她也不用梅奥尼亚之针，不用生活于阳光照射之地的赛里斯人采自东方树上的线去绣织衣服。②

几乎与辛尼加同时的老普林尼也认为赛里斯人是在森林里产羊毛的民族。普林尼在其《自然史》中对此写得非常清楚。他说：

首先遇到的人被叫做赛里斯人，他们以出产羊毛而闻名。③ 这种羊毛生于树叶上，取出，浸之于水，梳之成白色绒毛，然后再由我们的妇女完成纺线和织布这双重工序。靠着如此复杂的劳动，靠着如此长距离的谋求，罗马的贵妇们才能够穿上透明的衣衫，耀眼于公众场合。④

---

① "Reges conveniant licet qui sparsos agitant Dahas，qui rubri vada litoris et gemmis mare lucidis late sanguineum tenent，aut qui Caspia fortibus recludunt iuga Sarmatis，certet Danuvii vadum audet qui pedes ingredi et（quocumque loco iacent）Seres vellere nobiles：mens regnum bona possidet. "Seneca，*Thyestes*，369～379.

② "Nec Maeonia distinguit acu quae Phoebeis subditus euris legit Eois Ser arboribus. "Seneca，*Hercules of Oetaeus*，665～667.

③ 一般认为这里的羊毛是指赛里斯人的丝。

④ "primi sunt hominum qui noscantur Seres，lanicio silvarum nobiles，perfusam aqua depectentes frondium canitiem，unde geminus feminis nostris labos redordiendi fila rursusque texendi：tam multiplici opere，tam longinquo orbe petitur ut in publico matrona traluceat. "Pliny the Elder，*Historia Naturalis*，6，20，54. 张星烺先生将其翻译为："赛里斯人……其林中产丝，驰名宇内。湿之以水，理之成丝。后织成锦绣文绮，贩运至罗马。富豪贵族之妇女，裁成衣服，光彩夺目，由地球东端运之西端，故极其辛苦。"与拉丁原意有一定的差距。

普林尼显然比前人更了解丝绸的制作，他知道赛里斯布制作的两个程序：一是纺线，一是织布。但他还是认为原料来源于羊毛树。

赛里斯的神秘之丝也引起拉丁诗人的高度重视，诗人们常常拿赛里斯人采集树上的羊毛或树叶来抒发诗人自己的情感。例如，西流乌斯·意大利库斯(Silius Italicus)在《布匿战争》一文中曾这样写道：

> 旭日的光辉已经照遍塔尔泰斯(Tartesse)海面，冲破黑夜的重重暗影，照临东国的海岸。晨曦照耀中的赛里斯人前往小树林中去采集枝条上的绒毛。①

> 赛里斯人居住在东方，眼看着意大利(火山)的灰烬漂白他们长满羊毛的树林。天哪！这真是蔚为奇观！②

斯塔提乌斯(Statius)在其《短诗集》(作于90—96年)也有这样的论述：

> 赛里斯人贪婪至极，他们把圣树剥摘得如此之少，我对此深表怨恨。③

---

① Iam，Tartessiaco quos soluerat aequore Titan in noctem diffusus，equos iungebat Eois litoribus，primique novo Phaethonte retecti Seres lanigeris repetebant uellera lucis. Silius Italicus，*Punica*，1～4.

② Ad astra euomuit pastos per saecula Vesbius ignis et pelago et terris fusa est Vulcania pestis，uidere Eoi，monstrum admirabile，Seres lanigeros cinere Ausonio canescere lucos. Silius Italicus，*Punica*，17，595～596.

③ Querimur iam Seras avaros angustum spoliare nemus. Statius，*Silvae*，1，2，122～123.

显然，这些拉丁诗篇的作者明晰地告诉我们，赛里斯的特产——“丝”来自神秘的树林，但都不知道丝与植物无关，而与某种动物有密切的关系。

《埃立特里亚航行记》是1世纪末一位佚名学者的作品。在这一作品中，作者记录了这样一段信息，即：

> 过了这一地区(指克里塞，Chryse——译者按)，就已到了最北部地区，大海流止于一个属于[赛里斯国](原文此处有脱字——译者按)的地区，在这一地区有一座极大的城市，名叫秦尼(Thinai)。那里的棉花、精致亚麻布和被称为 Serikon 的纺织品经陆路过巴克特里亚(Bactria)运至婆卢噶车(Barygaza)，或经恒河而运至利穆里亚(Limuria)。①

棉花和丝线至此才有了分离。这说明《埃立特里亚航行记》的作者已经从外形上认识到丝线与棉花是不同的物质。当然这一消息主要来自南部海道。

大约到2世纪早、中期，中国和罗马之间海陆两道已经相当发达。一百年左右，一些马其顿商人由陆路来到中国，地理学家托勒密还记录了有一位名叫亚历山大的人发现到达中国的海路。166年，又有一些罗马商人由海路到达中国，罗马人对中国的了解进一步加深，罗马对丝的认识也随之有所变化。这些变化都保存在包撒尼阿斯(Pausanias)与包鲁克斯(Pollux)的相关记录中。生活于2世纪马尔库斯·奥理略时代的包撒尼阿

---

① Μετὰ δὲ ταύτην τὴν χώραν ὑπὸ αὐτὸν ἤδη τὸν βορέαν, ἔξωθεν εἰς[Σηρῶν]τινὰ τόπον ἀποληγούτνς τῆς θαλάσσης, κεῖται ἐν αὐταῖς πόλις μεσόγειος μεγίστη, λεγομένη Θῖναι, ἀπὸ ῆς τό ἔ́ριον καὶ τὸ νῆμα καὶ τὸ ὀθόνιον τὸ Σηρικὸν εἰς τὰ Βαρύγαζα διὰ Βάκτρων πεζῇ φέρεται καὶ εἰς τὴν Λιμυρικὴν πάλιν διὰ τοῦ Γάγγου ποταμοῦ. *Periplus Maris Erythraei*, 64.

斯是现在我们知道的最早把丝与赛儿联系起来的人之一。他在《希腊志》中非常明确地告诉我们：丝来自一种小动物，希腊人称之为赛儿。他这样写道：

> 至于赛里斯人制作衣服的丝线，并不取自树皮中，而是另有别的来源。在其国内有一种小动物，希腊人称之为“赛儿”(Ser)，而赛里斯人则以别的名字名之。这种动物约比最大的金甲虫大两倍。其他特点则与树上织网的蜘蛛相似，蜘蛛有八足，它也一样。赛里斯人使用冬夏皆宜的小笼来饲养这些动物。这些动物所吐之物，类自细丝，缠绕于足。赛里斯人一直用黍喂之四年，至第五年，(因为他们知道这些虫活不了多久)改用绿芦苇饲养。这是它们最好的食物。它们贪婪地吃着，直至肚子胀破。丝即在其体内。①

与之同时的还有一位名叫包鲁克斯的人，也知道这件事。他指出：

> Bombyces 是一种像蜘蛛那样的虫，它们从自己的身上抽出线来。有人说：赛里斯人(Seres)也从这类动物中抽集它们的丝。②

包撒尼阿斯和包鲁克斯的表述说明西方人对于丝、丝织品的认识水平有了明显的提高，几乎到了真实的地步。

不过，从 3 世纪中叶开始一直到查士丁尼时期，罗马对丝之来源的认识又回到了 1 世纪的水平。这我们可从下述作品中看得很清楚。

例如，3 世纪的梭林(Solin)在其《多国史》中这样写道：

---

① Pausanias, *Description of Greece*, 6, 26, 6～9.

② Julius Pollux, 7, 76.

> 赛里斯人。赛里斯织物。①

> 在朝着夏季朝阳东升的地区，在经过蒙昧民族居住地区之后所遇到的第一批居民，我们称作赛里斯人。他们向树洒水浸叶提取绒毛，并使用这种用液体制成柔软而又精细的绒毛。这就是常称的“赛里斯织物(Sericum)”，我们容忍在公众场合使用它。追求奢侈的欲望首先使女性，现在甚至包括男性都使用之。使用这些织物与其说是为了蔽体，倒不如说是为了卖弄身姿。②

梭林对于丝的来源的认识主要抄自普林尼等1世纪的作家，但在丝的使用者方面却有了一些新的信息。

又如，4世纪的《阿维埃努斯诗集》中的地理志部分和普里西阿努斯(Priscianus，4世纪初叶)在其《百科事典》一文中也有赛里斯人制造织物的记载：

> 然后是残忍的吐火罗人、凶悍的富鲁尼人和不热情的赛里斯人居住的地方。牛羊成群混杂。赛里斯人在森林里

---

① Seres. Item Sericum. Solin，*Polyhistory*，51.

② Sic in tractu ejus orae，quae spectat aestivum orientem，post inhumanos situs primos hominum Seres cognoscimus，qui aquarum aspergine inundatis frondibus vellera arborum adminiculo depectunt liquoris et lanuginis teneram subtilitatem humore domant ad obsequium. Hoc illud est Sericum，in usum publicum damno severitatis admissum et quo ostendere potius corpora quam vestire primo feminis，nunc etiam viris luxuriae persuasit libido. Solin，*Polyhistory*，51.

收获绒毛。①

吐火罗人、富鲁尼人和成群的赛里斯人，他们从来不关心牛羊，而是用从他们居住的荒凉土地上采来的花朵纺织、缝制衣服。②

再如，克劳狄阿努斯(Claudianus，4世纪末)在他的《诗集》中说：

上了年纪的母亲满心喜悦，以一双灵巧的手制作绣金的长袍和腰带，其原料来自赛里斯人从他们纤细的树上梳理来的丝线，梳理的丝生长在他们羊毛树的树叶里。她把丝和黄金抽成同样长度，后将其混合编织，使其成为一条丝带。③

红海将向您献出珍贵的贝壳，印度将献出它的象牙，

---

① Inde cruenti sunt Tochari, Phrunique truces, et inhospita Seres arva habitant. Gregibus permixti oviumque boumque vellera per silvas Seres nemoralia carpunt. George Coedes, *Textes D'auteurs grecs et latins relatifs a l'Extreme-Orient*, p. 72.

② Et Tochari Phrunique et pluria millia Serum: Illis nulla boum, pecoris nec pascua curae, Vestibus utuntur, texunt quas floribus ipsi, Quos tenuant lectos desertis finibus ipsi. George Coedes, *Textes D'auteurs grecs et latins relatifs a l'Extreme-Orient*, p. 73.

③ Laetatur veneranda parens et pollice doctor jam parat auratas trabeas cinctusque micantes stamine, quod molli tondent de stipite Seres frondea lanigerae carpentes vellera silvae, et longum tenues tractus producit in aurum filaque concreto cogit squalere metallo. Claudian, *Panegyric on Probinus and Olybrius*.

阿拉伯半岛将献出其树叶，赛里斯人将献出他们的羊毛。①

即使是历史学家阿米阿努斯·马塞利努斯也不能逃脱时代的束缚，在他的作品中虽然也有一些远东的消息，但其信息也可能来自普林尼和托勒密等。他说：

赛里斯人生活在和平之中，他们远离武器，不习战争。对于宁静和安稳的民族来说，最愉快的事情是舒适，他们不会给任何近邻带来麻烦。赛里斯气候宜人、有益健康，天空清澈，阵风格外温和美好。这里森林资源丰富。赛里斯人经常向这些树木喷水，这种树生产像绒毛一样的东西。他们将这些绒毛搅之于水，抽出非常精细之线，并将其织成赛里斯布(Sericum)。从前，这种赛里斯布仅为贵族专用，而如今最低贱者也能毫无差别地使用了。②

阿米阿努斯·马塞利努斯除了告诉我们："从前，这种赛里斯布仅为贵族阶级专用，而如今最低贱者也能毫无差别地使

---

① Vobis Rubra dabunt pretiosas aequara conchas, Indus ebur, ramos Panchaia, vellera Seres. Claudian, *Panegyrics on the Third Consulships of Honorius*, 7, 210～211.

② agunt autem ipsi quietius Seres, armorum semper et proeliorum expertes, utque hominibus sedatis et placidis otium est voluptabile, nulli finitimorum molesti. caeli apud eos iucunda salubrisque temperies, aeris facies munda leniumque ventorum commodissimus flatus et abunde silvae sublucidae, a quibus arborum fetus aquarum asperginibus crebris velut quaedam vellera molientes ex lanugine et liquore mixtam subtilitatem tenerrimam pectunt, nentesque subtegmina conficiunt sericum ad usus antehac nobilium, nunc etiam infimorum sine ulla discretione proficiens. Ammianus Marcellinus, *Res Gestae*, 23, 6, 67.

用了”，其他的信息很少是新的。这或许是一个退步现象，或许是包撒尼阿斯和包鲁克斯提供的信息很少有人知道。

不过，到查士丁尼时期西方人才真正了解丝与蚕之间的关系。这与查士丁尼时代对丝绸需要量的增加以及国家对丝绸的垄断有关。

查士丁尼上任不久，也就是在赫勒斯提埃乌斯(Hellestheaeus)统治埃塞俄比亚、埃斯米法乌斯(Esimiphaeus)统治郝美里塔(Homeritae)的时候，他就“派了一位名叫朱里阿努斯(Julianus)的使者，要求两个民族与罗马人一起以他们共同信奉宗教的名义，向波斯人宣战。他建议埃塞俄比亚人从印度那里购买丝绸，然后将其出售给罗马人，这样他们可以得到许多钱。罗马人因此可以从中获取唯一的利益，即：不再把他们的钱付给他们的敌人(他们习惯于制作衣服的丝，希腊人过去叫做Medic，而现今则称其为Seric)。至于郝美里塔人，则要求任命逃犯凯苏斯(Caisus)为首领来治理马德尼(Maddeni)，用郝美里塔和萨拉森斯的马德尼(Maddene Saracens)的人民组成一支军队进攻波斯。凯苏斯出身于首领家庭，是一位非常出色的战士。他杀死了埃斯米法乌斯的一位亲戚，逃至一块无人居住的土地上。每一位国王都承诺按要求行事，但在使者离开后，每一位国王都不履行其承诺。因为对于埃塞俄比亚人来说，从印度人手中购买丝绸是不可能的。因为波斯商人驻扎在印度商船最先到达的港口(他们是邻国)，习惯于购买整船货物。而对于郝美里塔人来说，困难之处在于要通过一个沙漠之国，要通过这一地区需要花费很长的时间，而且还要与比自己更好战的民族交战。后来的阿布拉姆斯(Abramus)也一样，当他的权力稳固地建立起来后，也数次向君主查士丁尼承诺，入侵波斯，但只有一次付诸实施，而且很快就折回了。”①

在无法控制东方丝源的情况下，542年，查士丁尼开始垄断国内的丝绸工业，个体丝绸业为此付出了破产、失业等沉重代价。大约从4世纪后半叶开始，只有商贸行政官吏(Comes Commerciarii)才被允许从野蛮人那里购买生丝。查士丁尼更下令商贸行政官吏用每磅15个金索里提购买丝料，并用同样的价格卖给丝商。② 历史学家恺撒里亚的普罗科比乌斯为我们保存了当年的非常重要的资料。他这样写道：

> 很久以来，丝质外衣就在贝鲁特(Berytus)和推罗城加工生产，从事这些行业的商人、手工业者和技工很早就生活在这里，相关商品也由此输往全世界。查士丁尼执政年间，那些在拜占庭和其他城市从事贸易的商人为丝料索求高价，理由是波斯人当时出售丝料的价格要比过去高得多，而且进入罗马境内也要抽更多的关税。君主本人对于这种丝料价格暴涨的局面佯作愤慨，他颁布了一项法律，宣布每磅丝料的售价不得超过8个金币；违者将遭到没收全部财产之惩罚。③

普罗科比乌斯认为，查士丁尼禁止每磅蚕丝的销售价格超过8个金币，这一措施是行不通的，也是愚蠢的。因为对于进

① Procopius of Caesarea, *Persian Wars*, 1, 20.

② “像已经法定的那样，我们命令，除了商贸行政官吏以外的所有人，将被剥夺从野蛮人那里购买丝料的权利。(Comparandi serici a barbaris facultatem omnibus, sicut iam praeceptum est, praeter comitem commerciorum etiamnunc iubemus auferri.)”《查士丁尼法典》, 4, 40, 2; Just. Nov. App. 5。参见 A. H. M. Jones, *The Roman Economy*, Oxford: Basil Blackwell, 1974, p. 362。

③ Procopius of Caesarea, *The Secret History*, 25, 16～17.

口商来说，此价比购进丝料的成本价格还要低。

> 因此，他们就不再从事这类进口贸易了，并一步一步地秘密处理掉囤积的剩货，将其出卖给那些腰缠万贯者或官位显赫者。因为这些人一直希望穿戴丝绸服装，并想方设法不择手段地满足私欲。皇后（指狄西奥多拉）从某些人口中了解到了这件事。她没有核实这一传闻，就立即没收了这些人的所有商品，并强迫他们缴纳百金罚款。①

> 但这一特别的事务，至少在罗马人那里，是由国库长官来负责管理的。于是，他们不久就任命彼得，绰号叫巴斯美斯（Barsymes）的人，为主管国库的官员，放纵他干这项邪恶的事务。他要求其他所有人严格遵守法律，强令所有的丝绸工匠只为他个人工作，甚至毫不掩饰地在市场广场上以每盎司不少于 6 个金币的价格出售普通颜色的丝绸，而对于皇家染料的丝绸（习惯上称为“Holoverum”）则暴涨至每盎司 24 个金币以上。②

“通过这种办法，他（彼得）为君主搜刮了许多钱财，同时也暗中为自己积敛了大量财富。”③但这种政策却彻底摧毁了拜占庭的私人丝绸业。“以前在君士坦丁堡和其他所有城市中从事丝织贸易的商人，无论是经营海上还是陆上贸易的都因此遭受了惨重的损失。在已经提及的那些城市④中，几乎所有人都一夜间变成了乞丐。手艺人与技术工人皆挣扎在饥饿线上，许

---

① Procopius of Caesarea，*The Secret History*，25，18～19.

② Procopius of Caesarea，*The Secret History*，25，21.

③ Procopius of Caesarea，*The Secret History*，25，22.

④ 指贝鲁特和推罗等。

多人也因此放弃了自身的公民权而逃至波斯。”①

拜占庭宫廷垄断丝绸的做法不但不能挽救皇家丝绸业、遏止丝绸价格的暴涨，而且还使大批丝织业的技术人员出走拜占庭，给拜占庭丝织业以沉重的打击。不过，到6世纪50年代，拜占庭罗马因为得到了蚕卵，才从根本上解决了丝的来源和生产问题，彻底弄清了丝与蚕的关系。对此，普罗科比乌斯与拜占庭的狄奥法纳斯都有过重要的报道。普罗科比乌斯这样说道：

> 大约在这个时候，某些从印度来的僧侣探知查士丁尼国王非常希望罗马人不再从波斯购买丝绸，便前来求见国王，并向他承诺能解决丝的问题，可以保证罗马人不用向他们的宿敌波斯人，或向其他任何民族，采购这种商品。因为他们声称自己曾在一个叫做赛林达(Serinda)的地方生活过很长时间。赛林达位于许多印度部族的北部。在这里，他们曾非常仔细地研究过在罗马人地区制造丝绸的可行办法。于是国王向他们询问了一系列问题，了解他们的陈述是否真实。僧人们向他解释说，丝是由某种小虫所造，大自然赋予它们这种本领，并使其工作不息。他们还补充说，要从赛林达地区运来活虫不大可能，但运来它们的种子很方便，也很容易。这种虫子的种子是由许多虫卵组成的；在产卵之后很久，人们再用肥土将卵种覆盖起来，等其发热到足够的时间，小动物就会出生。听到这番讲话以后，国王便向这些人允诺加以重赏，并鼓励他们通过实验来证明自己的说法。于是，这些僧人再次返回赛林达，并且从那里把一批蚕卵带到拜占庭。依照上面说过的方法，他们果然成功地将蚕卵孵化成虫，并用桑叶来喂养

① Procopius of Caesarea, *The Secret History*, 25, 25～26.

幼虫。从此之后，在罗马的土地上也能生产蚕丝了。”①

拜占庭的狄奥法纳斯（Theophanes of Byzantium）也介绍说：

> 查士丁尼统治期间，一位波斯人曾在拜占庭介绍过有关蚕虫的起源。一直到那时为止，罗马人对此尚不得而

---

① Ὑπὸ τοῦτον τὸν χρόνον τῶν τινες μοναχῶν ἐξ Ἰνδῶν ἥκοντες, γνόντες τε ὡς Ἰουστινιανῷ βασιλεῖ διὰ σπουδῆς εἴη μηκέτι πρὸς Περσῶν τὴν μέταξαν ὠνεῖσθαι Ῥωμαίους, ἐς βασιλέα γενόμενοι οὕτω δὴ τὰ ἀμφὶ τῇ μετάξῃ διοικήσεσθαι ὡμολόγουν, ὡς μηκέτι Ῥωμαῖοι ἐκ Περσῶν τῶν σφίσι πολεμίων ἢ ἄλλου του ἔθνους τὸ ἐμπόλημα τοῦτο ποιήσωνται· χρόνου γὰρ κατατρῖψαι μῆκος ἐν χώρᾳ ὑπὲρ Ἰνδῶν ἔθνη τὰ πολλά οὔσῃ, ἥπερ Σηρίνδα ὀνομάζεται, ταύτῃ τε ἐς τὸ ἀκριβὲς ἐκμεμαθηκέναι ὁπαίᾳ ποτὲ μηχανῇ γίνεσθαι τὴν μέταξαν ἐν γῇ τῇ Ῥωμαίων δυνατὰ εἴη. Ενδελεχέστατα δὲ διερευνωμένῳ τῷ βασιλεῖ καὶ ἀναπυνθανομένῳ εἰ ὁ λόγος ἀληθὴς εἴη ἔφασκον οἱ μοναχοί σκώληκάς τινας τῆς μετάξης δημιουργοὺς εἶναι, τῆς φύσεως αὐτοῖς διδασκάλου τε οὔσης καί διηνεκῶς ἀναγκαζούτης ἐργάζεσθαι. Ἀλλὰ τοὺς μὲν σκώληκας ἐνθάδε ζῶντας διακομίζειν ἀμήχανα εἶναι, τὸν δὲ αὐτῶν γόνον εὔπορόν τε καὶ ῥᾴδιον ὅλως. Εἶναι δὲ τῶν σκωλήκων τῶνδε τὸν γόνον ᾠὰ ἑκάστον ἀνάριθμα. Ταῦτα δὲ τὰ ᾠὰ χρόνῳ πολλῷ τῆς γονῆς ὕστερον κόπρῳ καλύψαντες ἄνθρωποι ταύτῃ τε διαρκῆ θερμήναντες χρόνον ζῷα ποιοῦσι. Ταύτα εἰπόντας ὁ βασιλεὺς μεγάλοις τοὺς ἄνδρας ἀγαθοῖς δωρήσασθαι ὁμολογήσας τῷ ἔργῳ πείθει ἐπιρρῶσαι τὸν λόγον. Οἱ δὲ γενόμενοι ἐν Σηρίνδῃ αὖθις τά τε ᾠὰ μετήνεγκαν ἐς Βυζάντιον, ἐς σκώληκάς τε αὐτὰ τρόπῳ ᾧπερ ἐρρήθη μεταπεφυκέναι διαπραξάμενοι τρέφουσί τε συκαμίνου φύλλοις, καὶ ἀπ᾽ αὐτοῦ γίνεσθαι μέταξαν τὸ λοιπὸν κατεστήσαντο ἐν Ῥωμαίων τῇ γῇ. Procopius of Caesarea, *The Gothic War*, Ⅷ, 17.

> 知。这位波斯人从赛里斯人那里来，他曾将一些搜集来的蚕卵放在一个路杖内，并将其带至拜占庭。春天到来时，他用桑叶喂养蚕卵。蚕虫在吃食这些树叶后，便长出了翅膀，并完成了其余的变化。查士丁尼曾向突厥人传授过有关蚕虫的诞生、饲养及其吐丝之过程，突厥人对此感到非常惊讶，因为突厥人当时控制着赛里斯人的市场和港口，而这一切过去均掌握在波斯人手中。①

普罗科比乌斯和狄奥法纳斯虽然在何人用何种方法将蚕卵带至拜占庭方面记述不一，但在丝来自蚕、蚕来自蚕卵这一点上是完全一致的。至此，罗马人对丝和丝织品来源的认识已经达到了几乎真实的程度。

罗马人对丝的来源的认识过程，本身就说明：第一，从词源上说，Seres、Serica 与 Ser、蚕、丝等没有任何关系。因为西方人知道的 Seres、Serica 最初都被认为来自树上，他们实际上是将它与棉花混淆了。所以 Seres 不可能来自 Ser 这个字，也不可能是“蚕”和“丝”的谐音。第二，罗马人对丝的来源的认识，尤其对丝的生产过程不是一步到位的，有一个过程。

---

① Ὅτι τὴν τῶν σκωλήκων γένεσιν ἀνὴρ Πέρσης βασιλεύοντος Ἰουστινιανοῦ, ἐν Βυζαντίῳ ὑπέδειξεν, οὔπω πρότερον ἐγνωσμένην Ῥωμαίοις. Οὗτος δὲ ἐκ Σηρῶν ὁρμηθείς ὁ Πέρσης, τὸ σπέρμα τῶν σκωλήκων ἐν νάρθηκι λαβὼν μέχρι Βυζαντίου διεσώσατο, καὶ τοῦ ἔαρος ἀρξαμένου ἐπὶ τὴν τροφὴν τῶν συκαμίνων φύλλων ἐπαφῆκε τὰ σπέρματα· τὰ δὲ τραφέντα τοῖς φύλλοις ἐπτεροφύησέ τε καὶτἄλλα εἰργάσατο. Ὧν τήν τε γένεσιν καὶ τὴν ἐργασίαν ὁ βασιλεὺς Ἰουστῖνος ὕστερον τοῖς Τούρκοις ὑποδείξας ἐθάμβησεν. Οἱ γὰρ Τοῦρκοι τότε τά τε Σηρῶν ἐμπόρια καὶ τοὺς λιμένας κατεῖχον· ταῦτα δὲ πρὶν μὲν Πέρσαι κατεῖχον.
参见 George Coedes，*Textes D'anteurs grecs et latins relatifs a l'Extreme-Orient*，p. 152。

这一认识加深的过程几乎与罗马人对东方的了解同步。当然这个认识过程也明显地受罗马政治形势和经济发展状况的影响。如果把罗马人看到帕提亚丝旗作为其认识丝的起点，而把掌握蚕的饲养作为其认识丝的终点的话，我们就会发现这个过程大约花了西方人六百年的时间。第三，丝绸不但对1世纪以来的罗马政治、经济有影响，而且对罗马文化以及思想的发展产生过重要的作用，为罗马提供了非常丰富的、有一定影响力的文化素材。罗马人对丝的来源的认识过程本身也说明一个道理，即认识事物的本源是一项十分艰巨和复杂的工作。

古代罗马与中国的交往

古代西方和中国虽然相隔万里，但它们之间的交往很早以前就已经存在。当然，古代西方和中国间的了解经历了由模糊到清晰、由笼统到具体的过程。具体来说，共经历了三个阶段，即以传闻为主的阶段、发展到以物品交往为主的阶段、最后发展至人员交往的阶段。这三个阶段虽然特色各异，但从长时段的角度来看，它们之间又有密切的联系，尤其是后面的阶段包含了前面阶段的内容，是古代西方对东方认识不断提高的象征和标志。从罗马历史的角度审视古代罗马与中国间的交往，对我们重新评估古代世界人类的活动范围和能力帮助很大。

一

西方与中国之间的交往可以追溯到远古时代。古代传说告诉我们，早在公元前 6 世纪左右，中西交往已经揭开了序幕。据希罗多德记载：普洛孔涅索斯人卡乌斯特洛比欧斯的儿子阿利司铁阿斯曾写过一首“叙事诗”。诗中写道：

> 阿利司铁阿斯曾到过伊赛多涅斯人的土地。在伊赛多涅斯人的那面住着独眼人种阿里玛斯波伊人，在阿里玛斯波伊人的那面住着看守黄金的格律普斯，而在这些人的那面则又是领地一直伸张到大海的极北居民。除去叙佩尔波列亚人之外，所有这些民族，而首先是阿里玛斯波伊人，都一直不断地和相邻的民族作战；伊赛多涅斯人被阿里玛斯波伊人赶出了自己的国土，斯基太人又被伊赛多涅斯人所驱逐，而居住在南海(这里指黑海——译者按)之滨的奇姆美利亚人又因斯基太人的逼侵而离开了自己的国土。①

希罗多德认为：那个阿利司铁阿斯，即使是他，也没有说他去过比伊赛多涅斯人的地区更远的地方。② 在另一处，希罗多德还记录了伊赛多涅斯人的一种风俗，即：当一个人的父亲死去的时候，他们所有最近的亲族便把羊带来。在杀羊献神并切下它们的肉之后，更把他们主人的死去的父亲的肉也切下来与羊肉混在一起供大家食用，至于死者的头，他们把它的皮剥光、擦净之后镀上金；他们把它当做圣物来保存，每年都要对之举行盛大的祭典。③

从希罗多德笔下所记的欧亚草原民族以及他们的部分事迹，人们可以发现至迟在公元前 6 世纪，欧亚草原之路实际上已经存在了。伊赛多涅斯人留下的足迹即使到 1 世纪的普林尼时代、2 世纪的托勒密时代或 4 世纪的阿米阿努斯·马塞利努

---

① 参见希罗多德：《历史》上册，270～271 页，北京，商务印书馆，1997。

② 同上书，272 页。

③ 同上书，275 页。

斯时代都能辨认。①

大约在公元前 5 至前 4 世纪，有一位名叫克泰斯阿斯(Ktesias)的希腊人也曾记载：赛里斯人及北印度人，相传身材高大，长达十三肘尺，寿命超过两百岁。②

不过，从西方文献判断，希罗多德记录的有关东西方之间的联系信息和克泰斯阿斯对赛里斯人的相关说法，都停留在传闻阶段。尤其是希罗多德更没有赛里斯或中国的概念，因为希罗多德本身就把印度视为已知世界的最末端。直到公元前 1 世纪以后，关于中国方面的消息在罗马才不断出现，与以前间接且模糊的传闻形成鲜明的对照。

---

① 普林尼提到在麦奥齐达湖上方的布格河彼岸，住有萨尔马提亚人和伊赛多涅斯人。而沿海地带一直到坦纳伊斯河的地区，住有麦奥齐达人(麦奥齐达湖便是因他们而得名的)，最后是紧靠着他们的阿里玛斯波伊人。参见 Pliny the Elder，*Natural History*，4，88。托勒密在《地理学》中把伊赛多涅斯分成两个地区：一个在伊马乌斯东麓的斯基太，即：Issedon Scythia；一个在赛里斯，即：Issedon Serica。参见 Claudius Ptolemy，*Geographyia*，15～16。阿米阿努斯·马塞利努斯也对这一民族有所记载。参见 Ammianus Marcellinus，*Res Gestae*，23，64。弗尔地那德·冯·李希霍芬在《中国亲程旅行记》第 1 卷 488 页中将 Issedon Scythia 考证为疏勒；亨利·裕尔在《古代中国见闻录》第 1 卷 44 页、弗尔地那德·冯·李希霍芬 在《中国亲程旅行记》第 1 卷 488 页和斯坦因在《古代于阗》134 页中均把 Issedon Serica 考证为于阗。有关伊赛多涅斯方面的其他信息，也参见 *Greek Lyric*，2；Pausanias，*Description of Greece*，1，24；6，31；2，5，7；9；Pliny the Elder，*Natural History*，6，7，21。Lucan 的 *The Civil War*、Valerius Flaccus 的作品和 Tertullian 的《护教篇》中也有一些内容。

② 参见 Henry Yule，*Cathay and the Way Thither*，First Published，London，1915；New Delhi，Asian Educational Services Reprint，2005，p. 14。

二

公元前8世纪中叶以前，地球上还没有罗马这一国家，整个地中海西部地区也处于蒙昧和野蛮时代。根据传统的一种说法，罗马建城于意大利半岛中部地区，时间为公元前753年。最初是一小国，后经将近5个世纪的发展，成为意大利和西部地中海的主人。从公元前3世纪末叶开始，罗马开始关注东部地中海的事务。经过三次马其顿战争，罗马人征服了马其顿和希腊地区。公元前1世纪60年代，庞培在结束第三次米特里达梯战争的同时，还战胜了亚美尼亚人、帕弗拉戈尼亚人(Paphlagonia)、卡帕多西亚人、西里西亚人、叙利亚人、斯基太人、犹太人和阿尔巴尼亚人、伊比利亚人、巴斯达尼安人(Bastarnians)等，① 从而把罗马人的领土从西边的西班牙、赫尔库利斯石柱扩张至攸克辛海，扩张至埃及边界上的沙漠地带，扩张至幼发拉底河畔。② 罗马与远东国家间的距离也因此大大缩短。中国物品尤其是丝织品开始不断进入罗马人的视野，成为罗马学者竞相报道的内容。

公元前55年，罗马执政官克拉苏就任叙利亚总督。次年，他率军征讨帕提亚。据历史学家弗罗鲁斯报导，在双方对阵时，克拉苏士兵就看到了帕提亚军队用丝绸织物制成的军旗。③ 恺撒在埃及见到克利奥帕特拉时，克利奥帕特拉美丽动人，其白皙的胸乳透过西顿的丝线而透明无已。据路加记载，这些丝线分三步制成：先经过赛里斯人的梳织，后由埃及的针

---

① 参见 Pliny the Elder，*Natural History*，7，26。

② Appian，*The Mithridatic Wars*，17，121.

③ Florus，*Epitome of Roman History*，1，46，8～9.

织工人分拆，再经过加工制作使其薄透可见。① 另据狄奥·卡西乌斯记载：公元前 46 年，恺撒为了使罗马的观众免遭阳光暴晒之苦，将丝绸幕帘置于观众席的上面。② 数年以后，罗马人开始以使用丝绸为时髦，以至于在提比略元首时期，元老院只好诏令禁止男性臣民穿丝绸服装，说丝绸毁坏了他们的名誉。③ 不仅如此，罗马政府还对妇女使用丝绸作了一定的限制。然而，这一诏令并未在罗马产生影响。罗马上层人物对丝绸的兴趣依然不减，罗马与中国间的丝绸贸易也依然兴隆。这可以从当时人的以下记载中看得很清楚。

据普林尼记载：赛里斯人以出产林中之毛而闻名。这种白色绒毛，再经过罗马妇女纺线和织布这双重工序，制成衣服。罗马贵妇们穿着这些透明的衣衫，耀眼于公众场合。④

更为惊奇的是，今人乃凿山以求大理宝玉，远赴赛里

① Lucan，*The Civil War*，10，141.

② Dio Cassius，*Roman History*，43，24. 我国学者曾根据美国学者汤普逊的《中世纪经济社会史》提供的信息，认为共和末年，恺撒曾穿着绸袍看戏，当时人认为过分豪华。参见齐思和："中国和拜占庭帝国的关系"，载《北京大学学报》，1955(1)。又参见何芳川主编：《中外文化交流史》上卷，39 页，北京，国际文化出版公司，2008。其实，"恺撒穿着绸袍看戏"这一结论是对汤普逊作品的误译或误读。为说明问题，现将汤普逊的原文陈述如下："Caesar was considered to have displayed unheard of magnificence when he appeared in the theatre clad in silk."James Westfall Thompson，*Economic and Social History of the Middle Ages*，New York，D. Appleton-Century Company Incorporation，1928，p. 165. 耿淡如的译文为："当恺撒穿着丝服出现于戏院里的时候，他被认为是显示了闻所未闻的豪华。"参见汤普逊：《中世纪经济社会史》上册，207 页。

③ Tacitus：*The History*，2，33；Dio Cassius，*Roman History*，57。

④ Pliny the Elder，*Natural History*，6，20，54.

斯以求衣料，深潜红海以求珍宝，掘地千丈以求宝石。”①“据最低估算，每年从我们帝国流入印度、赛里斯和阿拉伯半岛的金钱，不下一亿塞斯退斯。这就是我们的奢侈风气和妇女让我们付出的代价。②

到2世纪以后，罗马对中国丝绸的需求量越来越大。中国的丝绸不但受到了上层贵族的青睐，而且也得到了下层平民的喜爱。丝绸一时成了罗马市场上的畅销商品。历史学家阿米阿努斯·马塞利努斯说：“从前，这种赛里斯布仅为贵族专用，而如今最低贱者也能毫无差别地使用了。”③圣约翰·克利索斯顿也认为：“穿丝绸衣服的女人很多”，“丝绸不再昂贵了。”④无疑，这些话皆有所夸张。实际情况是，许多身居要职的罗马人见到众多黄金因中国丝织品而东流外国，深感愤怒与惊恐。

丝绸的大量输入促进了罗马丝绸市场的形成，从事丝绸贸易的商人也因此增多。据记载：有一位名叫赫里奥多鲁斯(Heliodorus)的叙利亚人就在那不勒斯从事丝绸交易；⑤ 另有一位名叫爱帕弗罗提图斯(Epaphroditus)的叙利亚籍希腊人曾在伽比伊(Gabii)镇从事丝绸贸易并获取大量财富。⑥ 在第布尔(Tibur)及罗马城，都有专销中国丝绸的市场。⑦

在中国的丝绸和优质铁等商品运往罗马的同时，罗马的物

---

① Pliny the Elder，*Natural History*，12，1，2.

② Pliny the Elder，*Natural History*，12，41，84.

③ Ammianus Marcellinus，*Res Gestae*，23，64.

④ St. John Chrysostom，*Homily*，25。

⑤ 《希腊铭文集》(CIG)，5834。

⑥ 《拉丁铭文集》(CIL)卷14，2793；2812。

⑦ Martial，*Epigrams*，L，Ⅺ，27. 丝织品在罗马的 Vicus Tuscus 可获得。

品也不断输入中国，当然其规模不是很大。输入的物品主要有来自波罗的海的琥珀，罗马行省的玻璃、珊瑚、珍珠、亚麻布、羊毛织品和黄金。其中黄金占首位。此外，还有一些拥有一技之长的奴隶。他们常常被政府使者作为礼品送往中国。

三

丝绸之路在相距万里的中国和罗马之间架起了相互交往的桥梁。但在1世纪以前，罗马帝国和中国汉朝之间并没有直接的人员往来。罗马商人未能经由陆路直接到达中国，中国人也未能取道陆路直接到罗马。他们之间的商业往来全靠各种中间人，尤其是靠帕提亚和印度等地区的中间人。中国人和罗马人对建立直接的联系都很关心。这可由中国使者甘英的经历得以说明。据《后汉书·西域传》记载：

> 永元九年，都护班超遣甘英使大秦，抵条支。临大海欲度，而安息西界船人谓英曰："海水广大，往来者逢善风三月乃得度，若遇迟风，亦有二岁者，故入海人皆赍三岁粮。海中善使人思土恋慕，数有死亡者。"英闻之乃止。

汉朝使者未能到达罗马，那么罗马使者是否到过中国？赫德逊认为没有。他在其《欧洲与中国》一书中明确指出："在汉文典籍中毫无关于罗马臣民经陆路来华的迹象。"①不过，事实并非如此。罗马的商人曾于100年、166年多次到达中国。有关这些事实皆保存于中国的古典史籍之中。

---

① G.F.赫德逊：《欧洲与中国》，58页，北京，中华书局，1995。

据袁宏《后汉纪·孝和帝纪》记载：

永元十二年，“东(误冬)，西域蒙奇兜勒二国内属”。

《后汉书·孝和孝殇帝纪》也载：

永元十二年，“……冬十一月，西域蒙奇兜勒二国遣使内附，赐其王金印紫绶”。

《后汉书·西域传》再次把蒙奇兜勒贡献之事看做是汉和帝时期外交方面的巨大成就。范晔曾这样写道：

> (永元)九年，班超遣掾甘英穷临西海而还，皆前世所不至，山经所未详，莫不备其风土，传其珍怪焉。于是远国蒙奇兜勒皆来归服，遣使贡献。

笔者经过多年的研究，发现《后汉书》上所说的“蒙奇兜勒”并非指“蒙奇”、“兜勒”，而是指罗马属下的 Macedones(今译马其顿)。蒙奇兜勒纯粹是 Macedones 的音译。① 从现有的材料来看，他们应是第一批由陆路到达中国的罗马人。

此后不久，罗马的商人又从海路来到了中国。据《后汉书·西域传》记载：“桓帝延熹九年(166)，大秦王安敦遣使自日南徼外献象牙、犀角、瑇瑁……”这里的大秦是指罗马帝国，大秦王安敦则是指元首安敦尼·庇乌斯的继子马尔库斯·奥理略(161—180 年在位)。这是第一批已知的由海路来中国的罗马人。到三国和晋时也有罗马遣使到达中国的记载，这些都说明

① 参见杨共乐：《中西交往史上的一件大事》，载《光明日报》，1996-05-14。

中国与罗马之间很早就建立了商贸关系。①

3世纪罗马进入危机状态，帝国内部的经济贸易逐渐衰落，帝国民众的有效购买力已经大不如1—2世纪了。不过，丝绸贸易和丝绸消费并没有因此受到影响。据说：401年，罗马君主阿卡狄乌斯为其刚刚出生的儿子狄奥多西二世举行基督教洗礼，"全城(指君士坦丁堡)的人都头戴花环，身穿丝绸袍服，戴着金首饰和各种饰物，没有人能把全城当时的盛况用笔墨将其描述出来。此外，人们可以看到犹如海波一样众多的居民；还可以看到款式各异的盛装"②。由此可见，丝织品在罗马普遍使用的状况。

丝绸在罗马帝国的流行，也促使大批商人到中国经商贸易。528年，杨衒之记录了北魏都城洛阳的相关情况，描述洛阳南部，"夹御道有四夷馆，道东有四馆"，"道西有四里。"来到洛阳的外国人按东西南北不同方位以及到达洛阳先后时间划分住所。刚来的住道东四馆，三年后则在道西得赐宅一所。"西夷来附者处崦嵫馆，赐宅慕义里"，"自葱岭已西，至于大秦，百国千城，莫不欢附，商胡贩客，日奔塞下，所谓尽天地之区已。乐中国土风，因而宅者不可胜数。是以附化之民，万有余家"③。大秦等西域国家居民来华经商并定居洛阳表明：中西文化在交流的基础上，又出现了某些新现象，即交融。

552年左右，罗马获取了取卵养蚕的技术，查士丁尼还向

---

① 《梁书·诸夷传》"中天竺传"曰：大秦国"国人行贾，往往至扶南、日南、交趾，其南徼诸国人，少有到大秦者。"孙权黄武五年，有大秦商人自交趾至东吴。《晋书》也记曰："武帝太康中，其王遣使贡献。"

② Mark the Deacon, *The Life of Saint Porphry*, *Bishop of Gaza*, 47. G.F. 赫德逊：《欧洲与中国》，87页。

③ 杨衒之：《洛阳伽蓝记》卷三《城南》。

突厥人介绍过有关蚕之诞生以及做茧的过程。“突厥人对此感到惊讶不已，因为突厥人当时控制着赛里斯人的市场和港口，而这一切过去均属于波斯人。”①6 世纪 60 年代，粟特国王马尼阿赫(Maniakh)向突厥大汗提扎布鲁斯(Dizabulus)提出建议，认为：“建立与罗马人的友好关系，把丝绸销售给他们，会更符合突厥人的利益，因为罗马人消费的丝绸比其他任何民族都要多。”粟特国王马尼阿赫还主动要求陪同突厥使者一同前往拜占庭。突厥大汗批准了这一建议。② 568 年突厥使团抵达君士坦丁堡，受到了拜占庭君主查士丁二世的热情接待。不久，由西里西亚人择马尔库斯(Zemarchus)为团长的拜占庭使

① 亨利·裕尔：《古代中国见闻录》第 1 卷，203～205 页。爱德华·吉本曾在《罗马帝国衰亡史》第 40 章中描述过蚕传入西方的过程。齐思和先生在《北京大学学报》1955 年第 1 期发表“中国与拜占庭帝国的关系”一文，其中对此也有过一些不同的评述。但如果参阅《大唐西域记》文本卷十二的相关记载，我们还是能够判断吉本的描述是可以信赖的。《大唐西域记》卷十二这样写道：“王城东南五六里，有鹿射僧伽蓝。此国先王妃所立也。昔者，此国未知桑蚕，闻东国有之，命使以求。时东国君秘而不赐，严敕关防，无令蚕桑种出也。瞿萨旦那王乃卑辞下礼，求婚东国。国君有怀远之志，遂允其请。瞿萨旦那王命使迎妇，而诫曰：‘尔致辞东国君女，我国素无丝绵桑蚕之种，可以持来，自为衣服。’女闻其言，密求其种，以桑蚕之子置帽絮中。既至关防，主者遍索，唯王女帽不敢以检。遂入瞿萨旦那国，止鹿射伽蓝故地。方备礼仪，奉迎入宫，以桑蚕种留于此地。阳春告始，乃植其桑。蚕月既临，复事采养。初至也，尚以杂叶饲之。自时厥后，桑树连荫。王妃乃刻石为制，不令伤杀，蚕蛾飞尽，乃得治茧，敢有犯违，明神不佑。遂为先蚕建此伽蓝。数株枯桑，云是本种之树也。故今此国有蚕不杀。窃有取丝者，来年辄不宜蚕。”玄奘：《大唐西域记》，301～302 页，上海，上海人民出版社，1977。

② C. Muller, *Fragmenta Historicorum Graecorum* (1841－1870), vol. 4.

团回访突厥，到达突厥大汗的宫中，从而再次开通了北部通往东方的大道。这次拜占庭与突厥的交往虽然没有继续向东推进，但它还是把中国的有关信息带到了拜占庭，并将其保存于拜占庭的历史文献中。①

隋炀帝时，西域诸蕃多至张掖与中国交市。“帝令矩掌其事。矩知帝方勤远略，诸商胡至者，矩诱言其国俗山川险易，撰《西域图记》三卷，入朝奏之。其序曰：……发自敦煌，至于西海，凡为三道，各有襟带。”裴矩报告的北道，即：“从伊吾，经蒲类海铁勒部，突厥可汗庭，度北流河水，至拂菻国，达于西海。”此即中国、突厥可汗庭至拜占庭道。此外，还有中、南两道。中道“从高昌，焉耆，龟兹，疏勒，度葱岭，又经钹汗，苏对沙那国，康国，曹国，何国，大、小安国，穆国，至波斯，达于西海。”“其南道从鄯善，于阗，朱俱波，喝盘陀，度葱岭，又经护密，吐火罗，挹怛，忛延，漕国，至北婆罗门，达于西海。”②

唐朝时，由于国际条件发生变化，许多东罗马帝国的使者经陆道或海道来到中国。据《旧唐书·拂菻传》记载：“贞观十七年(643)拂菻王波多力遣使献赤玻璃、绿金精等物，太宗降玺书答慰，赐以绫绮焉。”这些都是中国和罗马友好交往的标志。除了正史中记录罗马使者访问中国以外，民间来华的使者也不少。大秦景教在中国的传播就是明证。据《大秦景教流行中国碑》记载：

> 太宗文皇帝光华启运，明圣临人。大秦国有上德曰阿罗本，占青云而载真经，望风律以驰艰险。贞观九祀，至于长安。帝使宰臣房公玄龄，惣仗西郊，宾迎入内。翻经

① Theophylactus Simocatta 于 628 年开始写作的作品《莫利斯皇帝大事记》的部分内容大概与此次出访有关。

② 《隋书·裴矩传》。

书殿，问道禁闱。深知正真，特令传授。贞观十有二年秋七月，诏曰：道无常名，圣无常体，随方设教，密济群生。大秦国大德阿罗本，远将经像，来献上京。详其教旨，玄妙无为。观其元宗，生成立要。词无繁说，理有忘筌，济物利人，宜行天下。所司即于京义宁坊造大秦寺一所，度僧二十一人。宗周德丧，青驾西升。巨唐道光，景风东扇。旋令有司，将帝写真，转摹寺壁。天姿泛彩，英朗景门。圣迹腾祥，永辉法界。按《西域图记》及汉魏史策，大秦国南统珊瑚之海，北极众宝之山，西望仙境花林，东接长风弱水。其土出火烷布、返魂香、明月珠、夜光壁。俗无寇盗，人有乐康。……高宗大帝，克恭缵祖，润色真宗，而于诸州各置景寺，仍崇阿罗本为镇国大法主，法流十道，国富无休。寺满百城，家殷景福。

传入中国的景教则是基督教的聂斯托里乌斯派。据宋宋敏求《长安志》云："义宁坊有波斯寺。唐贞观十二年，太宗为大秦胡僧阿罗斯立"，张星烺先生认为："阿罗斯即碑文中阿罗本之误。阿罗本为大秦僧入中国之始。"①天宝三年，大秦国僧佶

---

① 张星烺：《中西交通史料汇编》第1册，224页，北京，中华书局，2003。当然，这是有争论的。其实，最早提到在赛里斯传教的是西方的阿尔诺比乌斯(Arnobius)。他在《斥异教徒》(成书于300年)一书中阐述了基督教教会所取得的巨大成就，他举例道："在印度；在赛里斯人(指中国人)、波斯人和米底人那里；在阿拉伯或埃及；在亚细亚及叙利亚；在加拉提亚人、帕提亚人、弗利基亚人那里；在阿卡亚、马其顿和伊庇鲁斯人那里；在每一岛每一省，举凡日出日没，太阳光芒所及之地皆是。最后，在罗马本土，也即世界霸主之地。人们虽然为努玛王所定的规则和古代迷信所钳制，但亦毫不犹豫地脱离本地之生活方式而皈依了基督真理"。Arnobius，*Abversus Gentes*，2，12. 不过，到现在为止，我们还没有找到更硬的证据来证明阿尔诺比乌斯的说法。

和，“瞻星向化，望日朝尊。诏僧罗含、僧普论等一七人，与大德佶和于兴庆宫修功德”，并得到皇上的赞许。“于是天题寺榜，额戴龙书。宝装璀翠，灼烁丹霞。睿札宏空，腾凌激日。宠赉比南山峻极，沛泽与东海齐深。”基督教在中国长安等地立寺传教，这无论对中国宗教界，还是对中国文化、思想界都具有非常重要的意义。

古代罗马与中国是分布于古代欧、亚大陆两端的两大强国。它们的多次交往不但加深了两国人民之间的友谊，而且也促进了两大文明的发展。而东西方两大文明的发展也表明：文明要有所发展，就必须吸取其他文明的优秀成果。这或许是世界多元文明之所以发展到今天的重要原因。

附:中国史书所载中国、西方接触表

来　源	《史记》卷一二三	《汉书》卷九六上	《后汉书》卷一一六及一一八	《三国志》卷三十（魏略注）	《晋书》卷九十七	《宋书》卷九十七	《梁书》卷五十四
记载年份(大约)	公元前 90 年	100 年	450 年	429 年以前	635 年	500 年	第 7 世纪早期约 629 年
有关史料(大约)	公元前 100 年	公元前 100 年	97 年	220—264 年	265—419 年	420—478 年	502—556 年
中国到西方的使者	安　息	安　息	•	•	•	*	•
西方到中国的使者(往往只是商人)	*	*	* (120 年)	* (134 年)	* (284 年)	*	* (安敦,166 年) (秦伦,266 年)
记载的事物:蛋(鸵鸟?)	*	*	•	•	•	•	•
魔术师	*	*	*	*	•	•	•
对大秦(罗马叙利亚)的描述	•	•	*	*	*	•	*
甘英西使大秦	•	•	*	•	*	•	•
石棉(火浣布)	•	•	*	*	*	*	•
夜光璧	•	•	*	*	*	•	•
珊　瑚	•	•	*	*	•	•	*
海西布	•	•	*	*	•	•	•
苏　合	•	•	*	*	•	•	*
假宝石	•	•	*	*	•	*	•
琥　珀	•	•	*	*	•	•	*
“弱　水”	•	•	*	*	•	•	•
水晶柱	•	•	*	*	•	•	•
金球漏壶	•	•	•	•	•	•	•
治盲穿颅术	•	•	•	•	•	•	•
中国的缫丝法	•	•	•	•	•	•	•

续 表

来 源	《魏书》卷一零二和《北史》卷九十七	《旧唐书》卷一九八	《新唐书》卷二二一上，下	景教碑	《宋史》卷四九零	《诸蕃志》	《明史》卷三二六
记载年份(大约)	572 年	950 年	1061 年	781 年	1345 年	1225 年	1739 年
有关史料(大约)	386—556 年	618—906 年	618—906 年	719 年	960—1279 年	同时代	1368—1643 年
中国到西方的使者	·	*	*	·	·	·	*
西方到中国的使者(往往只是商人)	·	(643,667,701,719 年)	(666,719 年)	·	* (1081,1091 年)	·	* (1350,1371 年)
记载的事物：蛋(鸵鸟?)	·	·	·	·	·	·	·
魔术师	·	·	*	·	*	·	·
对大秦(罗马叙利亚)的描述	*	·	·	*	*	·	·
甘英西使大秦	·	·	·	·	·	·	·
石棉(火浣布)	·	·	·	*	·	·	·
夜光璧	*	*	*	*	*	·	·
珊瑚	·	*	*	·	*	*	·
海西布	·	*	*	·	*	·	·
苏合	·	·	·	*	*	·	·
假宝石	·	·	·	·	·	·	·
琥珀	·	*	*	·	*	·	·
“弱水”	·	·	·	*	*	*	·
水晶柱	·	*	·	·	*	*	·
金球漏壶	·	*	*	·	*	·	·
治盲穿颅术	·	·	*	·	*	·	·
中国的缫丝法	·	·	·	·	*	·	·

材料来源：李约瑟：《中国科学技术史》，第 1 卷，第 2 分册，420～423 页，北京，科学出版社，1975。说明：“·”指记载；有“*”指有记载。

两汉与马其顿之间的关系

两汉是中国政治和经济史上高度发展的时期，同时也是对外关系史上取得辉煌成就的时代。张骞的凿空、班超父子对西域的经营以及大秦(即罗马)王安敦遣使内附都发生在这一时期。下文只想就马其顿音乐对两汉的影响以及东汉与罗马马其顿人的直接交往作些探讨，以揭示早已存在过但又一直被人遗忘的两汉与马其顿之间的关系。

一、张骞凿空与马其顿音乐传入中国

张骞，汉中人。据《汉书·张骞李广利传》记载：他“为人强力，宽大信人，蛮夷爱之”。建元二年(公元前139)，汉武帝派遣张骞出使西域，寻找被匈奴人驱逐的大月氏，以便联合起来共击匈奴。不幸道出南山北麓，为匈奴所俘，囚居十年，虽“予妻，有子”，“然持汉节而不失”，后终于找到了一个机会从匈奴处逃出。此后，张骞等向西奔走数十天，越过葱岭来到大宛国，受到了大宛国王的热情接待，国王派向导把他们送至康居，后由康居送到大月氏。当时大月氏已臣服大夏(即巴克特里亚)，在帕米尔以西的妫水(乌浒水)流域定居下来。这里土地肥沃，又很少有外敌骚扰，大月氏人安居乐业，对汉朝提出的联合对付匈奴之事毫无兴趣，所以，张骞在大月氏、大夏逗留一年多，“竟不能得月氏要领”①。没有达到结盟的目的。公元前128年，张骞等动身回国。过大夏和羌人居住的地区，不料羌人已归附匈奴，张骞等人再次被俘。一年后，张骞乘匈奴内乱逃回长安。这次出使虽没有达到联合大月氏的目的，但是张骞“始开西域之迹”②，收集了大量有关西域地区地理、交通、物产、语言、人口等方面的资料，开阔了汉朝民众的视野，加深了汉朝对西域地区的了解。公元前119年，张骞再次上奏汉武帝，认为：“今单于新困于汉，而故浑邪地空无人。蛮夷俗贪汉财物，今诚以此时厚币赂乌孙，招以益东，居故浑邪之地，与汉结昆弟，其势宜听，听则是断匈奴右臂也。既连乌孙，自其西大夏之属皆可招来而为外臣。”③这个建议得到了汉武帝的赞同。不久，张骞再次出使西域。当然，这次出使的主要对象是乌孙。从政治上讲，这次出使和上次出使一样并未达到目的，但它加强了汉与西域诸国人民之间的联系。

自张骞“凿空”以后，中西交通大开。从中国西去求“奇物”的使者“相望于道”，“一岁中使多者十余，少者五六辈，远者八九岁，近者数岁而反”。“一辈，大者数百，少者百余人”。他们带去“牛羊以万数，赍金币帛直数千巨万”。④ 同时，也有许多西域国家派使者随汉使来到长安。所谓汉使“通大夏之属

① 司马迁：《史记・大宛列传》；班固：《汉书・张骞李广利传》。

② 班固：《汉书・西域传》。

③ 司马迁：《史记・大宛列传》；班固：《汉书・张骞传》。

④ 司马迁：《史记・大宛列传》。

者皆颇与其人俱来”①，就是当时真实的写照。但是，至今为止，几乎没有人注意到，张骞本人在出使过程中还为中西文化的交流作出了贡献——是他亲自把马其顿音乐传到了中国。

据《古今乐录》云：

> 横吹，胡乐也。张骞入西域，传其法于长安，唯得摩诃兜勒一曲，李延年因之更造新声二十八解，乘舆以为武乐。

《晋书·乐志》在叙述胡乐时也有类似的记载：

> 胡角者，本以应胡笳之声，后渐用之横吹，有双角，即胡乐也。张博望入西域，传其法于西京，惟得摩诃兜勒一曲。李延年因胡曲更造新声二十八解，乘舆以为武乐。后汉以给边将，和帝时，万人将军得用之。魏晋以来，二十八解不复具存，用者，有黄鹄、陇头、出关、入关、出塞、入塞、折杨柳、黄覃子、赤之杨、望行人十曲。

此外，《通典》、《通志》中也有同样的说法。

从现有的材料看，这些记载都来源于崔豹的《古今注》。崔豹是西晋人，晋惠帝(290－306 年在位)时曾任朝廷太傅。崔豹在《古今注·音乐篇》中这样写道：“横吹，胡乐也。张博望入西域，传其法于西京，惟得摩诃兜勒一曲。李延年因胡曲更造新声二十八解，乘舆以为武乐。后汉以给边将，和帝时，万人将军得用之。魏晋以来，二十八解不复具存，世用者有黄鹄、陇头、出关、入关、出塞、入塞、折杨柳、黄覃子、赤之杨、望行人十曲。”《晋书·乐志》几乎全部录用了《古今注》的

---

① 司马迁：《史记·大宛列传》。

材料。

上述史料清楚地告诉我们，张骞在出使西域时，曾学得摩诃兜勒一曲，李延年又根据这一曲子，更造新曲二十八解，皇上将其定为武乐。魏晋以来，二十八解虽不复具存，但还有十曲流行。由此可见，摩诃兜勒音乐对我国民族音乐产生的影响之大。

那么摩诃兜勒一曲到底指的是什么？有人把摩诃兜勒当做歌名，有人把它当做是大月氏乐或印度大伎乐；有人则根本否定这件事的存在，认为这是后人之妄说。① 实际上，张骞确实到过巴克特里亚，并得到了摩诃兜勒的一首曲子，这里所说的“摩诃兜勒”实为马其顿或马其顿人。理由是：

第一，从音韵学和翻译对音的角度看，“摩诃兜勒”实际上就是“μακεδονεs”的音译，希腊文“μακεδονεs ”本身就有“马其顿、马其顿人”的意思。它和《后汉纪·孝和帝纪》、《后汉书·孝和孝殇帝纪》上记载的“西域蒙奇兜勒二国内附”、“西域蒙奇兜勒遣使内附，赐其王金印紫绶”中的“蒙奇兜勒”是同一民族名；唯一不同的是“摩诃兜勒”译自希腊文，“蒙奇兜勒”译自拉丁文。

第二，此曲为张骞出使西域所得。据史书记载，张骞出使

---

① 参见《外国历史大事集》，古代部分，第1分册，687页，重庆，重庆出版社，1986；阴法鲁、许树安主编：《中国古代文化史》，第2分册，211页，北京，北京大学出版社，1991。有人认为：摩诃兜勒是安息祭神的军乐。“摩诃”一名是阿利安民族的月神Mah，兜勒(Tishtrya)是雨神，汉语译名只译出首尾两音。伊朗古经中的月神们常驾瘤牛所曳月车，提希勒(中译兜勒)是送雨的神祇，与生命之神摩诃相辅佐，摩诃兜勒曲就是一种充满豪情、祈求胜利与丰收的雄健之乐，由buru主吹。这显然是主观臆断。沈福伟：《中国与西亚、非洲文化交流志》，140～141页，上海，上海人民出版社，1998。另据常任侠考证：印度大伎乐一直要到东晋永和中(345—356)，张重华割据凉州时才得到。参见常任侠：《丝绸之路与西域文化艺术》，45页，上海，上海文艺出版社，1981。

西域到过大宛、大月氏、康居、乌孙和大夏。① 大月氏、康居和乌孙皆为行国，而巴克特里亚(即中国史书上之大夏地)自从公元前329年被马其顿亚历山大征服以后，政权一直掌握在希腊马其顿人手里，先是亚历山大派手下治理，后是塞琉古派总督管辖。大约在公元前250年，巴克特里亚总督狄奥多德斯(Diodotus)趁塞琉古王国内乱之机脱离王国，自己称王建国，定都巴克特拉(Bactra)。公元前3世纪末，优提德摩斯(Euthydemos)夺取政权。公元前208年塞琉古王国安提奥库斯三世打败优提德摩斯，双方订立和约，再次确认巴克特里亚为塞琉古属国。公元前2世纪上半叶，德米特里掌握政权，他将领土扩张到印度西北部。约公元前170年，优克拉提德斯(Eucratides)自立为王，巴克特里亚再次分裂。此后巴克特里亚实力逐渐衰落，大约于公元前140至前130年间被因乌孙驱赶至此的大月氏所占领。张骞到达西域时，正值巴克特里亚希腊·马其顿政权被大夏推翻不久。据记载他在这里逗留一年多，而不像在大宛、大月氏等国是匆匆而过，所以从巴克特里亚的希腊马其顿人那里学得摩诃兜勒一曲即马其顿歌曲一首是很正常的事。

至于李延年更造新声也有非常重要的证据。据葛洪《西京杂记》记载："高帝戚夫人善鼓瑟击筑。帝常拥夫人倚瑟而弦歌，毕，每泣下流涟。夫人善翘袖折腰之舞，歌出塞、入塞、望归之曲。侍妇数百皆习之，后宫齐首高唱，声入云霄。"②戚夫人是汉高祖刘邦的妃子，为汉初之人。这就是说，更造新声的对象确实存在，它们是早在张骞出西域、李延年谱新声以前就已经出现的出塞、入塞等旧曲。

摩诃兜勒一曲的考证无论对我国音乐史研究还是历史研究都很重要。它表明：在我国丰富的民族音乐里早已吸收西方音

---

① 班固：《汉书·张骞传》。

② 葛洪：《西京杂记》卷一，戚夫人歌舞。

乐的养分，张骞出使西域不仅打通了汉朝与西域之间的关系，而且还直接从西域各族人民那里学到了许多宝贵的东西。摩诃兜勒曲子的内传就是其中最典型的一个例子。张骞学得摩诃兜勒曲子一首本身也能证明《史记》、《汉书》和《后汉书》上记载的张骞出使西域是一个不容否认的历史事实，若张骞不到西域，他根本不可能也不会知道摩诃兜勒（马其顿）和摩诃兜勒（马其顿）一曲。张骞将马其顿音乐传入中国，李延年又将其更造新声，这一事实也再次证明：中华民族是一个胸襟博大的民族，学习和吸收人类优秀的文明成果是它的光荣传统，而这一传统又一直激励着炎黄子孙不断革新，不断奋进。

二、罗马属下的马其顿商人到过东汉的洛阳

罗马与中国之间的首次直接交往一直是人们关注的问题。早在4世纪，中国学者袁宏就在《后汉纪·孝殇帝纪》中这样写道："（大秦）王常欲通使于汉，奉贡献，而安息欲以汉缯彩与之交市，故遮不得令通。及桓帝延熹中，王安都遣使者奉献象牙、犀角、瑇瑁，始一通焉。"很显然，袁宏已经把桓帝延熹中大秦王安都遣使贡献这件事当成了罗马与中国直接交往的开始，后来的学者也都承袭了这种说法。① 其实，早在100—

---

① 例如：范晔在《后汉书·西域传》写道："（大秦）王常欲通使于汉，而安息欲以汉缯采与之交市，故遮阂不得自达。至恒帝九年，大秦王安敦遣使自日南徼外献象牙、犀角、瑇瑁，始乃一通焉。"赫德逊在《欧洲与中国》一书中就认为：在汉文典籍中也毫无关于罗马臣民经陆路来华的迹象。参见G. F. 赫德逊：《欧洲与中国》，58页。另见张铁生：《中非交通史初探》，85页，北京，三联书店，1973；尚钺：《中国历史纲要》，67页，北京，人民出版社，1980；朱绍侯：《中国古代史》上册，394页，福州，福建人民出版社，1982。

101年之间就有一支罗马境内的商队到过中国。

据《后汉纪·孝和帝纪》记载：永元“十二年……东(误冬)，西域蒙奇兜勒二国内属。”

《后汉书·孝和孝殇帝纪》亦云：永元十二年，“冬十一月，西域蒙奇兜勒二国遣使内附，赐其王金印紫绶。”《后汉书·西域传》再次提到蒙奇兜勒内附之事。“于是，五十余国悉纳质内属，其条支、安息诸国至于海濒四万里外皆重译贡献。”接着又说：“(永元)九年，班超遣掾甘英穷临西海而还，皆前世所不至，山经所未载，莫不备其风土，传其珍怪焉。于是远国蒙奇兜勒皆来归服，遣使内附。”范晔在《后汉书·西域传》的最后还这样写道：“西域风土之载，前古未闻也。汉世张骞怀致远之略，班超奋封侯之志，终能立功西遐，羁服外域。自兵威之所肃服，财赂之所怀诱，莫不献方奇，纳爱质，露顶肘行，东向而朝天子。……驰命走驿，不绝于时月；商胡贩客，日款于塞下。其后甘英乃抵条支而历安息，临西海以望大秦，拒玉门、阳关者四万余里，靡不周尽焉。”

这些史料清楚地告诉我们：永元十二年(100)冬，西域蒙奇兜勒的使者曾经到过中国。他们不属于纳质内属的国家，也不属于汉朝王庭业已熟悉的安息、条支诸国，而是属于四万里外刚来归服的远国。那么，蒙奇兜勒究竟是指何国？对此，国内外学者早就有过研究。但一般都采用对音和把蒙奇兜勒分成两国的方法来确定它们的位置，认为蒙奇就是指安息东部的Margiana,① 兜勒

① 参见《辞海·地理分册(历史地理)》，424页，上海，上海辞书出版社，1982。

就是指贵统辖下的 Tukhara。[①] 其实，只要仔细研究，就会发现这种观点并不正确。因为在《后汉书》中，Margiana 和 Tukhara 都有固定的名称，前者称"木鹿"，后者叫"大夏"。在同一著作中对同一地名采用两种截然不同的称呼肯定是不合逻辑的。而且，"木鹿"和"大夏"都在离洛阳两万里之内，在此之前又都遣使来过中国，显然不会是"四万里外"、刚来归服的"远国"。[②] 近年来，有人虽然在前人研究的基础上提出了一些新的看法，但因在方法和史料上没有多大突破，所以，始终都无法解开"蒙奇兜勒"之谜。

经过多年的思考与研究，笔者发现《后汉纪》和《后汉书》上所说的"蒙奇兜勒"并非指"蒙奇"、"兜勒"，而是指罗马属下的 Macedones(今译马其顿)。这是因为：

第一，1—2 世纪之交，中国和罗马之间业已经具备了直接交往的各种客观条件。由张骞"凿空"的"丝绸之路"，虽然时断时通，但丝绸这种罕世物宝已辗转中亚、印度等地，远销罗

---

① 参见《辞海·地理分册(历史地理)》，413 页。王国维和黄文弼先生也把"兜勒"视作是"睹货罗"。参见王国维：《观堂集林·西胡考下》，13 页，北京，中华书局，1956；黄文弼：《重论古代大夏之位置与移徙》，载《黄文弼历史考古论集》，81 页，北京，文物出版社，1989。林梅村先生对蒙奇和兜勒又有自己的看法，认为：就是指马其顿；兜勒则是指地中海东岸城市推罗。理由是蒙奇和兜勒的发音与希腊文"Macedonia"和"Tyres"(Tures)的发音一致。实际上，这种解释很难成立。因为希腊文中的"Macedonia"虽然可以发成蒙奇兜尼亚，而"Tyres"(Tures)则只能发作"跳勒斯"，绝对不能发成"兜勒斯"，因为希腊文中的元音"u"，没有"乌"的音，而只有"尤"的音。参见杨共乐：《"丝绸之路"研究中的几个问题》，载《北京师范大学学报(社会科学版)》，1997(1)。

② 据范晔：《后汉书·西域传》载，安息国……其东界木鹿城，号为小安息，去洛阳两万里。大月氏离洛阳万六千三百七十里。大夏属大月氏离洛阳应在两万里之内。

马，盛誉西方各地，尤以罗马贵族喜爱为甚。据普林尼记载："赛里斯人，他们以出产羊毛闻名。这种羊毛生于树叶上，取出，浸之于水，梳之成白色绒毛，然后再由我们的妇女完成纺线和织布这双重工序。靠着如此复杂的劳动，靠着如此长距离的谋求，罗马的贵妇们才能够穿上透明的衣衫，耀眼于公众场合。"①至于今人，"乃凿山以求大理宝玉，远赴赛里斯以求衣料，深潜红海以求珍宝，掘地千丈以求宝石。……据最低估算，每年从我们帝国流入印度、赛里斯和阿拉伯半岛的金钱，不下一亿塞斯退斯。这就是我们的奢侈风气和妇女让我们付出的代价"。② 罗马对中国丝绸需要量的加大，一方面，加速了罗马丝织品价格的上涨；另一方面，也促使以获利为目的的罗马商人积极参与探索与中国直接交往的活动。而此时罗马与帕提亚之间的关系又刚好处于相对的和平时期。罗马人经陆路到达中亚，这一点是完全能达到的。

至于历中亚入中国之路，这取决于东汉对西域的平定与管理状况。据《后汉书·西域传》记载：西汉末叶，西域被分割为五十五国。王莽篡位，贬易侯王，西域与中国遂绝。建武中，西域遣使求内属，光武未允。永平十六年，明帝命将帅，北征匈奴，西域自绝六十五载，乃复通焉。明年，始置都护。西域内乱，章帝不欲疲敝中国以事夷狄，乃不复遣都护。章和元年(87)，班超降莎车，威震西域，南道畅通。安息遣使献狮子、符拔；月氏贡奉珍宝，符拔、狮子。和帝永元元年(89)，大将军窦宪大破匈奴。永元三年(91)，班超遂定西域，因以超为都护，居龟兹。永元六年(94)，班超复击破焉耆，统一西域。西域五十余国纳质内属。永元九年(97)，都护班超遣甘英使大秦，抵条支。临大海欲度，而安息西界船人谓英曰："海水广

① Pliny the Elder, *Natural History*, 6, 54.

② Pliny the Elder, *Natural History*, 12.

大，往来者逢善风三月乃得度，若遇迟风，亦有二岁者，故入海人皆赍三岁粮。海中善使人思土恋慕，数有死亡者。”英闻之乃止。十三年冬十一月(101)，安息王满屈复献狮子及条支大鸟。102 年，班超返回中原，西域又乱。这说明在 97—101 年间从安息过中亚到中国这条路是通的。范晔记录的蒙奇兜勒于永元十二年冬来华是可信的。

第二，在 2 世纪前叶的西方文献中，确有马其顿商人遣使到达 Seres(希腊、罗马人对中国的称呼)首都 Sera(洛阳)的记载。这一记载一直通过罗马到地理学家托勒密的著作《地理学》保存至今。一般来说，《地理学》成书于 150 年左右。① 托勒密在其著作中曾有这样的记载：有一位名叫梅斯，又叫蒂蒂阿努斯的马其顿人(Macedones)，其父亦以商为业，记录了从这里(指中亚的石城)到 Sera 城的路程。不过，他自己并未到过中国，而是派遣手下的一些人去的。② 在另一处，作者又说，这

---

① 参见 Henry Yule，*Cathay and the Way Thither*，London，Printed for the Halcluyt Society，1915；New Delhi，Asian Educational Servies，2005，Vol. Ⅰ，p. 187。方豪：《中西交通史》，128 页，上海，上海人民出版社，2008。而从托勒密提供的众多地名目录中，我们能够测定，《地理学》成书的年代应该在 117 年前后，因为在《地理学》中已经写入了图拉真新建的行省，还有图拉真新建的城市“Traianopolis”和“Ulpianum”。

② Μάην γάρ φησί τινα τὸν καὶ Τιτιανόν，ἄνδρα Μακεδόνα καί ἐκ πατρὸς ἔμπορον，συγγράψασθαι τὴν ἀναμέτρησιν οὐδ᾽ αὐτὸν ἐπελθόντα，διαπεμψάμενον δ-έ τινας πρὸς τοὺς Σῆρας. 参见 Claudius Ptolemy，*Geographyia*，1，11，6。Manfred G. Raschke 认为：Maes Titianus 可能是奥古斯都时期叙利亚总督 M. Titus 的一名被释奴隶，但 M. Titius 任叙利亚总督的时间是公元前 20 至前 17 年和公元前 13 至前 12 年，显然与托勒密所说的“其父亦以商为业”不相一致。参见 Manfred G. Raschke，*New Studies in Roman Commerce with the East*，Aufstieg und Niedergang der Römischen Welt 2，9，p. 846。

条道路崎岖且常遇冬季风暴。为走完这段路，梅斯手下的人总共花了七个月的时间。① 托勒密在书中明确指出，他所引用的上述材料来源于马里努斯的《地理学概论》。马里努斯为推罗人。托勒密称马里努斯是“离我们这一时代最近的且潜心投入这一事业(指从事地理学探索)研究的人。他知道许多以前不知道的信息。他竭力研究在其以前所有历史学家的著作，同时纠正他们的错误。这可由他再版他所修改过的地理图这项工作中看得很清楚”②。由此可知，他略早于托勒密时代。其著作《地理学概论》既是托勒密《地理学》的主要参考书，也是其写作的主要依据。托勒密在著作中经常引用马里努斯的材料并不时加以评析。此外，从内容上判断，马里努斯的著作大约完成于107—114 年间，因为他所收集的文献资料止于图拉真发动的达西亚战争(107)，有关达西亚战争后的达西亚地理状况作者十分清晰，而对于图拉真指挥的帕提亚战争(114—117)，他没有涉猎。③ 至于梅斯所记载的马其顿商人来华事件，显然不会发生在马里努斯之前。因为据托勒密说，正是“由于这次商业

① ἡ δ᾽ ἀπὸ τοῦ Λιθίνου Πύργου μέχρι τῆς Σήρας ἐπιδέχεται χειμῶνας σφοδρούς. Claudius Ptolemy，*Geographyia*，1，11，5. Carolus Mullerus 的拉丁文翻译是：“via autem a Turri Lapidea usque ad Seram magnis tempestatibus obnoxia est.”显然没有把希腊文的“冬季”翻译来。而“冬季”与“冬十一月”，对于我们定位梅斯商团这次商业活动的具体时间意义重大。参见 Carolus Mullerus，*Claudii Ptolemaei Geographia*，Parisiis，Editore Alfredo Firmin Didot，Instituti Francici Typographo，1883，p. 29。

② Claudius Ptolemy，*Geographyia*，1，6.

③ M. Cary 断定马里努斯写作的时间不会在 120—125 年之后。因为书中提及的所有地理名字和内容皆没有哈德良方面的信息。参见 M. Cary，Maes，Qui et Titianus，*Classical Quarterly*，1956，New Series，Vol. 6，No. 3/4。

旅行(指梅斯商团的中国之行)，这条由石城至 Sera 的道路才被世人所知。”①这应该是马里努斯新发现的材料，在马里努斯以前的作家(包括高度关注地理学发展、旅游甚广、善于把握信息来源、勤于收集东方资料的斯特拉波、老普林尼等大地理学家)虽然知道在远东有一 Seres 国，但都不知道西方人到过 Seres，更不知道有一条通往 Seres 国首都的陆路。② 所以，从时间上看，这次旅行必然发生在马里努斯写作《地理学概论》之时，也即 1—2 世纪之交。而这一时间又恰好与《后汉纪》、《后汉书》上记载的蒙奇兜勒遣使来华的时间一致。

第三，从内容上讲，古代中国与罗马双方的记载也非常吻合。它们都指出：到达中国的是“使者”，他们来自安息、条支以西，是由陆路经西域到达 Seres(中国)首都 Sera(洛阳)的首批西方人，其完成的时间是冬季。所有这些都表明：托勒密《地理学》上记载的马其顿商人来华与《后汉纪》、《后汉书》所记的“西域蒙奇兜勒内附”是同一回事，属于同事多记。

第四，从音韵学的角度看，蒙奇兜勒实际上就是“Macedones”的音译。“Macedones”在拉丁文中有“马其顿人”之意，托勒密在叙述马其顿梅斯商团的中国之行时所使用的就是这个词。按拉丁文发音，Macedones 可以译成“蒙奇兜讷斯”。因为古人在翻译时常常省去尾音“S”，如“Sindus”一般译成“身毒”或“印度”，所以“Macedones”又可译成“蒙奇兜讷”。而这里的“讷”(ne)在古音上完全可与“蒙奇兜勒”的“勒”(le)相通。因为声母“l”和“n”虽然在发音方法上略有不同，但它们同属舌音，经常可以通转。这样的例子在古代译著中到处可见，即使现

---

① κὰι γὰρ δι᾽ ὠμπορίας ἀφορμὴν ἐγνώσθη. Claudius Ptolemy, *Geographyia*，1，11，5.

② 参见李雅书、杨共乐：《古代罗马史》，356～358 页，北京，北京师范大学出版社，2004。

在，许多地区的方言中仍有“l”和“n”不分的现象。

第五，出使中国的马其顿使团无论是居住在巴尔干半岛北部的马其顿，还是居住在叙利亚，其地理方位与《后汉纪》、《后汉书》上所描述的蒙奇兜勒有明显的一致性。① 据《后汉书·西域传》记载，安息和椟城去洛阳两万五千里，安息和椟城向西至阿蛮三千四百里，阿蛮西行至斯宾三千六百里，于此南行渡河又西南行九百六十里至安息西界于罗城。这就是说安息西界的于罗城离洛阳的距离为三万三千里。所谓“四万里外”来汉的国家自然在安息西界以西，而大秦马其顿正好符合“远国”、“四万里外”之意。② 马其顿人来华应该有其合理性。因为，亚历山大曾经带领马其顿-希腊人征服过波斯帝国，到达中亚。所以马其顿人对于西方至中亚这条路是非常熟悉的。

至于《后汉纪》、《后汉书》上提到的“蒙奇兜勒二国”中的国，很显然不是指现代意义上的国家，而是指相对独立的地区或相当于“天子之政行于郡，而不行于国”中的国。这种使用方法，在《后汉书·西域传》中有很好的体现。例如，此书在提到安息时曾这样写道：“十三年，安息王满屈复献狮子及条支大鸟。时谓之安息雀。自安息西行三千四百里至阿蛮国。从阿蛮西行三千六百里至斯宾国。从斯宾南行渡河，又西南至于罗国九百六十里。安息西界极矣。”这里的阿蛮国、斯宾国与于罗国显然属于安息，但行文时也用“国”相称。③

---

① M. Cary 曾作过考证，认为梅斯是叙利亚籍的马其顿人。参见 M. Cary, Maes, Qui et Titianus, *Classical Quarterly*, 1956, New Series, Vol. 6, No. 3/4。

② 另据《新唐书》记载：拂菻，古大秦也，居西海上，一曰海西国。去京师四万里，在苫西，北直突厥可萨部，西濒海，有迟散城，东南接波斯。

③ 当然也不排除《后汉纪》作者将蒙奇、兜勒误作为两个国家的可能。

据《后汉纪》和《后汉书》记载，这支商队到达洛阳的时间是永元十二年冬十一月，亦即100年12月或101年1月。因为从石城到洛阳要走7个月，所以这支商队进入中国境内的时间应该为100年5～6月，而离开中国的时间最早也要到101年7～8月。从现有的材料来看，他们应是第一批由陆路到达中国的西方人。

对于蒙奇兜勒来华事件的考证有重大的学术价值。第一，它纠正了我们传统把蒙奇、兜勒分成两个国家的看法。第二，把有记载的中西直接交往的时间推前了67年。过去，我们一般都根据《后汉纪》、《后汉书》的记载，把166年视为中西直接交往“始乃一通”的时间。第三，恢复了蒙奇兜勒商人来华这一事件的历史面貌。袁宏在编纂《后汉纪》、范晔在编纂《后汉书》的过程中虽然辑录了蒙奇兜勒商人的来华事件，但他们并不知道蒙奇兜勒的真实位置，更不知道蒙奇兜勒是大秦(罗马帝国)的属地。否则，他们显然不会把延熹九年定为中国与大秦直接交往的开始。所以，从这个意义上说，蒙奇兜勒商人来华事件的考证实际上解开了这一已经被人遗忘了1 600多年，但在中西交通史上却占有重要地位的历史事件的历史之谜。第四，非常成功地解决了人们长期争论不休的有关丝绸之路的起点问题，即：在东汉时期，丝绸之路的起点是洛阳，而不是长安。

附：亚历山大对中国的影响

亚历山大是马其顿国王。公元前334年，他带领一支3万多人的军队开始踏上征服波斯帝国的历程，并最后建立了横跨欧、亚、非三洲的大帝国。亚历山大虽然没有到过中国，但他对中国的影响显然还是存在的。这些影响主要通过后人的作品而产生作用。

早在古代，就有许多学者研究过亚历山大。其中著名的有：西西里的狄奥多鲁斯的《历史集成》第17卷、昆图斯·库尔提乌斯·鲁弗斯的《亚历山大史》、普鲁塔克的《亚历山大传》和阿里安的《亚历山大远征记》等，但他们都没有提到亚历山大对中国的影响。然而，从6世纪开始，有一部分学者却在其作品中加入了亚历山大到过中国的内容。例如，据拜占庭学者Theophylactus Simocatta记载：陶格斯(Taugas)国，“其大都城亦号陶格斯。相传马其顿亚历山大战胜巴克特里亚人、粟特人，奴役其民，烧杀野蛮人种十二万后，乃筑此城……距都城数里，亚历山大尝别建一城，蛮人称之为库伯丹(Khubdan)。有巨川二，贯流城内。”①费尔都西(Firdausi)所著作品里也说到：亚历山大以使节身份来到中国，中国Faghfur(天子)招待热情。他向天子谏言：如果天子承认亚历山大的统治地位，向其进贡本国出产的果品，他将视天子为同盟与朋友，确保天子

① 张星烺：《中西交通史料汇编》第1册，88～89页，北京，中华书局，1977。略有改动。参见亨利·裕尔：《古代中国闻见录》第1卷，29～32页。Theophylactus Simocatta：《历史》，7，9。

地位的稳固和财产的安全；天子答应了上述条件。① 出生于花剌子模国的阿尔·比鲁尼(Al Biruni)也在其名著《古代民族编年史》中写过：亚历山大在占领整个波斯帝国以后，“进入了印度与中国，与最遥远的民族交战，并征服了其经过的所有地区”。②

此后的尼萨米(Nizami)在其《亚历山大传(Iskandarnams)》中也记载了这样一件传说，说：亚历山大由印度经西藏来到中国，在中国看到希腊画家和中国画家正在举行比赛，希腊画家赢得最后胜利。③ 埃塞俄比亚人撰写的亚历山大故事里说：“中国国王命人铺贵重垫子于长椅之上，长椅为金制品，上面嵌有珠宝，镶着金图案。国王坐在大殿里，其太子和贵族们环绕于他。当其说话时，他们都恭顺地听着并回答之。此后他就令司仪官把亚历山大使者带进殿来。当我(亚历山大使者)跟着司仪官进来时，那些穿金戴银的人都站了起来，司仪官叫我站在国王面前；我在殿上站了很久，但没人与我说话。”④在司仪官问了一些问题以后，中国国王叫这位使者坐在旁边的长椅

---

① *The Shahnama of Firdausi*, done into English by Arthur George Warner, M. A. and Edmond Warner, B. A. Vol. VI, London, Kegan Paul, Trench, Trubner and Co. Ltd. 1912, pp. 170-171.

② Al Biruni, *The Chronology of Ancient Nations*, Translated and Edited, with Notes and Index, by C. Edward Sachau, London, Pulished for the Oriental Translation Fund of Great Britain and Ireland by William H. Allen and Co. 1879, p. 44.

③ F. Spiegel, *Die Alexandersage bei den Orientalen*, Wilhelm Engelmann, F. A. Brockhaus, W. Drugulin, Schlesinger, J. Kaufmann, Leipzig, 1851, pp. 31-47.

④ 在叙利亚文中，中国国王送的礼品包括：货币 1 000 他连特、未染的丝绸10 000匹、织锦的丝绸 5 000 匹……印度剑 1 000 把、野马 5 匹、麝香 1 000、蛇角 10 个。E. A. W. Budge, *Life and Exploits of Alexander the Great*, W. Drugulin, Oriental Printer, Leipzig, 1896, p. 173.

上。国王询问了使者的来意，并表明了中国方面的态度。最后天子决定“送给亚历山大用精致材料所制的衣服，重100君士坦丁堡磅，200个帐篷和男女仆人，200个皮制的盾牌，200支镀金且饰有贵重宝石的印度宝剑；200匹御骑马匹，1 000担质地优异的金子和银子，因为在这一国家里有可以采金的山林。其国之城墙为金子所筑，其民之宅也有为金子所盖的；大卫之子所罗门就是由此获得金子来建造圣堂的，他的器皿和盾牌也都是用中国的黄金制造的。”①

讲述亚历山大在中国的故事的还有阿尔·塔阿利比(Al－Ta'alibi)，他用阿拉伯语写了《波斯国王史》一书，里面曾描述了亚历山大与中国国王之间的接触与交往。阿尔·塔阿利比这样写道：当亚历山大率军进入中国时，中国国王非常震惊。为避免流血，他夜访亚历山大，表示愿意臣服。亚历山大向国王索取部分收入。第二天，中国国王派一支庞大的中国军队至亚历山大营地，向亚历山大解释自己行为的合理性。中国国王说：我并非因软弱或兵少而屈服于你。实在是我看出天意，你应征服比你更强的国王们。我臣服你就是服从天意；顺从你，是为了执行上天的命令。亚历山大在盛赞中国国王的行为后离开中国。中国国王送给他丰厚的礼物，其中包括：1 000件绸缎、彩绸、锦缎等，并保证年年上贡。②

---

① *The Ethiopic Version of the Pseudo－Callisthenes*，参见E. A. W. Budge，*Life and Exploits of Alexander the Great*，pp. 174-179。

② H. Zotenberg，*Histoire des rois des Perses*，Paris，Imprimerie Nationale，1900，pp. 436-440；F. Spiegel，*Die Alexandersage bei den Orientalen*，pp. 31-46. 当然，还有一些作者，如：阿尔·马肯(Al－Makin)、阿部·沙克(Abu－Shaker)等，曾讲过亚历山大进入印度附近时，印度国王向邻近国王求援的故事，求援的对象包括中国。参见Al－Makin，*The History of Alexander*；Abu－Shaker，*The History of Alexander*。

从客观事实的角度而言，这些故事显然都是虚构的。因为亚历山大始终没有与古代中国发生过关系。但这些故事一旦成书确实会对当地人中国形象的形成产生较大的影响。而这些影响又不时地损害中国人与中亚、西亚和欧洲人之间的关系。

如果说上面的影响是间接的话，那么下面两例则能够清楚地告诉我们亚历山大对中国影响的直接性。现陈述如下。

第一例保存于拉斯特的《史集》里。据拉斯特的《史集》记载，当蒙哥合罕刚接位的时候，有一些同宗王们不服谋叛，蒙哥合罕将其扣押，但不知如何处置。“有一天，他坐在宫中宝座之上，命令异密们和国家栋梁们各自根据所见所闻，讲一段有关犯人的必里克。于是，每人各按自己见识高低和官位大小，依次讲了一段，但没有一个合乎他的心意。马合木·牙剌洼赤站立在最末。蒙哥合罕问道：‘那位老人为何一言不发?’人们对(马合木·牙剌洼赤)说：‘到前面去讲吧。’他回答道：在君主面前，听要比讲好，但是，我知道一个故事，若蒙俯允。我就讲一讲。”蒙哥合罕低声说道：“请讲吧。”于是他就讲道：

> 当亦思罕答儿征服了世界上大部分国家时，他想去攻打忻都斯坦。他的国中的异密和达官贵人们脱离了顺从之道。每个人都要求独立自主。亦思罕答儿(对他们)毫无办法，便派遣急使到鲁木去见亚里士多德，(向他)说明了异密们专横跋扈的情况，并询问他对此有何办法。亚里士多德和急使一起进到花园中，吩咐把树根大而深的树挖掉，在它们所占据的地方种上一些弱小的树，没有给急使答复。受命的急使回去见亦思罕答儿说道：“他(亚里士多德)什么也没有回答。”亦思罕答儿问道：“你在他那里看到了些什么?”(急使)回答道：“他来到花园中，把一些大树挖出来，在它们的位置上栽了一些小树。”亦思罕答儿说：

“他已经给了回答，而你却不懂得。”于是，他处死了一些专横的豪强异密，而将他们的儿子置于他们的位置上。

蒙哥合罕非常喜欢这个故事，他明白了，应当消灭那些人，而扶植另一些人来代替他们。他降旨用惩罚之剑杀掉那些曾经谋叛并唆使宗王们抗命，(从而)把他们抛入罪恶深渊的已被囚禁起来的异密们。(总共)有七十七人，他们全被处死。①

这一记录表明，蒙哥合罕不但接受了马合木·牙剌洼赤的间接建议，而且使用了亚历山大当年的方法，消灭了反抗力量，巩固了自己的统治地位，稳定了蒙古内部的秩序，从而为其进一步向外扩张奠定了基础。亚历山大的影响可见一斑。

第二例保存于《回回药方》里。《回回药方》是 14 世纪下半叶写成的一部汉文伊斯兰医药典籍。在《回回药方》卷三十里有这样的记载：撒福非阿剌思他黎西(即医人阿剌思他黎西造的末子药方)。② 此方是古医人阿剌思他黎西为亦西刊达而国王③造者，故名。云：

能治札剌必(即恨皮内麄糙)证候，胃经不能克化、面而色黄、胡思妄想并忘事者，服之皆得济；又能克化饮食、香口气、开心闷。

桂心　撒答只忻的(即枇杷叶)　沉香

缩砂　白薇　麻思他其(即西域芸香也)

可不里诃子(去核)　法阑术谟失其　纳而谟失其(即麝香当门子)

---

① 拉斯特：《史集》第 2 卷，251 页，北京，商务印书馆，1985。

② 撒福非，是阿拉伯语散剂、药末、粉子药(Safuf)的音译。阿剌思他黎西是阿拉伯文 Aristatalis 的音译，为亚里士多德。

③ 亦西刊达而是阿拉伯文 Iskandar 的音译，为亚历山大。

即剌(即野茴香乞而马尼者)　肉桂　兀失拏
胡椒　荜拨　乾姜
丁香　浆石榴　肉豆蔻
龙脑　草果(各二钱)　麝香
龙涎(各一钱)　锭子沙糖(比已(以)上总分两加六倍)
已(以)上药捣罗为末每服一钱至三钱不拘时服。①

《回回药方》把阿剌思他黎西为亦西刊达而国王制造的药方吸纳、保留并将其应用于中国的医学之中，在中国发挥作用。这本身说明，亚里士多德散剂能治病，能解除患者的痛苦。而这又为学者重新认识和定位作为医学家的亚里士多德提供了非常珍贵的资料。同时，它也说明，回回民族在世界医学交流和传播史上占有十分重要的地位。《回回药方》不但丰富了中国的医学知识，而且也为古代阿拉伯和西方医学的中国化作出了贡献。它与古代中国的其他医学成就一起，共同架构起中华医学文明的辉煌，是中华文化的瑰宝。

上述材料都是马其顿古代作品及西方古代文献中所不曾记载的，这些材料既反映了历史人物言行及其影响的超时空性，更折射出人类文明互动的多渠道性和交流形式的不确定性。这是值得我们认真思考的。

① 宋岘考释：《回回药方考释》下册，309～310页，北京，中华书局，2000。

二、质疑篇

古典希腊难有中国丝

丝绸是古代中国输往西方的最贵重商品之一，在西方享有很高声誉。自从19世纪以来，人们对它的研究一直呈上升趋势，研究成果迭出，研究领域拓展迅速。有的学者甚至对古典希腊雕刻人物的服饰进行研究并得出结论：希腊帕特浓神庙的命运女神(约公元前438—前431)、埃利契西翁的加里亚狄(Erechtheion Karyatids，公元前421—前414)等雕像身上穿的都是透明的中国丝织长袍。① 这一观点若能

① 芦苇：《中外关系史》，14页，兰州，兰州大学出版社，1996。参见沈福伟：《中西文化交流史》第2版，19页，上海，上海人民出版社，2006；朱新予主编：《中国丝绸史》(通论)，39～40页，北京，纺织工业出版社，1992。刘增泉说得更为肯定，他说："大约在公元前6世纪前后，中国丝绸开始通过欧亚草原输往希腊，并逐渐成为上层社会喜爱的衣料。这在当时希腊的雕刻和彩绘人物像中有着真实的反映。创作于公元前530—前510年的雅典可波利斯的科莱(Kore)女神大理石像，其胸部披有薄绢。巴特浓神庙命运女神雕像、埃利契西翁的加里亚狄(Karyatids)雕像，是公元前5世纪的作品，身穿透明的长袍，衣熠雅丽，质料柔软，均为丝织衣料。公元前3世纪希腊制作在象牙版上的绘画「波利斯的裁判」，希腊女神穿着透明的丝质罗纱，乳房、脐眼都透露出来了。这样精美细薄的衣料，绝不可能是由亚麻或野蚕丝所织，而只有由中国的家蚕丝才能织成。"不过，他没有提供任何证明其论点的证据。刘增泉：《古代中国与罗马之关系》，89页，台北，文史哲出版社，1995。

成立，其价值显然是巨大的。为弄清事实，笔者又对西方古代文献作了系统的研读，并对这一观点的发展脉络进行了细致的梳理，发现还没有足够的证据能够证明在公元前5世纪的希腊，也即在古典希腊存在过中国的丝绸织品。现将笔者的看法陈述如下：

第一，至今为止，还没有任何文献能够提供中国丝绸于公元前5世纪输入希腊的证据。虽然亚里士多德在《动物志》中有这样一段话，即："从某一种极大的蚴——它们有角状物而且有异于其他种类的蚴——中首先经过蚴形的改变生出一蠋，随后是茧，再从茧中生出 nekudalos；在六个月中要经历所有这些形状变换。有一些妇女曾解开这类生物的茧，她们抽出其丝线，再纺织成衣物。据传第一个这么做的人是柯斯岛上一位名叫帕姆菲乃的女子，普拉特奥的女儿。以同一方式，从林木间的蚴中生出鹿角虫；首先蚴转入静寂状态，然后(蛹)壳散裂，鹿角虫从中爬出。"①虽然也有人依此认为亚里士多德是第一位在文献里提到丝的人，但可以肯定这里的丝不是指中国的丝。因为西方人了解真正的中国家蚕要到2世纪以后，也即166年大秦王安敦遣使来华以后。据包鲁克斯(Pollux)记载："Bombyces 是一种像蜘蛛那样的虫，他们从自己的身上抽出线来。有人说：赛里斯人(Seres)也从这类动物中抽集他们的丝。"②而真正掌握家蚕的饲养要到6世纪查士丁尼时期。③ 至于亚里

---

① Aristotle，*History of Animals*，5，19. 译文见苗力田主编：《亚里士多德全集》第4卷，176页，北京，中国人民大学出版社，1996。

② Σκώληκες εἰσίν οἱ βόμβυκες，ἀφ᾽ ὧν τὰνήματα ἀνυέται，ὥσπερ ἀράχνης · ἔνιοι δὲ καὶτοὺςΣῆρας ἀπὸ τοιούτων ἑτέρων ζώων ἀθροίζειν φασὶ τὰ ὑφάσματα. Julius Pollux，7，76；Pausanias，*Description of Greece*，6，26，6～9.

③ 参见 Procopius of Caesarea，*The Gothic War*，4，17；拜占庭的狄奥法纳斯：《历史》，3。

士多德所说的产丝的"蚕"，据近代学者 William T. M. Forbes 考证证明：它生长于东南欧洲，与远东的中国蚕毫无关系。①

第二，希腊人最早记录丝织品的作者是涅阿尔浩斯(Nearchos)。他是亚历山大的部下，其材料保存在斯特拉波的《地理学》里，意思是说："丝绸也是 Byssos 的一种，由树皮中抽出而成。"②涅阿尔浩斯的信息显然来自亚历山大东征，也即公元前 4 世纪 30 年代至 20 年代。这就是说，在这以前希腊人并不知道中国的丝织品，所以要以此确定公元前 5 世纪希腊雕像的衣饰为中国丝是不可能的。

图 1 Parthenon Fates

第三，通过对希腊学术史的研究，我们发现这一观点主要来自"希腊的丝绸(Silk in Greece)"一文。"希腊的丝绸"发表于 1929 年的《美国考古学杂志》，作者是 Gisela M. A. 里希特(Gisela M. A. Richter)。文中提出了一个十分重要的观点，即帕特浓神庙命运女神(公元前 438—前 431)、埃利契西翁的加里亚狄(公元前 421—前 414)、Nike

① The Silkworm of Aristotle, *Classical Philology*, 1930, pp. 22-26. 从词源学上看或许更能说明问题：Bombysina 布，来自 Bombyx 虫，它能产长丝。由此织出的布叫做 Bombycinum，科斯岛(Cos)是此布制作的地方；Serica 一名来自 sericum，Seres 是送出这些物品的源头；Holoserica 意为纯丝：Ολον 则为纯金之意；Tramoserica 为丝与亚麻的混织物。参见 Isidorus Hispalensis, *Etymology*, L, ⅩⅨ, C. 22。

② τοιαῦτα δὲ καὶ τὰ Σηρικά, ἔκ τινων φλοιῶν ξαινομένης βύσσου. Strabo, *Geography*, 15, 1, 20.

Balustrade(公元前 410)、Nereids(公元前 400)等雕像的衣饰不是艺术家们的杜撰，而是当时人时尚服饰在雕刻上的反映。作者根据古代材料认为这种时尚、透明的服饰就是 Amorgian，而 Amorgian 显然就是丝绸。

图 2 **Erechtheion Karyatids**

图 3 左 **Nike Balustrade**；图 3 中 **Nereids**；图 3 右 **Nereids**

在文中，Gisela M. A. 里希特首先分析并力图证明 Amorgian 与亚麻和羊毛无关，然后开始从古典作家对 Amorgina 和

Seric的具体描述中寻求两者吻合的答案。Gisela M. A. 里希特认为：Amorgina具有奢侈、昂贵、薄亮、透明等特点，而这与罗马人描写的丝的特点完全一致，作者由此证明Amorgina与丝属于同一物品。这种证明法确实给人以耳目一新的感觉，但也带有明显的局限性。因为具有这种特点的不但丝有，就是科斯衣也有。例如，据普林尼记载："这种蚕(Bombyx)像蜘蛛那样织出丝网，为女性提供奢华的衣料，被称作丝(Bombycina)。拆开丝网并将其织成衣服的过程是由Coo岛的Pamphile发明的，她是Plateae的女儿。她也因此获得了无法掩盖的声誉，使女性的衣服毕露如裸。"①佩尔珀尼乌斯(Perponius)也说："你出行为何梳整发式，摆弄那科斯装轻柔的褶叠"②，"如果你能使她身着科斯装光艳照人，仅这科斯装就能吟诗一首"。③ 所以通过具体描写来确定Amorgina与丝的做法显然是行不通的。更何况，古代学者Suidas说得很清楚，Amorgina"像无法梳理的亚麻，他们剥它，且加工之。"④这与丝的生产过程即缫丝的过程完全不同。

与此同时，Gisela M. A. 里希特使用了普罗科比乌斯和图

---

① Telas araneorum modo texunt ad vestem luxumque feminarum, quae bombycina appellatur. Prima eas redordiri rursusque texere invenit in Coo muller Pamphile, Plateae filia, non fraudanda Gloria excongitatae rationis ut denudet feminas vestis. Pliny the Elder, *Natural History*, 11, 26, 76.

② "Quid iuvat ornato procedere……capillo et tenuis Coa veste movere sinus. "Perponius, *Elegiae*, 1, 2, 1.

③ "sive illam Cois fulgentem incedere cogis, hoc totum e Coa veste volumen erit. "Perponius, Elegiae, 2, 1, 5.

④ ἔστι δὲ ἡ ἀμοργὶς ὅμοιον ἀλεπίστῳ λίνῳ. περιλεπίζουσι δὲ αὐτὸ καὶ ἐργάζονται. 参见 Gisela M. A. Richter, Silk in Greece, *American Journal of Archaeology*, 1929, Vol. 33, No. 1。

尔特良的两段材料，试图以此证明早在公元前5世纪希腊作品中已经出现的Medic与Seric一致。应该说其用意是无可挑剔的。不过，只要认真审阅这两段材料，就会发现Gisela M. A. 里希特的立论无法成立。Gisela M. A. 里希特使用的第一段材料来自普罗科比乌斯的《波斯战记》，其原文如下："他们习惯于制作衣服的丝，希腊人过去叫做Medic，而现今则称其为Seric。"①这就是说，Medic与Seric在某一个时间段有其一致性，可以相互替换。但普罗科比乌斯毕竟是6世纪查士丁尼时期的作家，他所说的古时希腊人指的到底是指哪一时期，从文字上无法判断。Gisela M. A. 里希特所使用的第二段证据来自特尔图良，他在《论披肩》一文中这样写道："他（亚历山大）征服了米底人，而又被米底的衣服(Medica)征服。他脱下凯旋的铠甲，屈尊穿上战俘的裤子；换下雕刻有鱼鳞铜像的胸甲，披上透明的外衣；他用透风柔软的丝织品(Serica)抚平战后的气喘。"②文中确实出现了"Medica"和"Serica"两字，但图尔特良是2世纪的罗马学者，离公元前3世纪或公元前5世纪相距甚远。这一点Gisela M. A. 里希特自己也很明白。更何况，即使"Medica"和"Serica"在亚历山大时代（公元前356—前323）有一致性，也不能说明希腊人有中国丝，因为公元前5世纪希腊作品中出现的"Medica"流行于波斯，而不是希腊。为了弥补这一缺陷，Gisela M. A. 里希特还特别提出了一个假说，即：如果波斯人用它，希腊人不可能不用，因为波斯与希腊距离较近，接触也很紧密；而公元前5世纪的希腊人尤其是雅典人也很富

---

① Procopius of Caesarea, *The Persian War*, 1, 20.

② "Vicerat Medicam gentem et uictus est Medica ueste. Triumphalem cataphracten amolitus in captiua sarabara decessit; pectus squamarum signaculis disculptum textu perlucido tegendo nudauit, et anhelum adhuc ab opere belli, ut mollius uentilante serico extinxit." Tertullian, *De Pallio*, 4, 6.

裕，能买优质衣服。这一假说显然有牵强之嫌。就是这一假说能够成立，Gisela M. A. 里希特也没有办法证明“公元前5世纪的‘Medica’与‘Serica’属于同一物品”这一实质性的问题。而这一问题不能解决，本身也就意味着Gisela M. A. 里希特的假说缺少事实根据。

总之，从现有的材料来看，还没有一条过硬的证据能够证明中国丝绸已于古典时期到达了希腊，所以，那些认为古典希腊雕像的服饰为中国丝绸的说法是值得怀疑的。

应该说，作为学者，Gisela M. A. 里希特对自己的想法进行求证并寻求合理的解释是无可厚非的，但后来的学者在没有弄清楚相关证据的情况下，轻易地把Gisela M. A. 里希特的想法当成事实并到处传播，这显然是不妥当的。

“赛里斯(Seres)遣使罗马”说质疑

弗罗鲁斯(Florus)在赞颂奥古斯都时期罗马的外交成就时，曾这样写道：“现在西部和南部所有的部族都被征服了，而北部的民族至少在莱茵河和多瑙河之间的民族与在居鲁斯(Cyrus)和幼发拉底河(Euphrates)之间的东部民族以及现在还不在帝国统治下的其他民族，也皆知罗马之伟大，对其征服世界的行为表示敬畏。斯基太人(Scythae)和撒尔马提亚人(Sarmatae)因此遣使前来寻求友谊；居住在太阳直垂之下的赛里斯人(Seres)以及印度人亦皆遣使奉献珍珠、宝石及象。据测算，其旅途之遥远，须行四年之久，方能到达。视其人之貌，亦知他们为另一世界的人。”①这是我们已知的赛里斯遣使罗

① “Omnibus ad occasum et meridiem pacatis gentibus，ad septentrionem quoque，dum taxat intra Rhenum atque Danuvium，item ad orientem intra Cyrum et Euphraten，illi quoque reliqui，qui inmunes imperii errant，sentiebant tamen magnitudinem et victorem gentium populum Romanum reverebantur. Nam et Scythae misere legatos et Sarmatae amicitiam petentes. Seres etiam habitantesque sub ipso sole Indi，cum gemmis et margaritis elephantos quoque inter munera trahentes，nihil magis quam longinquitatem viae inputabant—quadriennium impleverant；et iam ipse hominum color ab alio venire caelo fatebatur.” Florus，*Epitome of Roman History*，2，34，Cambridge，Massachusetts，Harvard University Press，2005.

马的最早记录，同时也是"赛里斯遣使罗马"说的最重要证据。① 那么这条消息的可靠性到底如何？这是本文所要认真探讨的。

弗罗鲁斯是罗马帝国中期著名的学者，他在《罗马史纲》一书的序言中说，"从恺撒、奥古斯都到我们现在的时代不少于200年，这期间由于恺撒们的无所作为，罗马民族变老了，失去了它的力量。图拉真元首时代除外，因为它再次走上与大众希望不同的道路，振奋武力，重新让(罗马)焕发出了自己年轻时候的活力"。② 由此我们可知，弗罗鲁斯的著作完成于马尔库斯·奥理略元首时代或哈德良元首时代，也就是2世纪中叶。这就是说，弗罗鲁斯的记载固然重要，但它毕竟离奥古斯都时代已经有了200年左右的时间。

根据当时人斯特拉波的记载，印度的使者确实在奥古斯都时期到过罗马。他们受潘迪翁国王的派遣，于公元前25年离开婆卢噶车，四年后在萨摩斯拜见奥古斯都。使团的领导人是一位名叫扎马诺斯·切加斯(Zarmanos Chegas)的僧侣。他带有一封用希腊文写在仿羊皮纸上的信，内容涉及双方间的结

---

① 参见张星烺：《中西交通史料汇编》第1册，121页，北京，中华书局，2003；沈福伟：《中西文化交流史》，51页；布尔努瓦：《丝绸之路》，106页，济南，山东画报出版社，2001；夏德：《大秦国全录》，136页，北京，商务印书馆，1964；Henry Yule, *Cathay and the Way Thither*, London, 1866, vol. 1, p. 42。

② "A Caesare Augusto in saeculum nostrum haud multo minus anni ducenti, quibus inertia Caesarum quasi consenuit atque decoxit, nisi quod sub Traiano principe movit lacertos et praeter spem omnium senectus imperii quasi reddita iuventute reviruit." Florus, *Epitome of Roman History*, 1, Cambridge, Massachusetts, Harvard University Press, 2005.

盟，以及允诺给予元首在国王的疆域内自由通行的权利。① 不过，在斯特拉波的同一部著作中却没有提到赛里斯遣使罗马的任何信息。即使像专门为奥古斯都写传的古典学者苏埃托尼乌斯也只是说："他（指奥古斯都）以威德和中庸而赢得的声誉，使得像印度人和斯基太人这些只是从传闻中为我们所知的民族，也都自动遣使来寻求他们与罗马人民的友谊。"②文中根本没有提及赛里斯遣使罗马之事。

老普林尼是帝国早期对赛里斯比较关注的罗马学者，更是第一位记录赛里斯人面貌和特征的拉丁人，其收集的信息之多，涉猎的领域之广，是其同时代的学者所不能比拟的。他在《自然史》中曾对赛里斯人有过这样的描述，即：赛里斯人"身高超过常人，红发、碧眼，声音沙哑，没有彼此相通的语言。使者所谈到的其余部分，都与我们的商人们所提供的消息一致。货物存放在赛里斯人出售商品那条河的对岸。如果对买卖满意，就可以把它们拿走而留下货款。"③普林尼上面所说的使者指的是来自斯里兰卡的拉齐阿斯。拉齐阿斯是提比略时代由斯里兰卡国王派往罗马的使团长，也是普林尼有关赛里斯消息的直接提供者。普林尼转述拉齐阿斯的说法："赛里斯人居住

---

① Strabo，*Geography*，15，1，73，Cambridge，Massachusetts，Harvard University Press，2006.

② "Qua virtutis moderationisque fama Indos etiam ac Scythas auditu modo cognitos pellexit ad amicitiam suam populique Rom. ultro per 1egatos petendam. "Suetonius，*The Lives of the Caesars*：*Augustus*，21，Cambridge，Massachusetts，Harvard University Press，2001.

③ "ipsos vero excedere hominum magnitudinem，rutilis comis，caeruleis oculis，oris sono truci，nullo commercio linguae. cetera eadem quae nostri negotiatores ：fluminis ulteriore ripa merces positas iuxta venalia tolli ab iis si placeat pemutatio. "Pliny the Elder，*Natural History*，6，24，88，Cambridge，Massachusetts，Harvard University Press，2006.

在海摩图斯(Hemodos)山那边，因通商为外人所知。拉齐阿斯的父亲曾到访过赛里斯国，当他们到达赛里斯时，赛里斯人总是奔至沙滩与之相见。”①但遗憾的是：普林尼在这一百科全书式的著作里也没有涉及赛里斯遣使罗马的相关记载，是不知道抑或根本没有发生过这件事？很显然后者更具合理性。因为后者与奥古斯都时期外交事务方面最重要的证据，即当事人奥古斯都的记录相吻合。

众所周知，奥古斯都曾于其76岁之时，也就是他即将离开人世之际发表过由其亲自撰写的一本传记——《奥古斯都自传》。这应该是奥古斯都时期留下的关于奥古斯都的最具权威性的史料。奥古斯都本人对此书也珍惜有加，遗嘱在其死后将其立于陵墓入口处。在《奥古斯都自传》里，他特别提到“印度国王的使者常被派遣前来觐见，在此以前，他们从未觐见过任何罗马将军。巴斯塔尼人和斯基太人以及住在顿河两岸的萨尔马提亚人，还有阿尔巴尼人、伊伯利人和米底人等的国王都派遣使者来寻求我们的友谊。”②此外，他还提到投奔他的东方民族的国王和皇室成员，如：帕提亚王提里达特斯和稍后的老弗拉埃特斯王之子弗拉埃特斯；米底王阿塔瓦斯代斯等。③ 可是奥古斯都却在这里只字不提赛里斯遣使罗马之事，这起码说明，后世关于赛里斯使者于奥古斯都时期到达罗马的记载是不足为信的。

综上分析，我们能够得出结论，赛里斯遣使于奥古斯都时

---

① “ultra montes Hemodos Seras quoque ab ipsis aspici notos etiam commercio：patrem Rachiae commeasse eo：advenis sibi Seras occursare.” Pliny the Elder，*Natural History*，6，24，88，Cambridge，Massachusetts，Harvard University Press，2006.

② 李雅书选译：《罗马帝国时期》上册，13页。

③ 同上书，13～14页。

期到过罗马的消息是 200 年以后的学者弗罗鲁斯首先加上去的，在此以前的其他古典学者包括当时人皆未提及此事，就是当事人奥古斯都也对此未作涉猎。这些都表明：“赛里斯遣使罗马”的说法是值得怀疑的。

Seres 国为“丝国”说质疑

Seres 国是希腊罗马古代文献中经常出现的一个处于远东地区的国家，一般都把它称作是“丝国”，其理由是：Seres 一字是希腊文 Σῆρ(Ser)的复数形式，而希腊文 Σῆρ(Ser) 来自中文的“丝”，是中文“丝”的音译①。那么，Seres 国到底有没有“丝国”之意呢？这是下文所要认真探讨的问题。

---

① 参见张星烺：《中西交通史料汇编》第 1 册，139 页，北京，中华书局，2003。Simon Hornblower and Antony Spawforth ed., *The Oxford Classical Dictionary*, Oxford, Oxford University Press, 1996, p. 1392. 阿谢德：《中国在世界历史之中》，25 页，1993。方豪：《中西交通史》上册，69 页，长沙，岳麓书社，1987。布尔努瓦：《丝绸之路》，31 页，乌鲁木齐，新疆人民出版社，1982。L. 布尔努瓦十分肯定地说，“希腊文中的‘丝’写作‘Ser’，拉丁文又抄袭了希腊文，而希腊文也是直接或间接地从伊兰文借鉴而来的，伊兰文又是从汉语引入的，古汉语中就把‘丝’字读作‘Ser’，而今则读作‘ssen’”。赫德逊也认为：“丝国人是一个由于其有名的产品而著称的民族；产品及其名称两者都是汉文的‘丝(Ssu)’字，由于经过拉丁文而衍生出了英文的丝(Silk)一字。”赫德逊：《欧洲与中国》，32～33 页。李约瑟说得更明显，他说：“Seres(丝国)这个字起源于‘丝’，传到欧洲成为希腊字‘Ser’，很明显，这个名字暗示了它大约始于丝绸贸易开始的时期(约公元前 220 年)。”参见李约瑟原著，柯林·罗南改编：《中华科学文明史》第 1 卷，66 页，上海，上海人民出版社，2001。也参见李明伟：《丝绸之路贸易史》，80 页，兰州，甘肃人民出版社，1997。

要解决这一问题，首先必须追根溯源，搞清 Ser 一字希腊文和拉丁文的原意。从字源上讲，Ser 一字来源于希腊文 Σῆρ，拉丁文 Ser 实际上是从希腊文那里承袭而来的。不过，希腊文 Σῆρ 是指蚕的意思，根本没有丝的意思。这可从包撒尼阿斯的作品《希腊志》一书中看得很清楚。书中这样写道：

> 至于赛里斯人制作衣服的丝线，并不取自树皮中，而是另有别的来源。在其国内有一种小动物，希腊人称之为‘赛儿’(Σῆρ)，而赛里斯人则以别的名字名之。这种动物约比最大的金甲虫大两倍。其他特点则与树上织网的蜘蛛相似，蜘蛛有八足，它也有八足。赛里斯人使用冬夏咸宜的小房屋来饲养这些动物。这些动物所吐之物，类似细丝，缠绕它的脚上。赛里斯人一直用黍喂它四年，至第五年，(因为他们知道这些虫活不了多久)改用青芦苇饲养。这是它们最喜欢吃的食物。它们贪婪地吃着，直至肚子破裂。丝即在其体内。①

由此可见，Σῆρ(Ser)指的是人工喂养的一种小动物，有八足，食黍(黄米)和芦苇，与蚕相似。这至少可以说明，Σῆρ 这个字指的不是“丝”。即使承认 Seres 国的 Seres 一词来源于 Σῆρ(Ser)，也不能称“Seres 国为‘丝国’”。

其次是要考虑 Ser 与 Seres 的关系，Ser 的复数形式确实是 Seres，但笔者认为作为 Seres 国中的 Seres 一字不是从 Ser 那里演进过来的。原因是 Seres 在希腊文中出现得比 Ser 早。从我们现在掌握的材料来看，Seres 最早出现于公元前 5 世纪

---

① Pausanias，*Description of Greece*，6，26，6～9，Cambridge，Masschusetts，Harvard University Press，1988.

的克泰亚斯①，而 Ser 一字则出现于 2 世纪。这说明这两者之间没有关系。正因为如此，所以在字源中没有出现过 Seres 来自 Ser 的说法②。而且，在塞维利亚的伊西多尔《辞源学》中到有赛里斯一字另有所指的说明，即“赛里斯”一名来自他们自己城堡的名称。在另一处，作者更明确指出，“赛里斯原是东方的一个城堡，赛里斯民族即以此得名，其国名也来源于此(Seres oppidum Orientis，a quo，et genus Sericum，et regio nuncupata est.)”。③ 这充分说明，Seres 国与 Ser 无关。

实际上，希腊罗马人对“丝”的认识是有一个过程的。从现有的材料看，即使到罗马帝国时期，罗马人也不知道“丝”是如何产生的。例如，维吉尔认为，丝是从赛里斯的树叶上采集而来④。辛尼加也认为：丝是赛里斯人采摘自他们树林中的物质⑤。老普林尼更认为：赛里斯人是以他们森林里所产的羊毛而闻名的民族。他们取出生于树木上的“丝”，“他们以出产羊

---

① 阿谢德认为：Seres 一字最早出现于阿特米塔的阿波罗多鲁斯(Apollodorus of Artemita)的作品中，斯特拉波把这一材料引入自己的著作《地理学》中，说巴克特里亚国王优提德摩斯一世(Euthydemus Ⅰ)把他的疆域扩张至 Seres 一带。很显然，阿谢德是搞错了，因为在阿波罗多鲁斯以前，克泰亚斯就已经提到了 Seres，认为 Seres 人寿命很长。参见 George Coedes，*Textes d'auteurs grecs et latins relatifs a l'Extreme-Orient*，p. 1。

② 希腊人在 2 世纪以前有 Bombyx(蚕或野蚕)这个字，它与 Ser 之间的关系还有待进一步的考证。

③ George Coedes，*Textes d'auteurs grecs et latins relatifs a l'Extreme-Orient*，pp. 136-137.

④ Virgil，*Georgics*，2，121，Cambridge，Masschusetts，Harvard University Press，1994.

⑤ Seneca，*Phaedra*，387～389，Cambridge，Masschusetts，Harvard University Press，1979.

毛而闻名。① 这种羊毛生于树叶上，取出，浸之于水，梳之成白色绒毛，然后再由我们的妇女完成纺线和织布这双重工序。靠着如此复杂的劳动，靠着如此长距离的谋求，罗马的贵妇们才能够穿上透明的衣衫，耀眼于公众场合。由地球东端运至西端，故极其辛苦。”②这说明，即使到老普林尼时期，罗马人还是不了解丝的生产情况，还是认为丝来源于羊毛树。一直要到2世纪，也即马尔库斯·奥里略时代，包撒尼阿斯才最后了解到丝来自蚕这一事实。所以，从命名学的角度上讲，要用不了解的物品来命名其国名显然是不可能的。

为了更好地了解 Seres 国为丝国这种观点的来龙去脉，笔者又对与此有关的资料和学术史进行了梳理，发现：赛里斯出口至希腊、罗马的物品并不只有丝，还有铁、皮货、弓弩和丝织品等。正因为如此，所以在古代既没有把中国通往罗马之路称为“丝绸之路”，也没有把丝与 Ser、Seres 联系起来思考的作品。最先把丝与 Ser、Seres 与丝国联系起来的是近代西方学者 M. 克拉普罗特(M. Klaproth)。1823 年，M. 克拉普罗特在《亚洲杂志》(*Journal Asiatique*)杂志上发表了一篇题为：“有关古代‘丝’名起源之推测(Conjecture sur l’origine du nom de la soie chez les anciens)”的论文。文中对古代“丝”名的起源作了大胆的推测，认为希腊文的 Σῆρ(Ser)来自亚洲的东部，其名起源于西方人去那里寻找的贵重商品，是中文丝音译西传的结果。理由是蒙古语 Sirgek 和满语 Sirge 都与汉文的丝发音接近，而蒙古语 Sirgek 和满语 Sirge 又和希腊文 Σῆρ(Ser)很近，所以他推测蒙古语 Sirgek、满语 Sirge 和希腊文 Σῆρ(Ser)

---

① 一般认为这里的羊毛是指赛里斯人的丝。

② Pliny the Elder, *Natural History*, 6, 20, 54, Cambridge, Masschusetts, Harvard University Press, 1997. 译文见张星烺：《中西交通史料汇编》第 1 册，122 页，北京，中华书局，2003。

一样，都来自中国的丝，是丝的音译。作为推测，M. 克拉普罗特的论文无可厚非。但比较遗憾的是夏德与李希霍芬等知名学者很快便轻率地接受了 M. 克拉普罗特的这一推测(Conjecture)，并把它当成了事实。在夏德与李希霍芬等学者的推动下，M. 克拉普罗特的这一看法在学术界得到了迅速的传播并产生长久影响。此后的学者也很少对此提出疑问。不过，影响虽大，但其依据还是 M. 克拉普罗特发表在《亚洲杂志》上的这篇带有推测性的论文。

综上所述，我们可以得出结论，希腊罗马古典作家笔下的 Seres 国并没有“丝国”之意。后来的学者们之所以将其说成是“丝国”，其始作俑者是法国学者 M. 克拉普罗特。不过，他也只是提出了一种假设，没有实质性的证据。

中国境内哪有罗马城

——西汉骊靬城与罗马战俘无关

1957年，英国学者德效骞发表了一部著名的著作，即《中国境内有一个罗马城》。① 在这部著作中，作者声称《汉书·地理志》中提到的骊靬城是西汉政府为安置罗马战俘而建立的一座城市。该书的主要论点是：公元前54年，罗马将领克拉苏带领一支4万余人的军队，东向攻打安息。次年，这支军队在卡雷被安息军打败，残部数千人向东突围，几经周折，最后到达由郅支单于控制的康居国，成为匈奴的附庸，帮其守城。公元前36年，郅支城为汉朝军队所破，城内居民或被杀，或被虏，或投降。作者认为，在这些"生虏"和"降虏"中就有不少是克拉苏残部人员。他们被西汉政府安置在中国西部的边陲城市，因中国人称罗马为"黎轩"，故把这座由罗马人居住的城市命名为"骊靬城"。英国学者李约瑟、法国学者布尔努瓦以及澳大

① Homer Dubs, *A Roman City in Ancient China*, London, 1957.

利亚学者哈利斯等都承袭了这一观点。① 哈利斯为此还专程来华进行研究，《人民日报》、《参考消息》等国内重要报纸都对他的研究结果作过详细的报导。这一结论如果属实，那么东西方关系史确实有重新改写的必要。然而大量的证据表明，这一观点无法成立。理由是：

第一，骊靬城建立的具体年代无法确定。

按《汉书·地理志》的说法，骊靬为张掖郡辖下的一个县。此县位于今甘肃境内的永昌，具体设置时间不详。若与张掖郡同时设立，则其设置年代应为武帝太初元年，即公元前104年。这比克拉苏军团早50多年，两者之间显然没有关系。如果按5年作为设县的具体年份，那么它的设置也肯定与克拉苏军团无关。因为按照罗马兵制，从军服役的最低年龄为17周岁。公元前54年是17岁的青年，到5年就应该是77岁的老人了。更何况，克拉苏的军队主要来自前任叙利亚总督加比尼乌斯的东方军团和部分参加高卢作战的士兵，所以他们的最低年龄肯定要大于17周岁。用将近80岁或大于80岁的老兵来筑城戍边显然是不可能的。

第二，克拉苏残部有明确的下落。

从现有的史料中，我们能够看到卡雷之战后克拉苏残部的去向。其中一部分由财务官卡西乌斯带回叙利亚，人数大约为500人，均为骑兵。一部分流落到安息境内。罗马史学家弗罗鲁斯的《罗马史》和维莱伊乌斯的《罗马史》对此都有过具体的描

① 李约瑟认同德效骞的证据和观点，并在此基础上得出结论，认为：幸存下来的罗马移民被安置在古丝绸之路的一块殖民地上。他们在这里与中国的妇女通婚并度过余生。参见 Joseph Needham, *Science and Civilisation in China*, Vol. 1, Cambridge, Cambridge University Press, 1954, p. 237；布尔努瓦：《丝绸之路》，62～63页，乌鲁木齐，新疆人民出版社，1982。

述。这些人中的个别人后来还为后三头之一的安敦尼当过向导，提供过情报，从而使其避免重蹈克拉苏的覆辙。还有一部分则被安息人俘虏，安息国王将他们安置在安息东部边境的马尔吉阿那(Margiana)。① 至于克拉苏之子小克拉苏更是战死沙场，根本不可能率军突围。②

其实，不光克拉苏残部有明确的下落，就是郅支单于的余众也有具体的归宿。据记载，宣帝五凤元年(公元前 57)，匈奴五单于争位，相互攻伐混战不休，最后五单于被呼韩邪单于所并。但其兄呼屠吾斯自立为郅支单于。南北匈奴自此形成。宣帝甘露二年(公元前 52)，南匈奴呼韩邪款五原塞，降于汉。而郅支单于“以为呼韩邪降汉，兵弱不能复自还，即引其众西，欲攻定右地……会康居王数为乌孙所困……使使至坚昆通语郅支。郅支素恐，又怨乌孙，闻康居计，大说，遂与(康居)相结，引兵而西。”③公元前 40 年，郅支抵康居东境，因“郅支人众中寒道死……余财三千人到康居”。元帝建昭三年(公元前 36)，汉西域都护甘延寿和西域校尉陈汤远征郅支，大获全胜，杀郅支，“斩阏氏、太子、名王以下千五百一十八级，生虏百四十五人，降虏千余人，赋予城郭诸国所发十五王”。④ 只要仔细推算，我们就能发现，这里的斩俘收降数再加上攻城前被汉军迎射杀死的数百骑，刚好与西迁北匈奴人口的总数相一致，这绝对不是一个简单的巧合，它表明甘延寿和陈汤攻伐的

---

① “In hanc Orodes Romanos Crassana clade captos deduxit。”参见 Pliny the Elder，*Natural History*，6，47。

② 普鲁塔克：《名人传·西塞罗传》，36；阿庇安：《内战史》，2，18。克拉苏和其子克拉苏都死于帕提亚。克拉苏指挥的 10 万大军逃回到罗马叙利亚的不到 1 万人。

③ 班固：《汉书·匈奴传》。

④ 班固：《汉书·傅常郑甘陈段传》。

皆是随郅支西去的北匈奴人。更何况，史书明文指出其生俘和降虏皆被“赋予城郭诸国所发十五王”。他们根本没有离开西域都护的管辖范围，汉政府也不可能为安置这些战俘而专门在张掖郡之下设立一个骊靬城。因此把甘延寿、陈汤灭郅支单于时生获的战俘与罗马克拉苏军团残余相等同，然后又将其与汉置骊靬城联系起来，显然是不可取的。

第三，西汉的黎轩以及骊靬城的设置与罗马没有任何关系。

德效骞等把骊靬城当做西汉政府安置罗马战俘的重要证据是中国史书中有称“大秦国，一号犁靬”的记载。大秦国即罗马帝国。按照他们的逻辑，既然大秦国，一号犁靬，那么无论是作为国名的黎轩、犁靬，还是作为张掖属下的骊靬，都与大秦有关。遗憾的是这种推理忽略了文献记载的时间性，显然是站不住脚的。

从现有的材料看，黎轩一名最先由张骞传入中原。据《史记·大宛列传》记载：“骞身所至者大宛、大月氏、大夏、康居，而传闻其旁大国五六。”它们分别是乌孙、身毒、安息、条支、奄蔡和黎轩。张骞死后，武帝“置酒泉郡以通西北国。因益发使抵安息、奄蔡、黎轩、条支和身毒国”。据载，“汉使至安息，安息王令将二万骑迎于东界。……汉使还，而后发使随汉使来观汉广大，以大鸟卵及黎轩善眩人献于汉……天子大悦”。这里的黎轩显然是指地中海东部地区，这些地区大部分由塞琉古和托勒密王国所控制。在当时，罗马的势力虽然也开始进入这一地区，但影响还不大。班固的《汉书》，虽然写作时间稍晚，但他有关西域方面的材料主要来自《史记·大宛列传》。在《汉书》中，他记有犁靬和骊靬，但根本不知道大秦国。中国人最先知道大秦国(罗马)的是班超。据《后汉书·西域传》记载，“和帝永元九年(97)，都护班超遣甘英使大秦，抵条支。临大海欲度，而安息西界船人谓英曰：‘海水广大，往来者逢善风三月及得度。若遇迟风，亦有二年者。……海中善使人思土恋慕。数有死亡者。'英闻之乃止"。而最先把大秦国与犁靬联系起来的则是三国时魏国人鱼豢编撰的《魏略·西戎传》和吴国人谢承编撰的《后汉书》。《魏略·西戎传》写道："大秦国，一号犁靬，在安息、条支西大海之西。……其国在海西，故俗谓之海西。"谢承《后汉书》也说："大秦国一名犁鞬，在西海之西。"此后，晋袁宏的《后汉纪》、南朝宋范晔的《后汉书》和北朝北齐魏收的《魏书·西域传》等都有同样的记载。而之所以出现这种变化，是因为罗马在公元前1世纪中后期已经征服了塞琉古王国(公元前63)和托勒密王国(公元前30)，地中海东部地区都落入了罗马人的手中，成了它的行省。大秦和犁靬趋于一致。

所以，从时间上说，《史记》、《汉书》上记载的黎轩、犁靬和骊靬是同一回事，而《魏略》、《后汉纪》、《后汉书》记载的犁靬或犁鞬又是另一回事。虽然地区没变，但它们所属的国家已经发生了变化。这就是说《魏略》、《后汉纪》、《后汉书》中记载的犁靬或犁鞬能与罗马挂钩，但《史记》、《汉书》中记载的黎轩、犁靬和骊靬与罗马无关。因此，把《史记》、《汉书》中的黎轩、犁靬和骊靬与罗马联系起来，并以此为据把骊靬县说成是安置罗马战俘的地方显然是错误的。

第四，重木城并非罗马之创造，鱼鳞阵更非罗马的乌龟阵。

无论是德效骞，还是哈利斯都将《汉书·陈汤传》中的下面一段话，即"土城外有重木城"，"步兵百余人，夹门鱼鳞阵，讲习用兵"作为论证有罗马人参加郅支活动的证据。认为修重木城的方法和用圆形盾牌连成鱼鳞形状防御的阵势只有古罗马军队采用。但实际情况并不如此。以重木城为例，用木造城在中亚和印度随处可见。

据希罗多德记载，住在伏尔加流域的布迪诺伊人，即有一座木造的城市，称为盖洛诺斯。它的每一面城墙是30斯塔迪昂，城墙很高，而且完全是用木头建造的。① 而斯特拉波记载的帕利博特拉（即华氏城）更与重木城相近。作者这样写道："帕利博特拉位于恒河和另一条河（今之宋河）的汇流处。城市长宽都为15斯塔迪昂，呈平行四边形，土墙外环绕着木制城墙，墙上凿有箭眼，可以从这里射箭。"②实际上，倒是罗马军队并没有修建木城的习惯，所以罗马史书上也没有这方面的记录。

至于夹门鱼鳞阵，则更与罗马的乌龟阵或称龟形阵（Testudo）不同。罗马的乌龟阵或龟形阵是这样一种阵式，即军队进攻尤其是攻城时，战士并肩前进，将盾牌高举过顶，防御敌方矢石。这种乌龟阵是罗马军队攻城时经常使用的一种阵式。例如，据塔西佗《历史》记载：

> 随后士兵们便把他们的盾牌举在他们的头上，以密集的"龟形阵"推进到城下。双方都使用了常用的罗马作战方法：维提里乌斯派的士兵从城壁上把一些巨石推下来，而当这些石块把作为掩护的一层密集的盾牌砸开并使它分裂的时候，他们就向着这些裂开的地方投射投枪和长枪，这样就把"龟形阵"的密集的盾牌打散，使得战场上留下了大量被打死或是被打成残废的敌人。③
>
> 流血负伤不再能延缓士兵们的挖掘城墙和冲破城门的企图；他们再一次排成了"龟形阵"，士兵们踩着同伴的肩头站到密集的盾牌上面来，这样就抓住了他们的敌人的武

---

① 希罗多德：《历史》，4，108。

② Strabo，*Geography*，15，36.

③ 塔西佗：《历史》，王以铸、崔妙因译，187页，北京，商务印书馆，1981。

器和手臂。①

当维提里乌斯派的士兵再也支持不住这种联合的、持久的进攻时，他们因为发现他们的发射物都从“龟”背上滑下去而不能给敌人造成伤害，最后干脆把他们的篷炮本身推到下面进攻者的头上去了。②

他们同时使用了每一种过去被发明出来以摧毁最坚固的城市的办法：“龟形阵”、放射器械、土方工事和火把。③

而陈汤等所见鱼鳞阵则完全是防卫城门的士卒，因其依次排列，远远望去，好像鱼鳞而已。所以唐朝颜师古用“言其相接次形若鱼鳞”来解释鱼鳞阵。④ 阵内士兵既不攻城，也不与汉军正面交锋，而一等汉军“射城门骑步兵，骑步兵皆入”。所以这种鱼鳞阵与罗马的乌龟阵相去甚远，没有任何关系。

综上可知，把《汉书・地理志》上出现的骊靬城说成是西汉政府安置罗马战俘的城市是没有史料和事实依据的。

目前，我国的科学研究已经进入快速发展阶段，新的成果不断涌现，新的领域不断开辟。创新给科研带来了新的活力，增添了新的生机，然而创新毕竟是一项艰巨的工作，必须付出辛勤的努力。因此，我们在从事创新工作的时候，必须脚踏实地、实事求是，正确处理好创新与基础的关系，力戒急功近利和盲目崇外的不良倾向。只有这样，我们的科学研究才能在健康的道路上不断前进。

---

① 塔西佗：《历史》，王以铸、崔妙因译，188页。

② 同上。

③ 同上书，238页。

④ 班固：《汉书・傅常郑甘陈段传》，颜师古注。

三、重新思考篇

甘英出使大秦线路及其意义新探

自从张骞"凿空"以来，中国与中亚、西亚、南亚以及欧洲国家和人民之间的关系日趋密切。各国使者在推动东西方经济文化的交流，加深各地居民间的相互了解方面起到了十分重要的作用。甘英就是这些使者中最具代表性的一位。由于资料所限，这里只能对甘英出使大秦的线路和意义作一新的考察。

一

甘英出使大秦一事，在范晔的《后汉书》中有详细的报道。

据《后汉书·西域传》记载：

> 和帝永元九年(97)，都护班超遣甘英使大秦，抵条支。临大海欲度，而安息西界船人谓英曰："海水广大，往来者逢善风三月乃得度，若遇迟风，亦有二岁者，故入海人皆赍三岁粮。海中善使人思土恋慕，数有死亡者。"英闻之乃止。

同书还有两处提到了甘英出使大秦之事。第一处是在《西域传》的序言中。范晔这样写道："(永元)九年，班超遣掾甘英穷临西海而返。"第二处是在《西域传》的末尾，范晔总结班超在西域取得的成就，盛赞甘英"抵条支而历安息，临西海以望大秦"。

这些材料都很明确地告诉我们，甘英曾经受西域都护班超的委派到过条支。但非常遗憾的是，范晔在这里并没有清楚地告诉我们甘英前往条支的具体线路。为了解决这一难题，国内外学者都投入了极大的热情，付出了巨大的努力，但还是无法找到令人信服的证据，得出正确的结论。现在一般的学者都认为：甘英前往条支的具体线路是"自龟兹它乾城奉命出发，经疏勒、莎车，西入葱岭，过蒲犁、无雷至大月氏，再西出木鹿(Margiana Antiochia)、和椟(Hekatompylos)、阿蛮国(Acbatana)、斯宾国(Ktesiphon)，抵条支的于罗(Hira)，面临波斯湾"而还。① 其主要理由是这条线路与罗马地理学家托勒密的记载一致。②

莫任南先生还为此附了甘英出使大秦路线示意图(见下图)。

然而，事实并非如此。甘英前往条支的具体线路恰恰与人

---

① 莫任南：《甘英出使大秦的路线及其贡献》，载《世界历史》，1982(2)。林梅村也有类似的观点，参见《公元100年罗马商团的中国之行》，载《中国社会科学》，1991(4)。有人认为甘英出使应该是从龟兹出发的，因为据《后汉书·西域传》载：永元三年，"以超为都护，居龟兹"。他大概自龟兹西行至疏勒后逾葱岭，复经大宛、大月氏至安息都城和椟城。此后历阿蛮、斯宾、于罗而抵条支。归时，如《后汉书·西域传》所说，"转北而东，复马行六十余日至安息"，取道木鹿和吐火罗斯坦东还。参见余太山：《两汉魏晋南北朝与西域关系史研究》，219页，北京，中国社会科学出版社，1995。

② 也有人认为：西海即黑海，甘英走的是北道。参见方豪：《中西交通史》上册，15页，长沙，岳麓书社，1987。

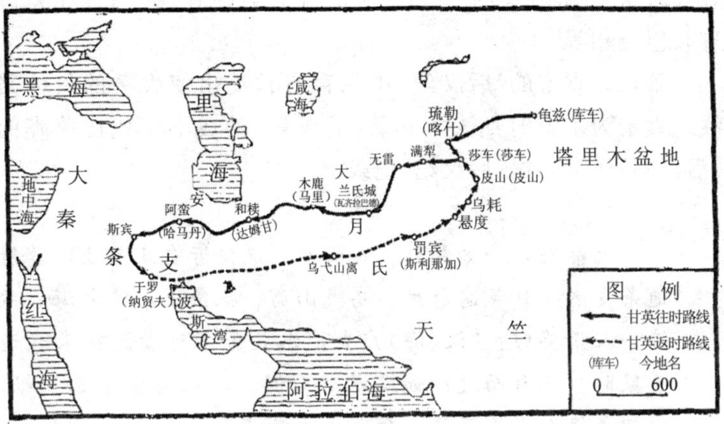

图 1 甘英出使大秦路线示意图

们原先的说法相反，他走的是一条艰难无比的南道。证据是：

第一，托勒密在其名著《地理学》中确实提到了从 Hierapolis 经 Acbatana、Hekatompylos 到 Bactria 的路线，但它是为了计算经度的需要，为了计算有人居住的世界的长度。因为这条路线基本上和罗德斯岛的纬度趋于一致，而且道路较平，能够比较正确地计算出这段路的距离。更何况，托勒密并没有说这是由西方通往中国的唯一路线。至于 F. Hirth 等认为：中国记载的里数与西方人旅行记中的视距里标准(Stadium)相合，即古代中国的一里相当于古代西方的一“视距里”，并以此来证明托勒密在《地理学》中提到的从 Hierapolis 经 Acbatana、Hekatompylos 到 Bactria 一线与甘英的出使线路一致，这更是错误明显。① 因为西方人的视距里标准“Stadium”与中国两汉的长度单位“里”完全没法等同。据测算，一“Stadium”相当于

① 参见莫任南：《甘英出使大秦的路线及其贡献》，载《世界历史》，1982(2)。

184.97米，而两汉的一“里”则相当于420米。① 两者相差悬殊，岂能相等。

第二，袁宏的《后汉纪》中保存有甘英出使大秦的具体路线。袁宏为东晋时期人，其著《后汉纪》的成书年代比范晔的《后汉书》还早。据《后汉纪》记载：

> 大秦国，一名黎轩，在海西。汉使皆自乌弋还，莫能通条支者。甘英逾悬度、乌弋山离、抵条支，临大海。欲渡，人谓英曰：“汉(海)广大，水盐苦不可食。往来者逢善风时，三月而渡；如风迟则三岁。故入海皆赍三岁粮。海中善使人思土恋慕，数有死亡者。”英闻之乃止。②

这条史料一直保存在《后汉纪·孝殇帝纪》中，或许是由于殇帝在位时间短，仅一年(106)，不受人重视之故，所以几乎没有人注意到这条很有价值的材料。之所以说它有价值，是因为袁宏在此明确指出：“和帝永元中，西域都护班超遣掾甘英

---

① 《春秋穀梁传》云：“古者三百步为里”。《史记·秦始皇本纪》载：“六尺为步”，而汉承秦制，秦以“六尺为步”，汉亦以“六尺为步”(《汉书·食货志》)。秦汉时一尺大约为现在的七寸。所以汉时的一里大约合今的420米。对于秦里的换算结果，各家有不同的看法。按林剑鸣提供的数据测算，秦一里合今345米。参见林剑鸣：《秦汉史》，145页，上海，上海人民出版社，1989年版。按白寿彝总主编的《中国通史》提供的数据测算，秦一里合今346.5米。参见白寿彝总主编：《中国通史》第4卷(上册)，212页，上海，上海人民出版社，1995年版，但无论是1里等于420米、345米，还是346.5米，都与一“stadium”相差甚远。

② 《晋书》云：“大秦国一名犁鞬……途经大海，海水咸苦不可食，商客往来皆三岁粮，是以至者稀少。汉时都护班超遣掾甘英使其国，入海，船人曰：‘海中有思慕之物，往来慕不悲怀。若汉使不恋父母妻子者，可入。’”这一记载显然与《后汉纪》一致。

临大海而还，具言葱岭西诸国地形风俗，而班勇亦见记其事，或与前史异，然近以审矣。”也就是说袁宏提供的材料来自甘英本人。这条史料的发现实际上也就推翻了下面的三种说法，即H.J.阿伦所认为的条支是里海东南隅的一个半岛；列莫塞特(Remusat)、李希霍芬、亨利·裕尔等人提出的条支是指里海沿岸的某个地区以及李光廷在《西域图考》中所说的条支位于黑海北境，甘英所到之地是它管辖的黑海东岸。因为这三种说法都不符合从乌弋山离“西南马行百余日至条支”的记载。当然，更重要的是这一材料的发现实际上也就找到了甘英西去条支的具体线路，解决了被人遗忘了一千余年的历史疑难问题。

第三，范晔的叙述也恰好证明了上述史料的正确性。据范晔记载：

> 自皮山西南经乌秅，涉悬度，历罽宾，六十余日行至乌弋山离国，地方数千里，时改名排持。复西南行百余日至条支。条支国城在山上，周回四十余里。临西海，海水曲环其南及东北，三面路绝，唯西北隅通陆道。——转北而东，复马行六十余日至安息。后役属条支，为置大将，监领诸小城焉。①

范晔在这里提供的线路不仅与《后汉纪》上所载的完全吻合，而且还大大地丰富了《后汉纪》的内容。这里既有非常具体的行程日期，也有许多当地的风土人情。若非亲身经历过这些地区，要提供这样的消息显然是不可能的。而这个亲身经历者也只能是甘英，因为范晔在《后汉书·西域传》序中说：“班固记诸国风土人俗，皆已详备《前书》，今撰建武以后其事异于先

---

① 范晔：《后汉书·西域传》。

者，以为‘西域传’，皆安帝末班勇所记。”这就是说，《后汉书·西域传》所载西域诸国事情主要依据班勇所记。

众所周知，班勇为班超之子，安帝延光二年(123)，任西域长史，率兵五百人，屯驻柳中(柳中即今西州县)。此后二、三年间，班勇活动惊人。延光三年(124)使鄯善、龟兹、车师前部归服。次年，又以敦煌、张掖、酒泉的六千骑兵联合鄯善、疏勒、车师前部的士兵共同平定了车师。顺帝永建二年(127)，以敦煌太守张朗率河西四郡士兵三千人和诸间三兵四万余人，分别从南北两道进攻焉耆，勇与朗约期会师焉耆，朗因为早先有罪，欲主动自赎，遂先期到达，焉耆王元孟投降。张朗因此免诛，而勇则因误期下狱。综上可知，班勇在西域前后不过五年，且如《后汉书·西域传》所说，“顺帝永建二年，勇复击降焉耆，于是龟兹、疏勒、于阗、莎车等十七国皆来服从，而乌孙、葱岭以西遂绝”。因此，在此期间班勇不可能与岭西诸国有什么交往。而“班勇所记”的内容显然不少来自班勇任长史时期的所见所闻、西域诸国入贡者所带来的各种消息以及其父班超时代积累的资料，而对于葱岭以西的部分，则主要来自甘英西使时所得的材料。

综合上述分析，我们可以知道甘英出使大秦的具体路线。他走的并不是人们一直认为的北道，而是南道。甘英出使线路的考证，对于我们确定条支的具体位置有很大的帮助。同时，也为我们研究丝绸之路的南道提供了更加可靠、丰富的资料。

二

甘英的出使虽然没有达到预先的目的，但它确实在扩大东汉与中亚、西亚各国人民的关系方面，在加深东汉与中亚、西亚各国人民的了解方面，以及在丰富中国人民的地理知识方面都起了很好的作用。

第一，甘英在前人实践的基础上，又对南道进行了新的探索，从而大大地延长了南道的长度，将南道一直延伸到波斯湾。西汉自张骞以来，汉使纷纷西去，但“前世汉使皆自乌弋以还，莫有至条支者”。这我们可从《汉书·西域传》的下述记载中得到更有说服力的证明。班固在这一著作中这样写道：“自玉门、阳关出南道，历鄯善而南行，至乌弋山离，南道极矣。”这充分说明，在西汉时期，人们对南道的认识最远只到达乌弋山离。只有甘英涉悬度，历罽宾，经乌弋山离，“抵条支而历安息，临西海以望大秦”。其活动范围之广，区域之大，西去路程之远，都远远超过了前人。从现有的材料看，甘英是第一个到达条支的中国人，开创了中西交通的新纪录。

第二，甘英的这次远征大大地丰富了东汉对中亚和西亚各国的知识，开阔了人们的眼界，纠正了前世的一些错误说法，在扩大极西地区的知识方面，意义重大。在出使过程中，甘英不仅克服了路途的艰辛，而且还对所过地区“境俗性智之优薄，产载物类之区品，川河领障之基源，气节凉暑之通隔，梯山栈谷绳行沙度之道，身热首痛风灾鬼难之域，莫不备写情形，审求根实”，为后人留下了丰富的第一手材料。这些材料包括他一路行走的时间，如从龟兹到乌弋山离的时间为 60 天；从乌弋山离到条支的时间为马行 100 余天；从条支到安息的时间为马行 60 余天。这实际上也就告诉了我们他每天赶路的大致速度。尤其值得一提的是，甘英较为详细地记录了安息西部的一些城镇的名称以及它们之间的距离，即从安息西界于罗国到斯宾国为 960 里，从斯宾国至阿蛮国为 3 600 里，从阿蛮国至安息和椟城为 3 400 里。这些地方显然是甘英回来时路过的地区。这么说的原因是，从安息和椟城至阿蛮国、斯宾国和于罗国的总距离为 7 960 里。而这一路程刚好适合于《后汉书》由条支于北向东进入安息的叙述；此外，从条支到安息每天马行的平均时间也基本上与乌弋至条支的平均时间相一致。① 因此，这些记录对于我们研究安息的历史，尤其是正确了解安息西部边界的历史，有很重要的作用。

第三，这次出使使东汉政府知道了大秦方面的许多情况。这些情况包括：大秦国的国名、地理位置、风俗习惯、政治状况，使中国内地居民了解到大秦是一个出产“金银奇宝”的西方大国，它常与“安息、天竺交市于海中，利有十倍”。更为重要的是，通过这次出使，也使当时的中国人知道了“其王常欲通使于汉”的愿望，为中国使者进一步探索通往大秦之路提供了非常重要的信息。

第四，甘英的出使促进了中西经济文化和各国友好关系的发展。范晔在赞扬甘英“穷临西海而还”之后，接着说：“于是远国蒙奇兜勒皆来归服，遣使贡献。”远国蒙奇兜勒也即时属罗马的马其顿。不久，安息国王满屈又遣使献狮子及条支大鸟。据《后汉书》卷四十七《班超传》载，永元十二年(100)班超给和帝上书，说：“谨遣子(班)勇随献物入塞。”这里所说的“献物”者，即《后汉书》卷五《孝和帝纪》所载“永元十三年(101)冬十一月，安息国遣使献狮子及条支大爵”一事。李贤注引《东观记》曰：“时安息遣使献大爵、狮子，(班)超遣子勇随入塞。”这些都是甘英出使大秦后带来的直接成果。正因为如此，所以甘英，这位我国外交史上的重要使者，理应受到后人的尊重。

---

① 从安息到斯宾国的每天平均行程为 7 960 除以 60 等于 133 里。而从乌弋山离到条支的距离应该为 26 600 减去 12 200 等于 14 400 里，而每天马行的行程应该为14 400除以 100 等于 144 里。这一速度基本上和安息到斯宾国的速度相吻合。

关于“Lithinos Pyrgos”之谜

Lithinos Pyrgos 是位于中亚山区的一个有名的城镇，是中亚地区连接东西方的重要商路枢纽，同时也是西方人由中亚进入中国的必经之路。国内外学者为探寻和确定这一地点付出了艰辛的劳动，但至今没有达成一致的意见。现在流行的一般有两种观点。一种认为 Lithinos Pyrgos 是现乌兹别克斯坦境内的塔什干，其代表人物是李希霍芬等，主要依据是比鲁尼的一段话，即“Binkath，Shash 的主要地方；突厥语和希腊语叫做‘burj al－hijara(石城堡)’”。① 而按《世界境域志(Hudud al－Alam)》的说法：“Binkath 是 Chach 的首府。这座巨大而又繁荣的城镇是政府所在地。”另一种观点则把 Lithinos Pyrgos 定位在塔什库尔干一带，认为塔什库尔干(石塔)这个名称和它的位置都相当于托勒密和在他之前的地理学家推罗的马里努斯所说的

① *Masudi Canon*，参见 *The Regions of the World*，Printed for the Trustees of the ‘E. J. W. Gibb Memorial’ and Published by Messrs. Luzac & Company，Ltd. 46 Great Russell Street，London，W. C. 1，1970，p. 357。

赛里斯国在中国极西边境上的商业中心。① 我国学者林梅村则更对 Lithinos Pyrgos② 作过详细的论证，认为，石塔肯定不在塔什干，而在新疆塔什库尔干一带，“其地汉代称作无雷，《法显传》作竭叉，《魏略·西戎传》作竭石，《大唐西域记》作朅盘陀。该书卷十二云：‘朅盘陀国周二千余里。国大都城基大石岭，背徙多河(塔什库尔干河)……城东南行三百余里，至大石崖……大崖东北，逾岭履险，行二百余里，至奔穰舍罗……从此东下葱岭东冈……行八百余里，出葱岭，至乌铩国。’”其得名应是玄奘在《大唐西游记》里所记录的朅盘陀境内的大石崖。③

对于第一种观点因为材料不足，无法作出正确的判断，在此暂时不作评论。本处只对第二种观点尤其是林梅村的观点提出自己的不同看法。

应该说，林梅村先生想从梅斯对 Lithinos Pyrgos 地理位置的描述中寻找答案是有道理的，但因为其依赖的是从法译本

---

① 参见斯坦因：《沙埋和阗废墟记》，54～55 页，乌鲁木齐，新疆美术摄影出版社，1994；勒尼·格鲁赛：《草原帝国》，60～61、338 页，西宁，青海人民出版社，1991；勒尼·格鲁塞：《从希腊到中国》，37 页，杭州，浙江人民美术出版社，1984；M. P. Charlesworth，*Trade-Routes and Commerce of the Roman Empire*，Cambridge at the University Press，1924，p. 103。这些观点的主要依据是：塔什库尔干有石头城之意，与托勒密的 Lithinos Pyrgos 在字义上一致。但他们没有想到，“塔什库尔干”这一城名出现于 7 世纪之后，与 2 世纪中叶托勒密所说的 Lithinos Pyrgos 相差甚远。

② 林梅村将 Lithinos Pyrgos 译成“石塔”。

③ 林梅村：《公元 100 年罗马商团的中国之行》，载《中国社会科学》，1991(4)。阿里·玛扎海里在其《中国——波斯文化交流史》一书中把比鲁尼的话理解错了。参见阿里·玛扎海里：《中国——波斯文化交流史》，420 页，北京，中华书局，1993。

中翻译过来的中文材料，导致其结论严重失真。

首先，从字义上说，希腊文的 Lithinos Pyrgos 和拉丁文的“Turris Lapidis”不能译成石塔。因为希腊文的“Pyrgos”和拉丁文的“Turris”主要指“有城墙围绕的任何牢固的建筑物”。① 因此，人们一般都把 Lithinos Pyrgos 译成“石城”。“石城”显然不可能来自“自然景观”，即《大唐西域记》里的大石崖或大石壁，② 而应该来自当地城镇的城墙和建筑物。

其次，林梅村先生在文中虽然在继承别人研究成果和在研究东西方古代文献的基础上，提出 Lithinos Pyrgos 应在“无雷之东三百余里和蒲犁之西二百余里处”，即“今新疆塔什库尔干与库斯拉甫之间”，但只要仔细研究林文的论证过程，就会发现这一结论尚不可信。理由是林文所使用证据的引文离古代西方作家的原意相差甚远。为了说明林文所引材料与拉丁、希腊原文之间的差距，我把两种翻译文本同时陈列如下。

林梅村先生所引阿米阿努斯·马塞利努斯的引文是：

> 粟特(Sogdian，指撒马尔干)附近的塞种人是个残暴的小部族……阿斯卡尼米亚(Ascanimia)和休密(Comedus)群山形成了该地区的最高点。稍远一些，当经过这些山脚和那个被称为“石塔”的村庄之后，便开始了一条为商人开放的交通大路，商人们便由此地前往赛里斯人中去。③

正确的译文应该是：

---

① Dionysius of Halicarnassus, *Roman Antiquities*, 1, 26; William Smith, *Dictionary of Greek and Roman Antiquities*, 1842, p. 1174.

② 林梅村：《公元100年罗马商团的中国之行》，载《中国社会科学》，1991(4)。

③ 同上。

> (与粟特人)相接的是塞人(Sacae)，这是一个野蛮的民族，他们生活于一块野草丛生的土地上，这里只适宜于畜牧，因此没有城市。在其附近有 Ascanimia 和 Comedus 山高屹。沿着这些山麓(radices)行进，在经过人们称之为 Lithinos Pyrgos 的城镇(Vicus)后，有一条很长的道路。商人们经常通过这一通道前往赛里斯国。①

文中根本没有提到"阿斯卡尼米亚(Ascanimia)和休密(Comedus)群山"形成了该地区的最高点一说。

托勒密在纠正马里努斯所确定的"已知世界的长度时"提到了 Lithinos Pyrgos。林文依靠的是从法文翻译过来的材料。全文是：

> 这同一条路再从那里朝东向通往大夏都城巴克特里亚(Bactria)，由大夏首都折向北转一直抵达休密人(Komedis)的山区最高处，然后翻越重山折而向东直达向平原敞开的岬谷……这条路似乎是长五十波斯里，由此直达石塔，向北兜了一个大圈。因为马林(指马里努斯——本文作者注)说，如果攀上了这一山谷，那就会到达石塔，在东部与帕米尔山(Imaos)相接壤的山脉(指喀喇昆仑山)即由石塔开始。这一山谷从华氏城(Palimbothra)开始，一直伸向北部②。

---

① "His contigui sunt Sacae natio fera, squalentia incolens loca, solum pecori fructuosa, ideo nec civitatibus culta. Cui Ascanimia mons imminet et Comedus. Praeter quorum radices et vicum, quem Lithinon pyrgon appellant, inter longissimum patet, mercatoribus pervium, ad Seres subinde commeantibus. "Ammianus Marcellinus, *Res Gestae*, 23, 6, 60～68.

② 参见林梅村：《公元100年罗马商团的中国之行》，载《中国社会科学》，1991(4)。

而正确的希腊文应该是：

由 Antiochus Margianum 前往巴克特拉(Bactra)的道路是向东的，而从巴克特拉到穿越 Comedus 山区的方向是向北的。然后在穿越这些山脉并到达野草丛生的平原时，这个方向又偏向了南方。因为山的西北坡位于拜占庭的纬线上，而山的东南坡却位于赫勒斯滂的纬线上，所以，他(指马里努斯)说，虽然这条路差不多一直都是东向的，但毕竟还是偏向了南方。然而，据马里努斯说，由这里通往 Lithinos Pyrgos 的那条长达五十波斯里的道路，又偏向了北方。当穿越了这一平原，就到了 Lithinos Pyrgos 。Lithinos Pyrgos 位于山脉的脚下，这一山脉由此向东与来自 Palimbothra(即华氏城)一直北向的 Imaus 山脉相连。①

① Πάλιν δὲ ἡ ἀπὸ ταύτης ὁδὸς εἰς τὴν Μαργιανὴν Ἀντιόχειαν διὰ τῆς Ἀρείας τὰ μὲν πρῶτα πρὸς μεσημβρίαν ἀποκλίνει, τῆς Ἀρείας ὑπὸ τὸν αὐτὸν ταῖς Κασπίαις Πύλαις κειμάνης παράλληλον, ἔπειτα πρὸς ἄρκτους, τῆς Ἀντιοχείας περὶ τὸν δι' Ἑλλησπόντου παράλληλον ἱδρυμένης. Ἀφ' ἧς ἡ μὲν ἐπὶ τὰ Βάκτρα ὁδὸς ἐκτείνεται πρὸς ἀνατολὰς, ἡ δ' ἐντεῦθεν ἐπὶ τὴν ἀνάβασιν τῆς τῶν Κωμηδῶν ὀρεινῆς πρὸς ἄρκτους, ἡ δὲ τῆς ὀρεινῆς αὐτῆς μέχρι τῆς ἐκδεχομένης τὰ πεδία φάραγγος πρὸς μεσημβρίαν · τὰ μὲν γὰρ βόρεια καὶ δυσμικώτατα τῆς ὀρεινῆς, ἔνθά ἐστιν ἡ ἀνάβασις, τίθησιν ὑπὸ τὸν διὰ Βυζαντίου παράλληλον, τὰ δὲ νότια καὶ πρὸς ἀνατολὰς ὑπὸ τὸν δι' Ἑλλησπόντου · διότι φησὶν αὐτὴν ἀντικρὺς προϊοῦσαν ὡς πρὸς ἀνατολὰς ἐνδιδόναι πρὸς νότον. Καὶ τὴν ἐντεῦθεν δὲ πεντηκοντάσχοινον ἕως τοῦ Λιθίνου Πύργου πρὸς ἔρκτους εἰκός ἐστιν ἀποκλίνειν · ἀναβάντων γάρ, φησι, τὴν φάραγγα διαδέχεται ὁ Λίθινος Πύργος, ἀφ' οὗ εἰς τὰς ἀνατολὰς τὰ ὄρη χωροῦντα συνάπτει τῷ Ἰμάῳ ἀνιόντι ἀπὸ Παλιμβόθρων πρὸς ἄρκτους. Claudius Ptolemy，*Geographyia*，1，12，7～8.

从正确的译文中，我们很难得出“梅斯商团离开大夏之后一直沿喷赤河东行，先‘折向北转’，然后又沿此河南行东转，最后到喷赤河最上游帕米尔河。这里是帕米尔山区的最高点。从‘休密人山区的最高处’翻越重山所达‘向平原敞开的岬谷’无疑是瓦罕走廊。出瓦罕走廊‘向北兜了一个圈’所达石塔必然在塔什库尔干地区”这样的结论。

实际上，从拉丁文和希腊引文直接翻译过来的上述两段材料已经清楚地告诉我们：(1)Comedus 山是位于 Imaus 山脉和 Lithinos Pyrgos 以西的一座山脉。它不属于 Imaus 山系，因此也不可能是 Imaus 山(即葱岭)或帕米尔高原的最高点。(2)梅斯商团或西方人是经过 Comedus 山的山麓后到达 Lithinos Pyrgos 的，而不是经过“帕米尔高原的最高点”而到达上述地点的。(3)Lithinos Pyrgos 位于 Comedus 山与 Imaus 山脉①之间，绝对不会在 Imaus 山脉即葱岭以东，因此，把 Lithinos Pyrgos 确定在葱岭以东的塔什库尔干地区显然是不恰当的。

其实，只要看过托勒密《地理学》一书全文，就会发现 Lithinos Pyrgos 的大致位置。

据托勒密的记载：

Ἔστι δὲ[ἐν τοῖς Σάκαις] ἥ τε εἰρημένη τῶν Κομηδῶν ὀρεινή, ἧς ἡ μὲν ἀνάβασις ἀπὸ τῶν Σογδιανῶν ἐπέχει μοίρας ρκε° μγ°, τὰ δὲ πρὸς τῇ Φάραγγι τῶν Κομηδῶν μοίρας ρλ° λθ°, καὶ ὁ καλούμενος Λίθιωος Πύργος ἐπέχων μοίρας ρλε° μγ°②

---

① 公元前 303—前 292 年，塞琉古王朝派遣 Megasthene 出使印度，称帕米尔为 Imaos，后一直为古希腊罗马学者沿用。

② Claudius Ptolemy, *Geographyia*, 6, 13.

这段话的意思为：

如上所述，Sacara的山有Comedus，此山跨越Sogdiana和Sacara两地，以125度经线和43度纬线为界。Comedus岬谷位于130度经线和39度纬线附近。Lithinos Pyrgos则位于135度经线与43度纬线的交叉点上。

从这里我们能够了解Lithinos Pyrgos离Imaus山脉还有很长的距离(见下图)。

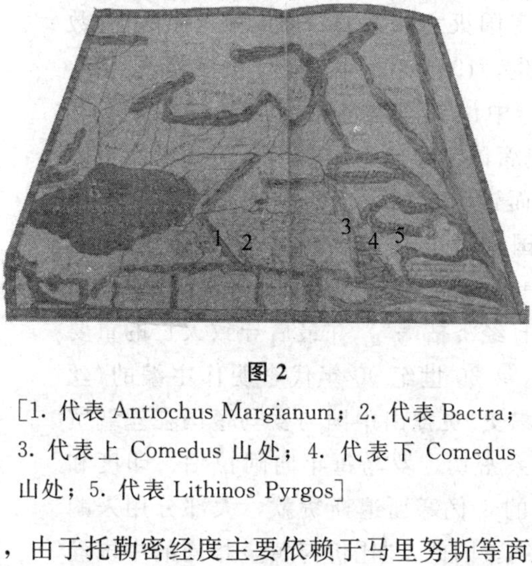

图2

[1. 代表Antiochus Margianum；2. 代表Bactra；3. 代表上Comedus山处；4. 代表下Comedus山处；5. 代表Lithinos Pyrgos]

不过，由于托勒密经度主要依赖于马里努斯等商人留下的数据，离真实的地点有相当的距离，但作为相对数据使用，还是可行的。所以可以肯定地说，Lithinos Pyrgos不会在帕米尔高原的东部，而只能在帕米尔高原的西部地区。当然，从现有的材料看，要彻底解开Lithinos Pyrgos之谜，恐怕还为时尚早，还有待于做更多的工作，发掘更多的文献和实物材料。

“丝绸西销导致罗马帝国经济衰落说”源流辨析

丝绸是罗马对外贸易中最重要的商品，是罗马富人们追求的主要对象，同时也是学者们广加关注的话题。然而在我国较早地将丝绸贸易与罗马帝国灭亡联系起来加以考察的还要数姚宝猷先生。1944 年，姚宝猷先生在其《中国丝绢西传史》中说到丝绸西销对罗马的影响，认为：“罗马帝国末年之财政，因是陷于极度穷困之境地，而帝国之崩溃，亦与此有密切之关系焉。”①我国学者方豪先生在其名著《中西交通史》一书中也持这一观点，认为丝之倾销是“罗马帝国后日经济枯竭”，并最后导致灭亡的重要原因之一。② 20 世纪 90 年代李明伟主编的《丝绸之路贸易史》更提出中国与罗马帝国在丝绸贸易方面联系密切。罗马每年向阿拉伯、印度和中国支付的 1 亿塞斯退斯货款，大部分用来购买中国丝绸。因此，“比价与黄金相同的中国丝绸，在罗马贸易总额中占有很大比例。”“到了罗马后期，由于罗马人恣意耗用，黄金大量外流，

① 姚宝猷：《中国丝绢西传史》，82 页，北京，商务印书馆，1944。

② 方豪：《中西交通史》上册，165 页，长沙，岳麓书社，1987。

财政极度困难，称雄一时的罗马帝国，就是在经济陷于崩溃的状况下，走向衰落和灭亡的。”①那么，这一观点到底来自何处，其根据又是什么？这是下文所要认真研讨的。

一

丝绸西销导致罗马帝国经济衰落说的形成并不是无源之水，而是有一个明显的发展过程。早在罗马帝国初期，罗马人就出现了将丝绸、社会风气和罗马货币外流结合起来加以考察的政治家和学者，提比略元首就是其中之一。② 当时的元老院甚至决定：男子不应再穿东方的丝织品，因为这会使他们堕落下去。③

普林尼是另一位关注中国丝绸与罗马金银外流的政治家。据普林尼记载：“赛里斯人，以出产羊毛而闻名。这种羊毛生于树叶上，取出，浸之于水，梳之成白色绒毛，然后再由我们的妇女完成纺线和织布这双重工序。靠着如此复杂的劳动，靠着如此长距离的谋求，罗马的贵妇们才能够穿上透明的衣衫，耀眼于公众场合。”④至于今代，“乃凿山以求大理宝玉，远赴赛里斯以求衣料，深潜红海以求珍宝，掘地千丈以求宝石。”⑤“据最低估算，每年从我们帝国流入印度、赛里斯和阿拉伯半岛的金钱，不下1亿塞斯退斯。这就是我们的奢侈风气和妇女让我们付出的代价。”⑥不久，金嘴·狄奥虽然没有提到赛里斯

---

① 李明伟主编：《丝绸之路贸易史》，82页。

② 参见塔西佗：《编年史》，3，53。

③ 同上书，2，33。

④ Pliny the Elder，*Natural History*，6，20，54.

⑤ Pliny the Elder，*Natural History*，12，1，2.

⑥ Pliny the Elder，*Natural History*，12，41，84.

人和中国的丝绸，但他也同样认为：罗马以付出大量金钱换取奢侈品的办法来“向凯尔特人、印度人、伊比利亚人和巴比伦人进贡”①。从这里，我们已经知道：罗马上层开始担心罗马经济，开始担心罗马帝国由于贪图价格昂贵的奢侈品给罗马社会、经济以及风俗等带来的巨大威胁。

近代历史学家爱德华·吉本敏锐地意识到：由于阿拉伯人和印度人全都满足于使用本国的产品和各种手工制品，在罗马方面可以拿来进行贸易的便只有，或至少主要依靠白银。罗马国家的财富因为购买女人的装饰品的需要，已无可挽回地流入外国和敌国去。这一问题的严重性必然引起元老院的高度重视。一位勤于钻研且勇于提出批评的作家估计每年流出的白银足有80万磅。这种情况一定会引起长时间的不满，使大家感到前景暗淡，而且日趋贫穷。②

威尔斯在其《世界史纲》一书中也明确指出：在安敦尼王朝期间，“远若中国，亦与之通商；入口以丝为大宗，盖其时蚕桑二事，尚未移至西方也。丝至罗马，价等黄金，然用之者众，故金银乃如水东流。”③但无论是吉本，还是威尔斯都没有把货币外流与帝国的衰落结合起来。而真正把丝绸等奢侈品贸易与罗马经济衰落联系起来的是英国学者赫德逊。1931年，赫德逊发表了他的专著《欧洲与中国》。在书中，他这样说道：“很明显普林尼所举的数字不是指罗马东方贸易量，而是指输入超过输出，就当时经济生活的情况而论，这表明贵金属十分严重地从帝国外流。不管怎样，白银的外流似乎在韦斯巴西安(Vespasian，即韦斯帕芗)的时代已经受到制止，2世纪有迹象表明以货换货办法的增加已减少了逆差，然而尤里·克劳狄

① Dio Chrysostomus，*Discourse*，*On Wealth*，79，5～6.

② 爱德华·吉本：《罗马帝国衰亡史》上册，54页。略有改译。

③ 威尔斯：《世界史纲》，393页，上海，商务印书馆，1927。

(即朱理亚·克劳狄)王朝的各个皇帝(元首)已造成了损害，虽然其后果不立刻就看得出来的。无可否认的是，由东方贸易造成的黄金和硬币的外流乃是罗马世界经济衰落的主要因素之一。”①

很显然，姚宝猷和方豪先生正是在西方前贤的基础上提出上述观点的。

二

在帝国早期，丝绸深受罗马贵族和民众的欢迎，应该是不争的事实。但丝绸是否对罗马经济乃至罗马社会产生重大影响，这还是值得学者深入思考、细致研究的。因为我们发现，建立“丝绸西销导致罗马帝国经济衰落”说的最关键、最核心的材料还是上面提到的普林尼在其《自然史》中所说的那段话，即：“据最低估算，每年从我们帝国流入印度、赛里斯和阿拉伯半岛的金钱，不下1亿塞斯退斯。这就是我们的奢侈风气和妇女让我们付出的代价。”尤其是对文中提到的“1亿塞斯退斯”的理解。

按普林尼的意思，罗马每年有1亿塞斯退斯流入印度、赛里斯和阿拉伯。普林尼在另一处更明确指出，罗马每年流往印

① 赫德逊：《欧洲与中国》，72页。其实，20世纪30年代以后，西方还有许多学者坚持这一说法。例如：法国学者布尔努瓦在《丝绸之路》一书中就说：“在克劳狄(应为提比略)执政年间，黄金迅速外流的情况就被政府觉察到了，但这也无济于事，以至于罗马国库空虚，黄金消耗殆尽。”布尔努瓦：《丝绸之路》，57页，乌鲁木齐，新疆人民出版社，1982。

度的是5500万塞斯退斯。① 这就是说，这1亿塞斯退斯中真正流入阿拉伯和赛里斯的为4 500万塞斯退斯。按12 000狄那里乌斯即48 400塞斯退斯可以买1磅白丝计算，4 500万塞斯退斯约可买930磅白丝。② 如此少量的丝绸交易根本无法撼动罗马帝国的根基。更何况，这4 500万塞斯退斯不是全部流向赛里斯，购买的对象也不局限于丝。这一点我们可以从普林尼

---

① Pliny the Elder, *Natural History*, 6, 26. 朱杰勤先生曾翻译过夏德的《大秦国全录》一书，其中与此有关的一段文字显然是译错了。因这段文字对中国学者影响很大，故将夏德原文与朱杰勤先生译文陈列如下：

夏德原文：

"According to Pliny (Ⅵ, 23(26), 101) India alone drew out of the Roman Empire every year not less than 55 millions sesterces (=about £600000); and in another passage (Ⅻ, 18(41), 84). He says that, at the lowest calculation, 100 millions sesterces (=about a million £ sterling) were taken away from the empire annually by India, China and Arabia (minima computatione miliens centena milia sestertium annis omnibus India et Seres et paeninsula illa [Arabia] imperio nostro adimunt.)" F. Hirth, *China and the Roman Orient: researches into their ancient and mediaeval relations*, Shanghai and Hongkong: Kelly and Walsh, 1885, pp. 226-227.

朱杰勤译文：

"据普林尼(第6卷，23，101)，单是印度每年由罗马帝国所得的丝款不下五千五百万铜币(sesterces，约等于六十万英镑)；又说(第12卷，18，84)印度、中国及阿拉伯每年共由帝国所得的丝款，照最低的估计亦达一万万铜币(约等于一百万英镑)。"夏德：《大秦国全录》，朱杰勤译，94～95页。

这段话的最大错误是把every year not less than 55 millions sesterces; 100 millions sesterces都理解为"丝款"了。

② "The Edict of Diocletian on Maximum Prices", Tenney Frank, *An Economic Survey of Ancient Rome*, Vol. 5, Paterson, New Jersey, Pageant books, Inc. 1959, p. 305.

提供的罗马人从阿拉伯购买的相关产品目录中看得很清楚(见表1)。即使是赛里斯，出口的物品也很多，除丝以外，其中著名的还有服装、皮货和铁。普林尼还认为赛里斯铁的质量远胜于其他地区的铁。①

表1 罗马从阿拉伯购买的相关产品目录表

出处(普林尼：《自然史》)	购买物品	价格(指每磅，den. 为狄纳里乌斯之缩写)
12，70	Myrrh，stacta	3～50 den.
12，70	Myrrh，stativa	11 den.
12，70	Myrrh，Erythraean	16 den.
12，76	Ladanum	2. 5den.
12，28	Ginger	6 den.
12，50	Cardamomum	3 den.
12，99	Serichatum	6 den.
12，106	Ginger grass	5 den.
12，93	Cinnamon juice	1 000～1 500 den.

[表中材料见瓦明顿：《罗马帝国和印度间的商业》(E. H. Warmington，*The Commerce between the Roman Empire and India*，London：Curzon Press，1974，p. 227)]

上述证据说明，丝在罗马帝国货币外流方面所起的作用并不明显，西销的丝绸在罗马的经济中显然不占重要地位。

众所周知，国家的强盛与否，与当时的国家财政有密切的关系。"国家财政是研究社会的一个最好的起点……一个民族

① Pliny the Elder，*Natural History*，34，145. 这一结论已被英国科学家李约瑟证实。他在《中国科学技术史》一书中曾指出：4世纪西方才能冶化和铸造铁器，因此，西方所有古代与中世纪的铁是低碳锻铁，而中国早在公元前4世纪便生产出铁铸锄头、犁头、镐、斧和剑。早期中国在冶金术方面的优势非常明显。

的精神，文化的水准，社会的结构以及其政策可以准备的行动——所有这些乃至更重要的东西都写在它的国库的历史上，这部历史删除了所有的废话。知道如何听取信息的人在这里能比在其他任何地方更清楚地分辨出世界历史的雷声。”①从罗马帝国国库收入的大致统计中，我们就能看出，在奥古斯都时期，罗马每年的国库收入大约为4.5亿塞斯退斯(见表2)。其继子提比略元首在位28年，为国库节余27亿塞斯退斯。② 此后，罗马国库年收入又有提高，大约在克劳狄元首之时，巴勒斯坦这一很穷的地区向罗马缴纳的税收也不会少于1 200万德拉克玛。③ 64年，埃及给罗马的钱数是1 200万德拉克玛的12倍加罗马城市民4个月的口粮。埃及送给罗马的粮食约达576 000 000塞斯退斯，比奥古斯都时期的年财政收入还多。④ 弗拉维时期每年国库收入则达到12亿～15亿塞斯退斯(见表3)。由此可知，奥古斯都至老普林尼时期罗马帝国的强劲实力。

表2　奥古斯都时期罗马税收表

税收项目	税收数额(塞斯退斯)	材料出处
公元前62年罗马年收入	340 000 000	Plutarch，Pompey，45
恺撒征服的高卢	40 000 000	Suet.，Jul.，25
屋大维征服的埃及	40 000 000	Velleius，2，39，2
西班牙、阿非利加等新加部分	约20 000 000	T. Frank，ESAR，Vol. 5，pp. 6-7
总计	约440 000 000	

① Joseph A. Schumpeter，*History of Economic Analysis*，Oxford，Oxford University Press，1954，p. 7.

② Suetonius，*Caligula*，37，3.

③ T. Frank，*An Economic Survey of Ancient Rome*，Vol. 5，p. 51.

④ Josephus，*The Jewish War*，2，386.

表 3　弗拉维时期罗马税收表

收税地区	税收缴纳数额(塞斯退斯)
埃　及	500 000 000
高　卢	300 000 000
叙利亚	200 000 000
阿非利加	100 000 000
西班牙	50 000 000
巴尔干和希腊	60 000 000
亚细亚	70 000 000
间接税	100 000 000
税收总额	1 380 000 000

与此同时，罗马居民私人的财富也有明显增加。这我们可从帝国早期部分百万富翁统计表中看得很清楚(见表 4)。①

表 4　帝国早期部分百万富翁统计表

姓　名	大致时间	财产数(单位：塞斯退斯)	材料出处
科尔涅里乌斯·林杜鲁斯	死于 25 年	4 亿	辛尼加：《论施舍》，2，27 苏埃托尼乌斯：《提比略传》，49，1
那尔西苏斯	死于 54 年	4 亿	狄奥·卡西乌斯：《罗马史》，60，34
伏鲁西乌斯·撒图尼努斯	死于 56 年	3 亿	塔西佗：《编年史》，14，56，1；13，30
安纳乌斯·辛尼加	死于 65 年	3 亿	塔西佗：《编年史》，13，42；狄奥·卡西乌斯：《罗马史》，61，10，3
维比乌斯·克列斯鲁斯	死于 83 年或 93 年	3 亿	塔西佗：《演说问答》，8

① 杨共乐：《罗马社会经济研究》，264～265 页，北京，北京师范大学出版社，2010。

续 表

姓 名	大致时间	财产数(单位：塞斯退斯)	材料出处
安敦尼乌斯·帕拉斯	约死于62年	3亿	塔西佗：《编年史》，12，53
朱理乌斯·李锡努斯	死于14年后	2亿～3亿之间	辛尼加：《书信集》，119，9；普林尼：《自然史》，33，134
朱理乌斯·卡里斯图斯	约死于52年	2亿多	普林尼：《自然史》，33，134
克罗狄乌斯·伊庇里乌斯·马尔西乌斯	约死于79年	2亿	塔西佗：《演说问答》，8
萨鲁斯图乌斯·帕西努斯·克里斯普斯	约死于46年或47年	2亿	《罗马帝国地拟人学》，109页
吉维乌斯·阿庇契乌斯	死于28年之后	1亿1千万	辛尼加：《致哈尔维乌斯》，10，9；马契尔：《讽刺诗》，3，22
陶里乌斯·鲁福斯	约死于14年	1亿	普林尼：《自然史》，18，37
雅典的克劳狄乌斯·希帕尔库斯	死于81年之后	1亿	苏埃托尼乌斯：《韦斯帕芗传》，13
阿奎利乌斯·鲁古路斯	约死于105年	6千万	小普林尼：《书信集》，2，20，13
罗利阿·鲍利纳	死于49年	4千多万	普林尼：《自然史》，9，117—118
小普林尼	死于111—113年之间	2千万	琼斯：《罗马帝国经济》，第370页
马萨利亚的克里纳斯	死于54—68年之间	2千万左右	普林尼：《自然史》，29，9
卡尔普尼乌斯·庇索	约死于20年	500万	塔西佗：《编年史》，3，17

至于普林尼以后的安敦尼王朝则更是罗马的全盛期，塔西佗将它视作是幸福时代的开端。① 阿里斯提德斯更把它当做盛世来加以赞颂。他在《罗马颂》一文中曾这样写道：

现在整个世界都好像是在欢度假期一样，脱下了古代的战袍，穿上了自由欢乐的锦袍。所有的城市都已经放弃了它们旧有的争端，希望在一件单纯的事情上取胜，那就是每个城都希望使它自己变得更快乐、更美丽。到处都是游戏场、林园、神庙、工场和学校。……城市都是充满了光明和美丽，整个的大地都好像是美丽的花园一样。友好的烽火从它的平原上升起，而那些战争的硝烟就好像是随风飘去，到了山海以外去了，代替它们的是说不尽的美景和欢快。……今天，希腊人和外国人都可以空着手，或是满载着金钱，到处作自由的旅行，好像是在自己家里一样。……只要做了一个罗马人，或者是陛下(指安敦尼——作者注)的臣民，即可以有了安全的保障。荷马曾经说过大地是属于大家的，而您却使这句话变成了现实，因为您已经测量了整个世界，架桥梁于河川之上，开驿道于山地之间，建基地在沙漠之中，使万物都文明化，使其具有纪律和生命。②

这段话虽然有夸大的成分，但在相当程度上还是反映了罗马当时的情况。对于帝国的繁荣状况，即使像基督教作家如特尔图良等也赞叹不已。他说：

的确，只要放眼看一看世界，就可知道土地耕种日

---

① Tacitus，*Agricola*，3.

② 阿里斯提德斯：《罗马颂》，26。

多，人丁日益兴旺。现在一切地方都可畅通，为人们所熟悉，便于商业的经营。现在使人愉快的田野已把一切荒凉痕迹抹去了，丛林已被铲除而代之以春耕夏耘的垄亩，牲畜成群奔逐而野兽匿迹。沙地已经播种了，山峪碎石已经扫除了；沼地已经排干了；过去贫困的农舍所在地，现在已被大城市占据了。岛屿已不再[视若海盗的出现之地]认为可怕了。到处可看到屋宇、人群、安定和文明。稠密的居民到处出现在我们的眼前。①

至安敦尼·庇乌斯去世，其国库的余额就达27亿塞斯退斯。所以，历史上都把这一时代称作黄金时代。

与3世纪以后的情况相比，普林尼时期的罗马帝国怎么也不能与衰亡挂钩，相反却是罗马史上最强盛的时期。正因为如此，依靠普林尼的有关记载来说明丝绸西销与罗马帝国灭亡的关系显然是站不住脚的。

从历史上看，1—2世纪是罗马帝国地中海各地区之间的贸易和对外贸易最为发展的时期。当时人普林尼对此讲得非常明晰，他说“罗马帝国的统治开启了世界性的交流和联系；多种商品的交换，以及普遍享有的和平促进了文明的进化，加快了生活质量的改善；甚至连过去许多不知名的物品，现在也都进入到我们的日常使用之中。”②在西部，罗马和意大利的商人可以把意大利和地中海其他地区的产品运到日耳曼和北欧等地，北欧等地的产品又可通过商人运往其他各地。在东方，罗马商人的贸易更是异常活跃，经商队伍经常出没于阿拉伯、印度，甚至远达中国。正如爱德华·吉本指出：

---

① 汤普逊：《中世纪经济社会史》上册，4～5页。特尔图良：《论心灵》，30。

② Pliny the Elder, *Natural History*, 14; 1.

> 古代世界最遥远的地方的宝物珍品都被搜刮了去供给罗马人的挥霍。斯基太的森林提供了贵重的毛皮。琥珀从波罗的海岸由陆路运到多瑙河，蛮族对这些无用的商品在交换中能得这样的高价不胜惊异。巴比伦的地毯和东方其他制造品需求很大；但最重要的对外贸易部门是同阿拉伯和印度进行的。每年，约当夏至时，一支一百二十艘船的舰队从红海上埃及的一个港口密奥斯·霍尔莫斯(Myos Hormos)出航。它们靠定期的季候风之助大约四十天横渡大洋。马拉巴尔海岸或锡兰岛通常是他们航行的尽头，在这些市场上，来自亚洲更遥远的国家的商人们等待着他们的来临。舰队返回埃及的时间确定在12月或1月，只要他们满载的货物一旦运到，就从红海用骆驼背到尼罗河，顺流而下，直抵亚历山大里亚城，于是毫不耽搁地源源注入帝国的首都。①

在世界众多地区的商品流入罗马的同时，也有许多罗马物品流向世界其他地区，中国就是其中之一。和裴松之同时代的《西域旧图》记录了这些物品的大致名称，它们是：“金、银、铜、铁、铅、锡、神龟、白马、朱髦、骇鸡犀、瑇瑁、玄熊、赤螭、辟毒鼠、大贝、车渠、玛瑙、南金、翠爵、羽翮、象牙、符采玉、明月珠，夜光珠、真白珠、琥珀、珊瑚、赤白黑绿黄青绀缥红紫十种琉璃、璆琳、琅玕、水晶、玫瑰、雄黄、雌黄、碧、五色玉、黄白黑绿紫红绛绀金黄缥留黄十种氍毹、

① 参见爱德华·吉本：《罗马帝国衰亡史》第2章，53～54页，北京，商务印书馆，1997。翻译有改动。也参见Strabo, *Geography*, 16, 4, 24; 17, 1, 13; 17, 1, 44～45; 17, 1, 5; 16, 4, 14。参见Diodorus of Sicily, *Historical Library*, 150, 7; 17, 52, 5。

五色毾㲪、五色九色首下毾㲪、金缕绣、杂色绫、金涂布、绯持布、发陆布、绯持渠布、火浣布、阿罗得布、巴则布、度代布、温宿布、五色桃布、绛地金织帐、五色斗帐、一微木、二苏合、狄提、迷迷、兜纳、白附子、薰陆、郁金、芸胶、薰草木十二种香。”中国古代文献中，对大秦来的物品赞赏颇多，它们有些来自进贡，有些显然来自贸易。除了中国以外，印度等地也用金币购买来自罗马的进口物品①。罗马与东方各国的进出口应该是相对平衡的。

综上可知，那些一味强调“丝绸贸易导致罗马货币外流”的观点既缺乏证据，也与客观事实相悖。而用“丝绸贸易导致罗马货币外流”等原因来说明罗马帝国的灭亡更是空中楼阁，不足为信。

---

① Pliny the Elder, *Natural History*, 33, 21, 66;《埃立特里亚航行记》(*Periplus Maris Erythraei*), 63。我们能够通过《埃立特里亚航行记》这部珍贵文献了解到罗马与非洲、阿拉伯和印度之间的主要商贸产品。在非洲，书中可统计的39件商品中只有12件出口到地中海；在阿拉伯，38件交换的产品中，半岛的出口量仅为15件左右；相比之下，印度则有28件进口产品，而出口产品的数量也达到44件。

对《大秦景教流行中国碑》若干问题的重新思考

《大秦景教流行中国碑》建立于唐朝建中二年正月初七，即781年2月4日，星期日。此碑是世界考古发现史上最负盛名的"四大石碑"之一①，被基督教人士誉为"中国基督教之昆仑"，足见其在世界碑林和中国基督教发展史上的地位。从碑文的内容上看，它又是世界上多个民族文明交融的产物，是它们之间相互影响、相互交流的见证和结果。碑文中既充满中华文明的精神，也含有罗马和波斯文明的内涵；既有叙利亚文字，又有塞琉古方面的纪年；既有佛教的用语，又有基督教的思想。它是一块集多种文明于一体的、在中西文明交流史上占有重要地位的丰碑。对于这块丰碑前辈历史学家和民族学家都做过一定的研究，但由于涉及多种文明，语言也较复杂，所以值得探讨的问题还有很多。下述四个问题是笔者近年来研究过程

① 另外三大石碑是埃及的罗塞达石碑，此碑用埃及象形文字、科普特文字和希腊文写成，法国学者商坡良就是在认真研读这一碑文的基础上成功破译埃及象形文字的；西亚死海东岸的摩押石碑，此碑用希伯来文刻成；此外还有北美阿兹特克授时碑。

中所关注最多的，现陈述如下。

一、关于 Shiangtsua

在《大秦景教流行中国碑》中有一行叙利亚文，即“Mr Srgis qsisa w kurapisqupa Shiangtsua 僧景通”。对于这一句中的 Shiangtsua 一字，学术界已经做了大量的研究，并形成了三种不同的解释：第一种以佐伯好郎、龚方震为代表，认为 Shiangtsua 是地名“上都”，指长安；第二种以海勒(Heller)为代表，认为此字为“乡主教”的中文译法；第三种以伯希和为代表，认为这个字就是佛教所说的“座主”或“上座”，也就是佛教中对有权讲经并成为寺主的人的尊称。但由于缺少过硬的资料，上述说法都存在或多或少的缺陷，Shiangtsua 之谜显然还尚未解开。①

那么，Shiangtsua 究竟是指什么呢？我认为它应该是指唐朝的沙州。这是因为：

首先，沙州有大秦寺。在唐朝的北部地区，存在的大秦寺不多。从文献中我们能够判断，洛阳和长安各有一所教堂，因为在《大秦景教流行中国碑》中有这样的一段文字，“圣历年，释子用壮，腾口于东周。先天末，下士大笑，讪谤于西镐”。东周即洛阳，西镐即长安。《唐会要》也载：“玄宗天宝四载九月(745 年 10 月)诏曰：波斯经教，出自大秦，传习而来，久行中国。爰初建寺，因以为名，将欲示人，必修其本。其两京波斯寺宜改为大秦寺，天下诸府郡置者，亦准此。”②此外，在《大秦景教流行中国碑》中还提到了武灵等五郡。至于周至的大

---

① 参见 P. Y. Saeki，*The Nestorian Documents and Relics in China*，The Maruzen Company Ltd. Tokyo，1951。有关商榷的论点可见周祯祥：《浅识景教几个叙利亚文字考释之歧义》，载《文博》，1996(6)。

② 《唐会要》卷四十九。

秦寺由于没有过硬的材料，所以至今都没有一致的意见。然而，在沙州，却有一所大秦寺，著名的景教文献《大秦景教大圣通真归法赞》、《大秦景教宣元至本经》就是在这所大秦寺里抄写完成的。这在它们的题记中可以看得很清楚。

前者的题记占三行，文曰：

> 沙州大秦寺法徒索元
> 定传写教读
> 开元八年五月二日

后者的题记占两行，文曰：

> 开元五年十月廿六日法徒张驹
> 传写于沙州大秦寺

因此，叙利亚文 Shiangtsua 很可能就是指沙州的大秦寺。此外，从叙利亚文语法特点来看，Shiangtsua 一字只能是地点，而且其发音也基本上与沙州相同。

其次，李盛铎所藏的敦煌景教写经中有《大秦景教宣元本经》，其中有假托景通法王对众多高僧布道，宣讲世界本源的事情。文中写道：

> 时景通法王，在大秦国那萨罗城和明宫宝法云座，将与二见，了决真源。应乐咸通，七方云集。有诸明净土，一切神天等妙法王，无量觉众，及三百六十五种异见中民。如是族类，无边无极，自嗟空昧，久失真源。罄集明宫，普心至仰。时景通法王。端严进念，上观空皇，亲承印旨，告诸众曰：善来法众，至至无来。今柯通常，启生灭死。各图其分，静谛我宗。如了无元，碍当随散。……

是故，以若教之，以平治之，以慈救之。夫知改者，罪无不舍。是谓匠帝能成众化不自化，成是化终迁。唯匠帝不亏、不盈、不浊、不清，保住真空，常存不易。

林悟殊先生在经过认真的研究后，认为很难“相信这些文字会译自外来经典。因此，与其把写本这 26 行文字说成是翻译，不如说是自撰，是在华景教传教师面向中国信徒，直接用汉文撰写的经籍”。① 而且它与《大秦景教流行中国碑》无论在遣字造句，还是在道释色彩、行文风格都有许多雷同的地方。这说明本文的作者和《大秦景教流行中国碑》的作者非常熟悉，而且思想观念也很一致。他们属于同一时间段。因此，笔者认为本文假托的景通可能就是《大秦景教流行中国碑》中出现的景通，最起码也与后者有很大的关联。因为《大秦景教流行中国碑》中的景通，教阶很高，他仅次于大德曜轮，与景净、另一玛·萨吉思和 Yazedbouzid 属于同一级别，即 kurapisqupa(副大德)级。以前对于这位景通活动的地点一直无法确定。现在看来，他很可能就是沙州大秦寺的主要负责人。

二、关于 Khumdan

法国著名的汉学家伯希和曾经指出：“中国古基督教之最重要的遗物，就是 781 年所建立、1625 年所发现之汉文、叙

---

① 林悟殊：《唐代景教再研究》，183 页，北京，中国社会科学出版社，2003。2006 年 5 月洛阳出土了《大秦景教宣元至本经幢记》石刻，其经文内容许多与敦煌景教写经中的《大秦景教宣元本经》内容一致。参见罗炤：《洛阳新出土〈大秦景教宣元至本经及幢记〉石幢的几个问题》，载《文物》，2007(6)。葛承雍：《西安、洛阳两京出土景教石刻比较研究》，载《文史哲》，2009(2)。

利亚文的景教碑颂。此碑上面著录有一个 Khumdan 同 Sarag 的主教，这个 Khumdan 地名，并见 Theophylactus Simocatta 的希腊文记载，同 9 世纪阿拉伯旅行家的行记著录，就是外国人称呼唐代西京全部或一部的名称。别言之，昔之长安，今之西安。"①伯希和这里所说的 Theophylactus Simocatta 就是指 7 世纪初期的拜占庭史家。著作有《莫利斯皇帝大事记》，书中提到了有关中国方面的一些事情，其中包括 Khubdan。张星烺先生已将其译为中文，现录于下：

> Taugas 国王，号天子，即上帝之子之意。国内宁谧，无乱事，因威权皆由国君一家世袭，不容争辩，崇拜偶像，法律严明，持正不阿。其人生活有节制而合有理智。物产丰富，善于营商，多有金银财帛。然国家法律，严禁男子衣附金饰。陶格斯中央有大河，分国为二部。先代全境，裂为二国，以河为界，时相攻伐。二国衣制不同。尚黑者号黑衣国，尚红者号红衣国。当今莫利斯皇帝君临罗马之际，黑衣国渡河，攻红衣国，克之。逐统治全帝国。其大都城亦号陶格斯。相传马其顿亚历山大战胜大夏、康居，奴役其民，烧杀野蛮人种十二万后，乃筑此城。王居其内，后妃出乘金车，以牛牵挽。盛饰金宝，牛缰镀金。国王妃嫔，凡七百人。而陶格斯主要贵族之妇女则乘银车。王死，妃嫔削发衣黑，终身守陵，不得稍离。距都城数里，亚历山大尝别建一城，蛮人称之为库伯丹(Khubdan)。有巨川二，贯流城内。河盘松柏相连，荫枝倒垂。象甚多。与印度人通商甚繁。有谓其人亦印度种之一支，面皙白，居于北方者也。国中有蚕，丝即由之吐出。蚕种

① 伯希和：《景教碑中叙利亚文之长安洛阳》。参见冯承钧译：《西域南海史地考证译丛》第 2 卷，34 页，北京，商务印书馆，1995。

甚多，各色昔有。蛮人畜养此蚕最为能巧。①

Theophylactus Simocatta 没有到过中国，很显然这条信息主要来自中亚的突厥人。

至于 9 世纪阿拉伯旅行家的行记著录，则主要有《中国印度见闻录》和马苏第的《黄金草原》等。前者记录过阿拉伯商人伊本·瓦哈勃（Ibn-Wahab）从广州历时两个月来到“京城”Khumdan 之事；后者则有数处提到过“京师”Khumdan。而《世界境域志》的作者（成书于 982/983 年）则写得更清楚：“Khumdan（长安府），是中国的首都。这是一个大城，为天子（Faghfur）居住地。该城位于海岸，有许多树木、住房，气候舒适。Khumdan 出产珍珠。其居民圆脸宽鼻，穿着织锦丝绸，宽袖长袍。”②阿布尔·法拉吉·穆罕默德·本·伊斯哈克所著的《书目》（成书于 988 年）也提到：（中国）大王之京城是 Khumdan。③

应该说，这些材料对于确定 Khumdan 的具体位置有很好的作用，但或者因为时间问题，或者因为记述的内容有一些不清晰和不确定的成分，所以对于 Khumdan 的地点学界始终没法形成一致的意见。直到现在江慰庐和犀泽等先生还认为：7 世纪 Theophylactus Simocatta 书中之 Khoudan 并非指长安；8 世纪中《大秦景教流行中国碑》里的叙利亚文 Khumdan 与 Sarag 亦难认定其必为长安与洛阳；9—13 世纪阿拉伯人著作中之 Khumdan，实指包括中国都城长安等在内的若干南北城

---

① 张星烺：《中西交通史料汇编》第 1 册，88～89 页，北京，中华书局，1977。略有改动。参见亨利·裕尔：《古代中国闻见录》第 1 卷，29～32 页。

② *The Regions of the World*（Hudud al-Alam），p. 84.

③ G. Ferrand，*Relations de Voyages et Textes Geographiques Arabes*，*Persans et Turcs relatifs a l'Extreme Orient*，du 8e au 18e siecles，traduits，revus et annotes etc. vol. 1，Leroux，Paris，p. 132.

域与南方某些河流，并非对某一城市的专指名称。① 对于7世纪 Theophylactus Simocatta 书中之 Khoudan 以及11世纪以后阿拉伯人对 Khumdan 的记载因与本文关系较远，所以暂且不论。但对于《大秦景教流行中国碑》中的 Khumdan 则完全可以确证，它确实是指长安。这在《大唐景教流行中国碑》的叙利亚文中有非常明确的解释。

Khumdan 一字在《大唐景教流行中国碑》中，一共出现过三次，一次出现在“Gbriail，qsisa warkdiqun wrs dta dKhumdan wdsrg”。另一次出现在“Gigui，qsisa warkdiqun dKhumdan wmqrina 僧玄览”。不过，这两次都没有留下 Khumdan 的具体地点。但在第三次中却为我们提供了非常重要的信息。其叙利亚文是：“bsnt alp wtsin diunia mri izdbuid qsisa wkurapisqupa dkumdan mdint mlkuta br nih npsa milis qsisa dmn blh mdinta dthurstn aqim luha hna dkapa dktibn bh mdbrnuth dpruqn wkruzuthun dabhain dlut mlke dsinia.”大意为：“塞琉古希腊纪元1092年，来自吐火罗巴尔赫城已故长老米利斯之子，王城 Khumdan 之长老和副大德 Yazedbouzid 建此石碑。碑上有救世主之法和诸长老向中国帝王传道之事。”②在这里，碑文十分清楚地告诉我们，Khumdan 就是王城，而且是中国国王的王城。这样，Khumdan 与长安之间的关系就变得

① 载《中国文物报》，2003-02-28。

② 一般把塞琉古希腊纪元翻译成希腊纪元，从严格意义上讲，这是不准确的。塞琉古希腊纪元始于公元前311年，也就是亚历山大死后12年，塞琉古·尼加多(Seleucus Nicator)占领巴比伦之时。主要流行于塞琉古王国和部分地中海东部诸国，有些阿拉伯人也使用这一历法。塞琉古历把一年开始于 Elul 月，即罗马的九月。其他各月分别是：Tishrin Ⅰ、Tishrin Ⅱ、Canun Ⅰ、Canun Ⅱ、Sabat、Adar、Nisan、Ayar、Haziran、Tamys、Ab。参见 J. Payne Smith ed.，*A Compendious Syriac Dictionary*，Oxford，the Clarendon Press，First Edition 1903，Reprinted 1979，pp. 189-190。

十分简单了，Khumdan实际上就是指长安。

三、关于及烈

及烈是一名波斯基督教徒，这一名字在中文中曾多次出现。据《大秦景教流行中国碑》记载："圣历年(698—700)，释子用壮，腾口于东周。先天(712—713)末，下士大笑，讪谤于西镐。有若僧首罗含、大德及烈，并金方贵绪，物外高僧，共振玄纲，俱维绝纽。"除了这里提到的及烈外，《册府元龟》中还有三处提到了波斯僧及烈。它们分别是：

1.

> 柳泽，开元二年(714)为殿中侍御史，岭南（广州等地)监选使。会市舶使右卫威中朗将周庆立，波斯僧及烈等，广造奇器异巧以进。泽上书谏曰："臣闻：不见可欲，使心不乱，是知见欲而心乱必矣。窃见庆立等，雕镌诡物，制造奇器，用浮巧为珍玩，以谲怪为异宝；乃理国之所巨蠹，圣王之所严罚。……今庆立皆欲求媚圣意，摇荡上心，若陛下信而使之，是宣奢淫于天下。必若庆立矫而为之，是禁典之无赦也。"……玄宗纳。①

2.

> 开元二十年九月(732年10月)，波斯王遣首领潘那

① 《册府元龟》卷五四六，6547～6549页；《新唐书》卷一一二，4176～4177页。这里所谈的大概就是《大秦景教流行中国碑》中所记的及烈在713年的那次访问，从这里，我们也能知道及烈与广州商船监督有密切的关系，他肯定是从海上来中国的。

密与大德僧及烈朝贡。①

3.

开元二十年八月庚戌(732 年 10 月 3 日)，波斯王遣首领潘那密与大德僧及烈来朝。授首领为果毅，赐借紫架键一付，及帛五十匹，放还蕃。②

沙畹、伯希和认为景教碑中的“大德及烈”就是碑文中的 Gabriel。③ 岑仲勉利用对音、勘同的方法指出：及烈切韵约读如 giepaliat，唐人读外语之收者 1(r)如 t，故 Gabril＞Gabliet 正与及烈吻合。④ 朱谦之在前人研究的基础上又提出了新的看法。他不但赞成岑仲勉的意见，而且还认为碑文中的大德及烈即《册府元龟》卷九七一、卷九七五所记开元二十年(732)波斯遣使朝贡之大德僧及烈，亦即《册府元龟》卷五四六所记开元二年(714)柳泽上书所弹劾之及烈。⑤

实际上，碑文中的大德及烈不是“Gbriail，qsisa warkdiqun wrs dta dKhumdan wdsrg”中的 Gabriel(Gbriail)。理由是：(1)光用对音、勘同的方法不能解决这一实际问题。因为碑文中还有一个 Gabriel，但其中文名是僧广德。Gabriel 无论如何也不能对出广德这一字来。(2)二者之间的教阶级别不符。

---

① 《册府元龟》卷九七一，11409 页。

② 《册府元龟》卷九七五，11454 页。“八月”显然是“九月”之误，因为“庚戌”不在 732 年 8 月。

③ 参见沙畹、伯希和：《摩尼教论》。

④ 岑仲勉：《隋唐史》下卷，324 页，北京，高等教育出版社，1957。

⑤ 朱谦之：《中国景教》，66、71、156、160 页，北京，人民出版社，1993。

聂斯托里乌斯教等级分明，不能逾越。《大秦景教流行中国碑》中的及烈与《册府元龟》之及烈都是大德，可是《大秦景教流行中国碑》上的 Gabriel，是 arkdiqun（总执事），不是大德。arkdiqun 显然与大德曜轮（Mri iuhnn episqupa）中的 Episqopa 不同。按教级制度，Episqopa（大德）属于第 3 级，arkdiqun（总执事）属于第 5 级。① 上述两个发现实际上也就否定了大德及烈即 Gabriel 的结论。这对于深化景教碑的研究是非常有益的。

四、关于大秦寺景净

《大秦景教流行中国碑》最初出自大秦寺。大秦寺，初为波斯寺，立于贞观十二年七月（638 年 8 月 15 日—9 月 12 日）。《唐会要》对此有过重要记载，即："诏曰：'道无常名，圣无常体，随方设教。密济群生。波斯僧阿罗本，远将经教，来献上京；详其教旨，玄妙无为，生成立要，济物利人，宜行天下。所司即于义宁坊建寺一所，度僧二十一人。'"②

天宝四载九月（745 年 10 月），波斯寺改名大秦寺。其相关诏书如下："波斯经教，出自大秦，传习而来，久行中国。

---

① 参见龚方震：《唐代大秦景教碑古叙利亚文字考释》，收录于朱东润主编：《中华文史论丛》第 1 辑，24 页，上海，上海古籍出版社，1983。参见朱谦之：《中国景教》，153 页。朱谦之认为：景教有 10 级教阶。它们是：宗主教（大主教、僧正、法主），叙利亚文为 Patrriarkis；总监督（教父），叙利亚文为 Papas；主教（大德、监督），叙利亚文为 Appisqopa；省主教（乡主教），叙利亚文为 Korappisqopa；教正（六级修士长），叙利亚文 Arkediaqon；牧师（司祭），叙利亚文 Msamssana；司铎（长老）Aassisa。此外，还有修士、博士和守墓。笔者认为：叙利亚文"paps dsinstan"译为中国法主或许更贴切。也参见张星烺：《中西交通史料汇编》第 4 册，117～118 页，辅仁大学丛书第 1 种，1930。

② 《唐会要》卷四十九。

爰初建寺，因以为名，将欲示人，必修其本。其两京波斯寺，宜改为大秦寺。天下诸府郡置者亦准此。”①

781年，长安大秦寺立《大秦景教流行中国碑》，其内容由大秦寺僧景净叙述。根据我们现在了解到的情况，景净即“adm qsisa wkurapisqupa wpaps dsinstan”，意为“中国法主兼副大德僧亚当”，他对景教在中国的传播历程非常熟悉。虽然《大秦景教流行中国碑》的大部分内容值得信赖，但还有一些内容不够正确。如：碑里有言“所司即于京义宁坊造大秦寺一所，度僧二十一人”中的“大秦寺”，显然应为波斯寺，因为义宁坊的大秦寺和波斯寺同为一寺，但前后异名。“大秦寺”由“波斯寺”改名而来，其改名时间如上所述应该在745年，此前为波斯寺，此后为大秦寺。

又如《大秦景教流行中国碑》对“大秦国”有如下说明：“按《西域图记》及汉魏史策，大秦国南统珊瑚之海，北极众宝之山，西望仙境花林，东接长风弱水。其土出火烷布、返魂香、明月珠、夜光璧。俗无寇盗，人有乐康。法非景不行，主非德不立，土宇广阔，文物昌明。”“法非景不行”显然是景净杜撰。这既不符合客观实际，也不是《西域图记》、汉魏史策之内容。因为景教并不是大秦国的唯一宗教，而景教传入中国是唐太宗之时，无论是《西域图记》还是汉魏史策的作者都对景教毫无所知。“主非德不立”也与汉魏史策有悖，汉魏史策中有“王非贤不立”之说，但无“主非德不立”之意。“王”与“主”、“贤”与“德”，虽两字之差，但内涵却有了本质的区别。②“王”是指世

① 《唐会要》卷四十九，864页。其实，早在开元年间，沙州大秦寺就已经存在。参见朱谦之：《中国景教》，125、127页。波斯寺改名为大秦寺或与7世纪中叶以后波斯灭亡有关。

② 这一观点的形成，深受刘家和先生在“贤”、“德”两字解释方面的启发。

俗之君主，"主"却为景教之领袖。教主以"德"为立之条件；君王以"贤"为设之前提。前者更倾向于"道德"层面，后者则更关注于"才德"要求。"法非景不行，主非德不立"一句出现在《大秦景教流行中国碑》的"大秦国"解释条里显然是有目的的。这一目的就是用宗教的内涵替代世俗的本意，从而凸显景教在大秦的地位，达到宣传、弘扬大秦景教之目的。

再如：碑中明确指出《大秦景教流行中国碑》是"大唐建中二年岁在作噩太簇月七日大曜森文日建立，时法主僧宁恕知东方之景众也"。时法主宁恕(叙利亚文，Mri Hnnisu)是指 Hananisho Ⅱ，为聂斯托里乌斯教之法主(Catholicos Patriarch，774—780 年 10/11 月在位)，立碑时已经去世。继任者是于 781 年 5 月就职的 Mar Timothy Ⅰ(在位时间为 781 年 5 月—825 年)。① 因此，《大秦景教流行中国碑》立碑的时间(781 年 2 月)应该属于宁恕去世后、Mar Timothy Ⅰ就任前法主的空位期。② 一般认为，碑文中出现的这一错误虽为景净所为，但不

---

① P. Y. Saeki，*The Nestorian Monument in China*，London，Society for Promoting Christian Knowledge，New York and Toronto，The Macmillan Co. First Published，1916；Reprinted，1928，p. 36. 张星烺：《中西交通史料汇编》第 4 册，112 页。阿·克·穆尔把《大秦景教流行中国碑》的立碑时间定在他的继承者之后。参见 A. C. Moule，*Christians in China Before the Year 1550*，London，Society for Promoting Christian Knowledge，New York and Toronto，The Macmillan Co. 1930，p. 47。又参见阿·克·穆尔著：《一五五〇年前的中国基督教史》，57 页，郝镇华译，北京，中华书局，1984。

② 张星烺先生正确指出：提摩太一世(Timothy Ⅰ)即位之年，即景教碑竖立之年。但他没有更进一步思考宁恕去世(780 年 10/11 月)、大秦景教流行中国碑所立时间(781 年 2 月)与提摩太一世(781 年 5 月)就任巴格达总法主的时间这三个时间点之间的关系。参见张星烺：《中西交通史料汇编》第 4 册，112 页。

能苛求，因为巴格达离长安路途甚远，人们在立碑时还不知道Hananisho Ⅱ已经去世，故还用其名。① 但也有一种可能是新法主没有产生所以仍用法主宁恕之故。

当然，上述瑕疵都无法动摇《大秦景教流行中国碑》的重要史料价值。

大秦寺景净在景教界的地位既来自他对长安大秦寺的管理，也来自他对景教经典的翻译。这我们可从《尊经》按语中看得很明白。《尊经》按语这样写道："谨案诸经目录。大秦本教经都五百卅部，并是贝叶梵音。唐太宗皇帝贞观九年，西域大德僧阿罗本届于中夏，并奏上本音。房玄龄、魏徵宣译奏言。后召本教大德僧景净译得已上三十部卷，余大数其在贝皮夹，犹未翻译。"现存的《志玄安乐经》和《三威赞经》大约均为景净所译。②

786 年，景净参与了《六波罗密经》的翻译工作。这方面的材料保存于园照的《贞元新定释教目录》里，日本学者高楠顺次郎是这一材料的最先发现者。现将全文转录如下：

法师梵名般刺若(唐言智惠)，北天竺境迦毕试国人。

尝闻支那大国，文殊(Manjustri)在中。东赴大唐，誓传佛教。泛海东迈，架险乘肮，垂至广州风飘却返。至执狮子国(锡兰)之东隅，又集资粮坚修船舶，备历南海路，次国中。建中二年(781)，垂至广府。风吹舶破，平没数船，始从五更，泊于日出，或漂或溺，赖遇顺风。所持资财梵夹经(Sutra)论(Sastra)，遭此厄难，不知所之。及至海堧，已在岸上，于白沙内大竹筒中，宛若有神，叹

① 朱谦之：《中国景教》，159 页。张星烺：《中西交通史料汇编》第 4 册，112 页。

② 朱谦之：《中国景教》，114 页。

未曾有。知《大乘理趣六波罗密经》(Satparamita Sutra)与大唐国中根缘熟矣。东行半月，方达广州。泊建中三年(782)，届于上国矣。至贞元二祀(786)，访见乡亲。神策正将罗好心，即般若三藏舅氏之子也。悲喜相慰，将至家中，用展亲亲延留供养。好心既信重三宝，请译佛经。乃与大秦寺波斯僧景净，依胡本。《六波罗密经》译成七卷。时为般若，不闲胡语，复未解唐言；景净不识梵文，复未明胡释教，虽称传译，未获传珠，图窃虚名，匪为福利。录表闻奏，意望流行。圣上浚哲文明，允恭释典，察其所译，理昧词疏。且夫释氏伽蓝大秦寺，居止既别，行法全乖。景净应传弥尸诃教。沙门释子，弘阐佛经。欲使教法区分，人无滥涉，正邪异类。泾渭殊流。①

从圆照的记载中，我们能够发现，景净没有完成好这项佛经的翻译工作。但从中我们确实也能得到一个非常重要的信息，即景净是长安大秦寺的波斯僧，他不是大秦人，以传播弥尸诃(弥施诃)教为主。正因为如此，景净对大秦的描述也只能依靠裴矩的《西域图记》和汉魏史策。这对后来的研究者不能不说是一件憾事。

图3　大秦景教流行中国碑

众所周知，《大秦景教流行中国碑》是唐朝景教研究和中外关系研究方面不可或缺的原始材料，在学者

① 园照：《贞元新定释教目录》(800)卷十七。又参见《大唐贞元续开元释教录》卷上。

心目中占有十分重要的地位。然而，正如著名汉学家伯希和所言："此碑翻译注释之文甚多，好像考释已尽，但我以为犹待考证之处尚多。"①本文的考证无非就是想在前人研究的基础上，提出一点自己的看法，希望能对《大秦景教流行中国碑》的研究有所帮助。

① 伯希和：《唐元时代中亚及东亚之基督教徒》。参见冯承钧译：《西域南海史地考证译丛》第1卷，50页，北京，商务印书馆，1995。

四、考据篇

大月氏西迁时间考

大月氏西迁是东西方学者都很关注的一件大事。这一事件不仅导致了中亚民族的大变迁，改变了公元前 2 世纪中亚的政治格局，而且也对安息和叙利亚等西亚国家产生了巨大影响，在世界史上占有十分重要的地位。① 这里只想对大月氏西迁的时间作一梳理和考察，以就教于学者同仁。

据《汉书·西域传》大月氏条云："大月氏本行国也，随畜移徙，与匈奴同俗。控弦十余万，故强轻匈奴。本居敦煌、祁连间。"这一史料主要来自《史记·大宛列传》。《史记正义》云："初月氏居敦煌以东，祁连以西。敦煌郡今沙州，祁连山在甘州西南。"《汉书·西域传》乌孙条云："乌孙本与大月氏共在敦煌间，今乌孙虽强大，可厚赂招，令东居故地。"又据《汉书·张骞传》

① 月氏西迁的时间有数说：福兰阁等以为在公元前 160 年；桑原骘藏以为在公元前 139 至前 129 年之间；白鸟库吉和藤田丰八确定为两次：白鸟库吉定第一次在公元前 174 至前 158 年之间，第二次在公元前 158 年；藤田丰八定前者在公元前 174 至前 161 年之间，后者在公元前 161 年或公元前 160 年。方豪赞成藤田丰八说。参见方豪：《中西交通史》上册，61 页，上海，上海人民出版社，2008。

云："(骞)曰：'臣居匈奴中，闻乌孙王号昆莫。昆莫父难兜靡，本与大月氏俱在祁连、敦煌间，小国也。'"根据《史记·大宛列传》和《汉书·西域传》，大月氏始居住在敦煌、祁连间，也即甘州以西、敦煌以东这一地区。它的西迁与匈奴在当时的迅速崛起有着非常密切的关系。众所周知，月氏和匈奴是我国北方的两个古老民族。初，月氏盛，轻匈奴，而匈奴使太子质之。至头曼单于后期，匈奴实力迅速增强，并逐渐构成了其对月氏的威胁。司马迁在《史记·匈奴传》里记录了匈奴对月氏的三次攻击。第一次发生于冒顿在月氏当人质的时候，头曼单于"急击月氏"。第二次是在汉楚战争期间，也即公元前 206 至前 202 年之间。当时冒顿已为单于，他"西击走月氏，南并楼烦、白羊河南王"。第三次发生在公元前 177 至前 176 年。冒顿派右贤王西求月氏击之。"以天之福，吏卒良，马强力，以夷灭月氏，尽斩杀降下之。"此后，司马迁又在《史记·大宛列传》中记录了匈奴对月氏的第四次攻击。这个消息首先来自匈奴归降者。其原文是："是时天子问匈奴降者，皆言匈奴破月氏王，以其头为饮器，月氏遁逃而常怨仇匈奴，无与共击之。"后来张骞又证实了上述消息的正确性。他在向朝廷报告移居到阿姆河之后的月氏情况时，这样说道："大月氏王已为胡所杀，立其太子为王。既臣大夏而居，地肥饶，少寇，志安乐，又自以远汉，殊无报胡之心。"后在《大月氏》条更载："及冒顿立，攻破月氏，至匈奴老上单于，杀月氏王，以其头为饮器。始月氏居敦煌祁连间，及为匈奴所败，乃远去，过宛，西击大夏而臣之，遂都妫水北，为王庭。"到后来汉朝使者韩昌和张猛与呼韩邪单于结盟时，就"以老上单于所破月氏王头为饮器者共饮血盟"。① 这说明：匈奴在老上单于(公元前 174—前 161)时确实

① 参见《汉书·匈奴传》。

攻打过月氏，而且还将月氏赶出原居地，西走占据塞种人地盘，从而引起一系列中亚民族的大迁徙。①

大月氏占领塞地以后，又遭到乌孙的攻击，被迫率众向西南迁徙。据《史记》载：

> 是后天子数问骞大夏之属。骞既失侯，因言曰："臣居匈奴中，闻乌孙王号昆莫，昆莫之父，匈奴西边小国也。匈奴攻杀其父，而昆莫生弃于野。乌嗛肉蜚其上，狼往乳之。单于怪以为神，而收长之。及壮，使将兵，数有功，单于复以其父之民予昆莫，令长守于西(城)[域]。昆莫收养其民，攻旁小邑，控弦数万，习攻战。单于死，昆莫乃率其众远徙，中立，不肯朝会匈奴。匈奴遣奇兵击，不胜，以为神而远之，因羁属之，不大攻。"《汉书·张骞传》又加了"时，月氏已为匈奴所破，西击塞王。塞王南走远徙，月氏居其地。昆莫既健，自请单于报父怨，遂西攻破大月氏。大月氏复西走，徙大夏地。昆莫略其众，因留居，兵稍强，会单于死，不肯复朝匈奴。"

这些信息显然来自张骞在匈奴时的听闻，而且是他在第一次被匈奴抓获时所得到的消息。道理很简单，因为张骞第二次被匈奴抓获时，在匈奴滞留的时间很短(一年余)，军臣单于一死，他就逃离了匈奴。所谓"单于死，左谷蠡王攻其太子自立，国内乱，骞与胡妻及堂邑父俱亡归及"就是指这件事。所以，《史记》中载"单于死，昆莫乃率其众远徙，中立，不肯朝会匈

---

① 有些学者把月氏西迁伊犁的时间定在公元前177—前176年间，笔者认为这一观点是缺少史料依据的，甚至是和有关史料相矛盾的。松田寿南：《古代天山历史地理学研究》，32页，北京，中央民族学院出版社，1987。

奴”与《汉书》中载“会单于死，不肯复朝匈奴”中的“单于死”只能是指老上单于之死，因为张骞第二次逃离匈奴时，不可能知道“匈奴遣奇兵击，不胜，以为神而远之，因羁属之，不大攻”这样的事。由此我们能够知道：乌孙西迁发生在老上单于死前或死后，也即在军臣单于继位前后(即公元前161年左右)。

乌孙西迁的结果，便是大月氏的南移以及对大夏的征服。也就是《汉书·西域传》乌孙条中说的：“(乌孙)本塞地也，大月氏西破走塞王，塞王南越县度，大月氏居其地。后乌孙昆莫击破大月氏，大月氏徙西臣大夏，而乌孙昆莫居之，故乌孙民尽有塞种、大月氏种云。”因为大月氏的南移以及对大夏的征服是乌孙西迁的结果，所以乌孙西迁时间的大致确定，对于我们更加精确地理解这次民族迁徙的大致过程有十分重要的意义。

至于大月氏南移的时间，我们虽然还没有更多的文献材料，但考古学却为我们提供了很好的证据。

20世纪60年代，法国考古学家对巴克特里亚境内的埃哈诺乌姆(Ai-Khanoum)城进行了认真的发掘。结果发现这纯粹是按照希腊城市模式建立起来的一座城市。此城建立于公元前4世纪，大约到公元前2世纪中叶为入侵的野蛮部落所摧毁。①

1948年，考古学家在阿富汗发现了一批希腊——巴克特里亚银币，这就是著名的“昆图斯宝藏(Treasure of Qunduz)”。这批发掘成果分别于1955年和1965年发表。从这里我们能够发现，这一宝藏肯定是在当地居民受到游牧民族威胁时或入侵时埋藏的，在宝藏中有一枚塞琉古王朝亚历山大·巴拉斯(公元前150—前145)的单四德拉克玛钱币，如果将这枚钱币从叙

---

① Susan Sherwin-White & Amelie Kuhrt, *From Samarkhand to Sardis*, Berkeley, Los Angeles, University of California Press, 1993, p. 178.

利亚传到巴克特里亚所用的时间算作五年的话，则昆图斯宝藏入藏的时间上限肯定在公元前145至前141年之间。所以，与埃哈诺乌姆城的发现相比，这一宝藏的发现能够为我们提供大月氏人南迁更加具体明确的时间。

大月氏南移的结果是巴克特里亚希腊为大夏所灭，大夏不久又为大月氏臣服。一般认为，赫利奥克勒斯(Heliocles)是巴克特里亚希腊王国的最后一位国王，他一直统治到公元前141年。① 不过，从尤士丁(Justin)的记载看，巴克特里亚希腊王国在公元前139年还存在着。因为据尤士丁第36卷记载：巴克特里亚在这一年还派兵援助叙利亚国王德米特里乌斯(Demetrius)对安息人的战斗。

然而到公元前130年，巴克特里亚希腊显然已经不复存在。这我们可从尤士丁叙述的下述事件中看得很清楚。

据尤士丁记载，公元前130年，叙利亚王国安提奥库斯(Antiochus)七世攻打帕提亚人，帕提亚国王腓拉特斯(Phraates)二世(公元前139—前128年在位)招募斯基太(Scythia)雇佣军抵御安提奥库斯七世的进攻，当这些斯基太人赶到时，双方的战斗已经结束(公元前129)，帕提亚取得了胜利，叙利亚王国安提奥库斯七世战死。斯基太不愿就此被遣散，他们向帕提亚人提出"或者付给报酬，或者让他们去对付其他敌人"的要求。当这些要求遭到拒绝时，他们便开始劫掠帕提亚领土。于是腓拉特斯二世不得不把注意力集中到对付斯基太人的入侵上来。正如他曾试图利用斯基太人对付叙利亚人一样，此时他又强迫被俘的安提奥库斯七世的士兵即希腊俘虏去对付斯基太人。但由于希腊俘虏临阵投敌，反戈一击，致使

---

① W. W. Tarn, *The Greeks in Bactria and India*, Cambridge, Cambridge University Press, 1938, pp. 272-273; A. K. Narain, *The Indo-Greeks*, Oxford, Clarendon Press, 1957, p. 141.

帕提亚军大败，腓拉特斯二世本人也在这次战斗中被杀。继位的阿达巴努斯(Artabanus)二世(公元前128—前124/123年)接着又同这些威胁帕提亚国家的游牧部落进行了长达数年的斗争，结果于公元前123年在一次对吐火罗(Tochari)人的战斗中阵亡。

上述事件本身说明在公元前130年以后，有一部分斯基太人已经越过巴克特里亚进入了帕提亚(Parthia)境内。所以斯基太人进入巴克特里亚地区的时间应该是在公元前130年以前。也就是说，以大夏(即吐火罗)为主的斯基太人在公元前139—前130年之间已经推翻了巴克特里亚希腊的统治。①

公元前129年，张骞从匈奴那里脱逃，直接经大宛，到大月氏，而不是往伊犁方向即乌孙的新据地。这恰好证明张骞在匈奴时已经知道乌孙西走赶走大月氏的具体消息和实情。对此，《汉书·张骞传》说得更明白：张骞在匈奴时，“月氏已为匈奴所破，西击塞王。塞王南走远徙，月氏居其地。昆莫既健，自请单于报父怨，遂西攻破大月氏。大月氏复西走，徙大夏地”。由此，我们可以推断：大月氏对巴克特里亚征服的时间应该是在公元前130年左右或在公元前130年以后。

从现有的材料看，大月氏对大夏的征服也不是一步到位的，而是逐步完成的。大约在公元前129年，也即张骞到达大月氏时，大月氏还“在大宛西可二三千里，居妫水北。其南则大夏，西则安息，北则康居”。虽然当时大月氏已经西击大夏而臣之，但其都还设在妫水北。正因为如此，所以司马迁在写了《大月氏传》以后，又写了《大夏传》，云：大夏在大宛西南二千余里妫水南。其俗土著，有城屋。与大宛同俗。

张骞在向汉武帝汇报西域诸国情况时，也说：“大宛及大

① 参见杨共乐：《张骞所访大夏考》，载《北京师范大学学报(社会科学版)》，2005(6)。

夏、安息之属皆大国，多奇物，土著，颇与中国同业，而兵弱，贵汉财物；其北有大月氏、康居之属，兵强，可以赂遗设利朝也。”张骞在第二次出使西域时，还遣副使到大宛、康居、大月氏、大夏、安息等国家。① 这些都说明在张骞抵达大夏时，大月氏虽然臣服了大夏，但实际上还没有在大夏建立起真正的管理结构，大夏还保存着相对的独立状态。也正因为如此，所以《汉书·西域传》有“大夏本无大君长，城邑往往置小长，民弱畏战，故月氏徙来，皆臣畜之，共禀汉使者”这样一段话。这显然是大月氏刚来大夏时的真实写照。

到了班固时期，大月氏在大夏的情况发生了很大的变化。据《汉书·西域传》记载：“大月氏国，治监氏城，去长安万一千六百里。”大夏在臣服于大月氏后，“有五翕侯：一曰休密翕侯，治和墨城，去都护 2 841 里，去阳关 7 802 里；二曰双靡翕侯，治双靡城，去都护 3 741 里，去阳关 7 782 里；三曰贵霜翕侯，治护澡城，去都护 5 940 里，去阳关 7 982 里；四曰肸顿翕侯，治薄茅城，去都护 5 940 里，去阳关 8 202 里；五

---

① 张骞曾两次出使西域，其时间大致如下：建元二年（公元前 139）出使大月氏，为匈奴所俘；

元光六年（公元前 129）大约正月至大月氏；

元朔二年（公元前 127）在大月氏留岁余，回国，复为匈奴所俘；

元朔三年（公元前 126）匈奴军臣单于死，乘国大乱，回国，拜为太中大夫；

元朔六年（公元前 123）封为博望侯；

元狩元年（公元前 122）献言通西南夷；

元狩二年（公元前 121）讨匈奴，败，贬为庶人；

元狩四—五年（公元前 119—前 118）武帝问大夏事，又奉使乌孙，副使至大宛、康居、大月氏、大宛、大月氏、大夏、安息、身毒等国；

元鼎二年（公元前 115）从乌孙使还；

元鼎三年（公元前 114）去世。

曰高附翕侯，治高附城，去都护 6 041 里，去阳关 9 283 里。凡五翕侯，皆属大月氏”。余太山先生根据《魏书》等有关材料考证《汉书·西域传》载五翕侯治地均位于原大夏所领东部山区，无疑是正确的。① 虽然对五翕侯是土著还是大月氏人，至今尚无定论，但大月氏对大夏实行统治的管理机构到这时已经建立起来，显然是没有问题的。而这些机构的建立本身就表明：大月氏至此已经控制了大夏。不过，当时的王庭还在妫水北。而到《后汉书》时，大月氏已居蓝氏城。② 至于鱼豢在《魏略》上说："罽宾国、大夏国、高附国、天竺国皆属月氏。"这里的月氏显然是指贵霜帝国。

大月氏的西迁给世界历史尤其是中亚历史带来了严重的影响。首先，大月氏的西迁引起了中亚民族的一系列多米诺式的迁徙。塞王迁到了罽宾，一部分塞种人和吐火罗人来到了安息东部，这些迁徙虽然是被迫的，但在客观上确实促进了中亚各

① 余太山：《塞种人研究》，31 页，北京，中国社会科学出版社，1989。关于五翕侯之名称方位，其他学者也曾有过论述。参见冯承钧译：《西域南海史地考证译丛七编》，39～40 页，北京，商务印书馆，1995。

② 一直以来，人们不大注意《史记》、《汉书》和《后汉书》中对大月氏王庭变迁的记录，实际上，这里面包含着许多重要的内容。据《史记·大宛列传》记载："大月氏在大宛西可二三千里，居妫水北。其南则大夏，西则安息，北则康居。……遂都妫水北，为王庭。""大夏在大宛西南二千余里妫水南。其俗土著，有城屋，与大宛同俗。……其都曰蓝市城，有市贩贾诸物。"在这里，我们发现大月氏的王庭在妫水北部，蓝市城是大夏的首都。到《汉书》的时候，情况有些变化。《汉书·西域传》载："大月氏国，治监氏城，去长安万一千六百里。……都妫水北为王庭。"这时候，大月氏的王庭还在妫水以北，但监氏城已不属于大夏，而变成了大月氏直接统治的地方。到《后汉书·西域传》时，情况变化更为明显，这时，"大月氏国居蓝氏城"。从上面三书中，我们就能知道大月氏对大夏的征服是一步一步完成的。

民族之间的交流和融合。① 其次，在大月氏西迁的过程中，中亚的若干游牧民族推翻了马其顿、希腊人在这里建立的巴克特里亚王朝，从而结束了马其顿、希腊人在这一地区长达两百余年的统治。再次，大月氏的西迁也引起了汉武帝的高度关注。公元前138年，汉武帝为抗击匈奴，特派张骞出使大月氏，这次外交活动虽然没有达到联络大月氏、断匈奴右臂的目的，但确实开阔了中国人的视野，开通了中国通往中亚和西方的商道。所以，从这个意义上说，对大月氏西徙时间的考察对于我们进一步确定这次活动在人类历史上的重要地位是很有必要的。

① 参见 Isidore of Charax，*Parthian Stations*，p. 9。这里记录了斯基太萨加人居住的 Sacastana 地区。其中提到这一地区有5个城市，6个乡村以及萨加人的王室居地。

东西大夏同族承继考

在中国古籍中，经常出现大夏这个名字。例如：《逸周书·王会解》中有："禺氏騊駼，大夏兹白牛。"①《逸周书·伊尹朝献》中有正北十三国的国名，他们是"空同、大夏、莎车、姑他、旦略、豹胡、代翟、匈奴、楼烦、月氏、孅犁、其龙[昆龙]、东胡，请令以橐驰、白玉、野马、騊駼、駃騠、良弓为献。"②大夏就是其中之一。

《山海经·海内东经》："国在流沙外者大夏、竖沙、居繇、月支之国。"又云："西胡白玉山在大夏东，苍梧在白玉山西南，皆在流沙西。"③

《吕氏春秋·古乐篇》："黄帝令伶伦作律，伶伦自古大夏之西，乃之阮隃之阴，取竹于嶰

---

① 孔晁注：《逸周书》第3册(编号3694)，卷七，251页，丛书集成初编，北京，中华书局，1985。

② 同上书，255～256页。

③ 郭璞注：《山海经》第3册(编号2996)，篇十三，109页，丛书集成初编，北京，中华书局，1985。

溪之谷。”①按王国维先生考证，阮隃即昆仑，这就是说，大夏在昆仑之东。同上《本味篇》：和之美者大夏之盐。②

秦始皇《琅邪台铭》：“六合之内，皇帝之土，西涉流沙，南尽北户，东有东海，北过大夏，人迹罕至，无不臣者。”③

贾谊《新书·修政语上》：“是故尧教化及雕题、蜀、越，抚交趾，身涉流沙，地封独山，西见王母，训及大夏、渠叟。”④

《淮南鸿烈解·地形训》：“九州之外，乃有八殥，亦方千里。……西北方曰大夏，曰海泽。”⑤

这些史料都非常明确地告诉我们：在先秦、秦和西汉的初期，在我国的北部和西北部的流沙之外，有一个名叫大夏的民族，这一民族与我国北部的其他民族如匈奴、月氏一样，与中原政权保持着相当密切的关系。

值得注意的是，在《史记·大宛列传》中也记录了一个名叫“大夏”的国家。有关这个国家的材料大多保存在《史记·大宛列传》之中。文中这样写道：

> 大夏在大宛西南二千余里妫水南。其俗土著，有城屋，与大宛同俗。无大(王)[君]长，往往城邑置小长。其兵弱，畏战。善贾市。及大月氏西徙，攻败之，皆臣畜

---

① 吕不韦：《吕氏春秋》第1册(编号0582)，第2册(编号0583)，卷五，148～149页，丛书集成初编，北京，中华书局，1985。

② 吕不韦：《吕氏春秋》第1册(编号0582)，第2册(编号0583)，卷十四，343页，丛书集成初编，北京，中华书局，1985。

③ 司马迁：《史记·秦始皇本纪》。

④ 贾谊：《新书》(编号0519)，卷九，97页，丛书集成初编，北京，中华书局，1985。

⑤ 刘安：《淮南鸿烈解》第1册(编号0586)，卷四，125页，丛书集成初编，北京，中华书局，1985。

> 大夏。大夏民多，可百余万。其都曰蓝市城，有市贩贾诸物。①

> 大月氏在大宛西可二三千里，居妫水北。其南则大夏，西则安息，北则康居。……始月氏居敦煌、祁连间，及为匈奴所败，乃远去，过宛，西击大夏而臣之，遂都妫水北，为王庭。②

这个信息来自张骞。不过，先秦、秦和西汉初期的大夏与张骞所说的大夏之间有两个明显的不同。第一个不同是两者的活动地点不同：前者位于葱岭之东，后者则位于葱岭之西；第二个不同是两者的时间也不一样：前者在公元前138年以前，后者在此之后。但他们都以大夏相称。那么，这两者之间到底有何关系，他们是否属于同一民族？这一直是学界关注的重大问题，也是笔者近年来所研究的重点问题之一。

早在20世纪初叶，王国维就对这一问题有过研究，并提出过很有见地的看法。他认为："大夏本东方古国。……较周初王会时，已稍西徙。……《大唐西域记》云：'于阗国尼壤城东四百余里，至覩货逻故国，国久空旷，城皆荒芜。'案于阗国姓实为尉迟，而画家之尉迟乙僧，张彦远《历代名画记》云于阗人；朱景元《唐朝名画录》云吐火罗人。二者皆唐人所记，是于阗与吐火罗本同族，亦吐火罗人曾居于阗之证。又今和田以东大沙碛，《唐书》谓之图伦碛今谓之塔哈尔马干碛(塔克拉玛干碛)，皆覩货逻碛之讹变。是睹货逻故国在且末、于阗间，与周、秦间书所记大夏地位若合符节。……大夏之国，自西逾葱岭后，即以音行。除《史记》、《汉书》尚仍其故号外，《后汉书》

---

① 司马迁：《史记·大宛列传》。

② 同上。

谓之兜勒，六朝译经者谓之兜佉勒、兜佉罗，《魏书》谓之吐呼罗，《隋书》以下谓之吐火罗，《西域记》谓之覩货逻，皆大夏之对音。"①

这个观点显然很有价值。不过，由于当时王国维没有较多地使用西方古籍方面的有关材料，所以他所提出的观点一直未能引起大众的重视，没有在学界产生重大影响。

笔者经过多年的研究，发现：葱岭以东的大夏与葱岭以西的大夏确实属于同一民族，他们之间的关系纯粹属于同族承继关系，即：葱岭以西的大夏是从葱岭以东的大夏那里迁徙过来的。理由是：张骞所说的大夏民族来自巴克特里亚的北部，这在斯特拉波的《地理学》中说得非常明显。"从希腊人那里夺取了巴克特里亚的Asii、Pasiani、Tochari、Sacarauli，都是著名的游牧民族。他们来自遥远的药刹河彼岸，与塞种及索格底亚那毗邻，这里曾被塞种所占据。"②这里的Tochari(吐火罗)与大夏实际上是同名异译。③ 这里的Asii显然是指大月氏。因为据特罗古斯(Trogus)记载，Asii占领了索格底亚那。④ 这与张骞提供的"大月氏居妫水北"这一信息完全一致。以后它又成了大夏的王族，⑤ 这也和张骞的记载吻合。所以，从斯特拉波上述这段话中我们能够清楚地了解到，大夏人不是当地的土著，他们来自锡尔河地区。他们往南迁徙的时间或者与大月氏

---

① 王国维：《观堂集林·西胡考下》，612～614页。

② Starbo，*Geography*，11，1，Cambridge，Harvard University Press，first printed 1928，reprinted 1988.

③ 对于这一问题，笔者已有另文考证。参见拙文：《张骞所记大夏考》，载《北京师范大学学报(社会科学版)》，2005(6)。

④ Justinus，*Epitoma Historicarum Philippicarum Pompei Trogi*，*Prologi*，41.

⑤ Justinus，*Epitoma Historicarum Philippicarum Pompei Trogi*，*Prologi*，42.

同步，或者稍前于大月氏。到张骞来到中亚时，大夏在妫水南，大月氏在妫水北。

关于大夏来到锡尔河以前的情况，西方的文献没有更多的说明。它只告诉我们，他们是游牧部落。然而中国的文献资料却讲得很清楚，他们在中国的北部地区。所谓的“国在流沙外者大夏、竖沙、居繇、月支之国”就是明证。因为大月氏属行国，“本居敦煌、祁连间”①。这是众所周知的事实。所以，大夏也应该离它不远或在它附近。至于大夏活动的具体地点，唯有玄奘《大唐西域记》有过这样的记载：自于阗东境，“行四百余里，至睹货逻故国。国久空旷，城皆荒芜。从此东行六百余里，至折摩驮那故国，即沮末地也。”②这非常明确地告诉我们，吐火罗人曾经在于阗与且末之间居住过。此外，玄奘还记载：“出铁门，至睹货逻故地。南北千余里，东西三千余里。东阨葱岭，西接波剌斯，南大雪山，北据铁门，缚刍大河中境西流。自数百年王族绝嗣，酋豪力竞，各擅君长，依川据险，分为二十七国。”③虽然玄奘没有告诉我们东、西吐火罗之间的关系，但他为我们保存了非常重要的信息。

根据玄奘为我们提供的这一信息，笔者又对西方的古典文献，尤其是托勒密的《地理学》进行了认真的研究，发现在这一作品中，有三处提到了吐火罗。它们分别是：在 Serica 东部有 Thagurus 山，在 Thagurus 山的附近有 Thaguri 人④；在乌浒河(Oxius)附近居住着帕西加(Pasicae)，在药刹河(Jaxartes)

---

① 班固：《汉书·西域传》。

② 玄奘原著，季羡林等校注：《大唐西域记校注》卷十二，1031～1032 页，北京，中华书局，1985。

③ 玄奘原著，季羡林等校注：《大唐西域记校注》卷一，100～101 页。

④ Claudius Ptolemy，*Geography*，6，16，New York，Dover Publications，Inc. 1991.

附近居住着依阿提(Iati)和吐火罗(Tachori)人①；在巴克特里亚的 Zariaspa 附近，有一个名叫吐火罗(Tochari)民族，这是一个大的民族②。通过比较，我们从中能够惊奇地发现，托勒密的东部记录与玄奘的东部记录完全一致；托勒密的西部记录与玄奘的西部记录也完全相同，唯一不同的是托勒密还记录了在锡尔河附近有吐火罗人。我们由此也可以判断，《大唐西域记》记录的实际上是吐火罗迁移的起点和终点；而托勒密记录的则是吐火罗迁移的起点、中途点和终点。两者材料的结合恰好画出了大夏民族从东向西走过的一条基本线路，即东起中国西北，后经锡尔河再至巴克特里亚。

因为大夏和大月氏一样来自东方，他们很早就与中原王朝有过交往，所以张骞在到达大月氏不得要领以后，没有到其他地方去，而是到了中国古代较为熟悉的大夏，并在此地停留了一年多的时间。回来后，他又把大夏的情况报告给汉武帝，从而引起了汉武帝的高度重视，出现了汉政府动用人力开辟西南道以通大夏的壮举。

综上所述，周秦大夏与张骞所说的大夏是同一个民族，张骞所说的大夏是从周秦大夏迁移过来的，玄奘所说的位于阗东境的吐火罗故地与托勒密所说的 Thagurus 是我们现在所知道的他们较早的活动区域。后来他们又到了锡尔河，再后来到了中亚的巴克特里亚，以后它又被大月氏所征服。不过，大夏民族始终存在，大夏民一直生活在阿姆河地区。魏、唐时期出现的吐火罗实际上就是他们的后裔。

---

① Claudius Ptolemy，*Geography*，6，12.

② Claudius Ptolemy，*Geography*，6，11.

张骞所访大夏考

张骞是我国西汉时期伟大的外交家。他先后到过匈奴、大宛、康居、大月氏、大夏和乌孙等地，为打通中国与西方相互间的交往做出了重要的贡献。这里只想对张骞所访的大夏做一考察，力图在前人研究的基础上，提出笔者自己的看法。

关于张骞所访大夏的记载主要散见于司马迁的《史记·大宛列传》。据《史记·大宛列传》记载：公元前139年，汉武帝为打击匈奴，断匈奴右臂，派张骞出使大月氏。张骞在出使途中，为匈奴所扣，公元前129年，张骞乘匈奴益宽，逃离匈奴。经大宛、过康居、抵大月氏。发现大月氏王“既臣大夏而居，地肥饶，少寇，志安乐，又自以远汉，殊无报胡之心。”张骞从月氏至大夏，竟不得月氏要领。

在另两处司马迁又这样写道：

大月氏在大宛西可二三千里，居妫水北。其南则大夏，西则安息，北则康居。……始月氏居敦煌、祁连间，及为匈奴所败，乃远去，过宛，西击大夏而臣之，遂都妫水北，为王庭。

大夏在大宛西南二千余里妫水南。其俗土著，有城屋，与大宛同俗。无大(王)[君]长，往往城邑置小长。其兵弱，畏战。善贾市。及大月氏西徙，攻败之，皆臣畜大夏。大夏民多，可百余万。其都曰蓝市城，有市贩贾诸物。

此外，《史记·大宛列传》中还有多处提到“大夏”。

对于《史记·大宛列传》中所说的大夏，史学界一般有两种解释。一种解释认为，它是指希腊·巴克特里亚王国；① 另一种解释则认为，它是指吐火罗。② 但因为史料等方面的原因，学者们大多都没有对这一问题进行过仔细的论证。笔者在研究丝绸之路的过程中，发现这一问题还是有进一步推进的空间。于是写就这篇小文，以求教于学者专家。

根据笔者的研究，张骞所访的大夏显然不是指希腊人的巴克特里亚王国，而是指吐火罗人的巴克特里亚。理由是：

第一，从时间上看，张骞到达大夏的时间是公元前128年，而希腊·巴克特里亚政权被推翻的时间大致在公元前139

---

① 世界历史词典编委会编：《世界历史词典》，21页，上海，上海辞书出版社，1985。《辞海·历史分册(世界史·考古学)》，19页，上海，上海辞海出版社，1982。彭树智：《文明交往论》，115页，西安，陕西人民出版社，2002。

② 余太山：《塞种史研究》，44页，北京，中国社会科学出版社，1992。《中亚文明史》第2卷，131～132页，北京，中国对外翻译出版公司，2002。日本学者桑原认为：就孳义及音对而论，“大夏”与“兜呿勒”断应同一也。桑原骘藏：《张骞之远征》，载《桑原骘藏全集》第3卷，岩波书店，昭和43年。张星烺等学者也认为大夏即吐火罗。张星烺：《中西交通史料汇编》第3册，1283页，北京，中华书局，2003。

至前 130 年之间。[①] 这就是说，张骞到达 Bactria 时，当地的政权已经更替。张骞所访的大夏显然不可能是希腊人的巴克特里亚王国。

第二，虽然我们没有直接的证据，但从古代作家留下来的一些资料中，我们还是能够做出判断，大约在公元前 129 年左右，吐火罗已经占领了巴克特里亚的核心地带。因为罗马地理学家斯特拉波明确指出，推翻希腊巴克特里亚政权的主力有：Asii、Pasiani、Tochara 和 Sacaruli 四个部落。[②] 吐火罗是其中之一。而根据尤士丁的说法，公元前 129 年，已经有一部分斯基太人越过巴克特里亚，与帕提亚人作战，打死了帕提亚人的国王。[③] 此后，新上任的帕提亚国王又与这些斯基太人交战 6 年。但不幸的是，在公元前 123 年的一次战斗中，他又被这些斯基太人中的吐火罗人打伤致死。[④] 这表明吐火罗人已经占领了巴克特里亚，而且其中的一部分还越出了巴克特里亚进入帕提亚境内。

第三，从对音上说，古音的大夏(Dat-hea)与希腊罗马人说的吐火罗完全一致。[⑤] 正因为如此，所以《新唐书》中有“大

---

① 参见杨共乐：《大月氏西迁时间考》，收入《纪念刘宗绪教授逝世周年论文集》，4～5 页，长沙，岳麓书社，2004。《牛津古典辞书》认为，希腊人失去政权的时间是公元前 130 年。Simon Hornblower and Antony Spawforth ed.，*The Oxford Classical Dictionary*，p. 231.

② Strabo，*Geography*，11，8.

③ Justinus，*Epitoma Historicarum Philippicarum Pompei Trogi*，*Prologi*，42，1.

④ Justinus，*Epitoma Historicarum Philippicarum Pompei Trogi*，*Prologi*，42，2.

⑤ 参见岑仲勉：《汉书西域传地里校释》上册，229～230 页，北京，中华书局，1981。余太山：《塞种史研究》，27 页，北京，中国社会科学出版社，1992。

夏即吐火罗"的说法。

第四，从大夏在大宛西南的"妫水南"、"民可百余万"来看，这个地方肯定是希腊人原先统治的巴克特里亚。而从"其都曰蓝氏城，有市贩贾诸物"这句话看，张骞应该到过大夏的首都(Bactra)。若果真如此，那么张骞活动的中心显然是在Bactra附近。而从稍后留下来的东西方材料判断，这一带又恰恰是吐火罗人居住的中心。例如，托勒密(生活于1—2世纪)就明确指出，吐火罗是巴克特里亚地区的一个大民族。① 阿米阿努斯·马塞利努斯(生活于330—395年)也有"吐火罗人曾经征服的许多民族现在受制于同样的Bactria(Gentes eisdem Bactrianis oboediunt plures，quas exsuperant Tochari)"的记载。② 又如，《魏书·西域传》也载："吐呼罗国，去代一万二千里。东至范阳国，西至悉万斤国，中间相去二千里；南至连山，不知名；北至波斯国，中间相去一万里。国中有薄提城，周帀六十里。城南有西流大水，名汉楼河。土宜五谷，有好马、驼、骡。其王曾遣使朝贡。"《新唐书·西域传(下)》则说得更清楚，云："吐火罗，或曰土豁罗，曰睹货逻，元魏谓吐呼罗者。居葱岭西，乌浒河之南，古大夏地。……大夏即吐火罗也。"这说明张骞到达的大夏，从地望上讲，与希腊罗马人所说的吐火罗以及《魏书》、《新唐书》所说的吐呼罗、吐火罗完全吻合。

综上，笔者认为：张骞所访的"大夏"与吐火罗这一民族有非常密切的关系，它显然来自吐火罗这一族名，是"吐火罗"一字的音译。所谓的族名国名化就是指这个意思。而大夏所辖的地区则是指希腊人原先统治过的巴克特里亚。它是以统治者的族名来称呼国名的重要范例。

---

① Claudius Ptolemy，*Geographyia*，6，11.

② Ammianus Marcellinus，*Res Gestae*，23，6，37.

吐火罗(Tochari)与大月氏非同源考

吐火罗(Tochari)是中亚境内一个非常有名的古代国家。它兴起于公元前2世纪末叶，大致居住于阿姆河以南、帕米尔高原以西、兴都库什山脉以北这一广大地区。在我国史书中最早记载吐火罗(即吐呼罗)这一情况的是《魏书》。据《魏书·西域传》载："吐呼罗国，去代一万二千里。东至范阳国，西至悉万斤国，中间相去二千里；南至连山，不知名；北至波斯国，中间相去一万里。国中有薄提城，周帀六十里。城南有西流大水，名汉楼河。土宜五谷，有好马、驼、骡。其王曾遣使朝贡。"后来《隋书》、《北史》、《唐书》等皆有记载，将其译作吐火罗，《新唐书》将其译为土豁罗，中译本《杂阿含经》译为兜沙罗，《高僧传》译为兜佉罗或覩货罗，《大唐西域记》把它译为覩货逻。在西方，Tochari一词最早出现于斯特拉波的《地理学》一书。他在论述巴克特里亚时这样写道：

从希腊人那里夺取了巴克特里亚的是最著名的游牧部落。我说的这些游牧部落是Asii、Pasiani、Tochari和Sacarauli，他们都来自遥远的锡尔河彼岸，与塞种及索格底亚那毗连的地区，这里曾经被塞种占据过。①

此外，著名的拉丁历史学家特罗古斯(Trogus)和地理学家托勒密等在他们各自的著作中也有相关的记载。

因为中国史书上有大月氏攻占大夏而臣之的记载。而西方史著上又有吐火罗等四部族推翻希腊政权的说法。而且大月氏与吐火罗二者都来自北边，他们来到巴克特里亚的时间也差不多。所以在史学界一直存在着这样的观点，即认为："吐火罗与大月氏同出一源，系属于同一民族。"②"吐火罗这个名字就是希腊地理学家对大月氏人的称谓。"③"月氏人的主体是吐火罗

---

① Strabo，*Geography*，11，2.

② 弗尔地那德·冯·李希霍芬：《中国亲程旅行记》第1卷，440页。西诺尔教授在其《Inner Asia》中认为，在月氏人攻入巴克特里亚时，当地有两种可能的情况：(1)月氏人在这里遇到的可能是一个希腊王国，即亚历山大帝国的遗留。斯特拉波和其他的希腊史料曾经记载：在公元前141年和公元前128年之间的某个时侯，巴克特里亚的最后一个希腊国王赫里奥克勒斯亡于一次游牧人的入侵。阿波罗多鲁斯说征服巴克特里亚的是如下的四个部落：阿希部(Asioi)、帕色阿尼部(Pasianoi)、吐火罗部(Tokharoi)与萨迦劳卡伊部(Sakaraukai)。如要把希腊的史料同中国的史料进行对比研究，则此四部中必有一部是月氏人。(2)当月氏人到达大夏时，他们在那里遇到的可能是萨迦人。这些萨迦人(中国史料称之为塞人)是被月氏人驱逐先走，先于月氏人来到大夏的。最后，西诺尔相信，月氏人就是吐火罗人。参见王治来：《中亚史纲》，91页，长沙，湖南教育出版社，1986。

③ 林梅村：《古道西风——考古新发现所见中西文化交流》，4页，北京，生活·读书·新知三联书店，2000。加文·汉布里在《中亚史纲要》一书中也指出，尽管缺乏有力的证据，但现代学者一般都认为，汉文史料中的月氏，显然就是西方文献中叫做吐火罗的部落。加文·汉布里：《中亚史纲要》，55页，北京，商务印书馆，1994。

人。"①这种观点看上去似乎有一定的道理，但实际上并不能成立。理由是：

第一，按中国史书记载，大月氏是"西击大夏而臣之"的民族。而据西方著名历史学家特罗古斯记载："Asiani（即斯特拉波书中的Asii）是吐火罗的王族（reges Thocaroram Asiani）。"②这两个材料所指的是发生在同一时间段的材料，如果大月氏和吐火罗是同一民族，那么，吐火罗应该为统治者，即王族，而不应受Asiani的统治。然而西方材料却明确地告诉我们Asiani是吐火罗的王族，所以，从逻辑上说，吐火罗不大可能是大月氏。

第二，中国古代史书中实际上已经告诉我们吐火罗与大月氏是完全不同的两个民族，他们之间有着明显的区别。据《隋书·西域传》记载："吐火罗国，都葱岭西五百里，与挹怛杂居。都城方二里。胜兵者十万人，皆习战。……南去曹国千七百里，东去瓜州五千八百里。"接着说："挹怛国，都乌浒水南二百余里，大月氏之种类也。胜兵者五六千人。俗善战。……南去曹国千五百里，东去瓜州五千六百里。"《新唐书·西域传（下）》云："吐火罗，或曰土豁罗，曰睹货逻，元魏谓吐呼罗者。居葱岭西，乌浒河之南，古大夏地。与挹怛杂处。胜兵十万。国土著，少女多男。……挹怛国，汉大月氏之种。大月氏为乌孙所夺，西过大宛，击大夏臣之。治蓝氏城。大夏即吐火罗焉。嚈哒，王姓也，后裔以姓为国，讹为挹怛，亦曰挹阗。俗类突厥。"这些记载充分说明吐火罗与大月氏并非处于同一族源。而《新唐书·西域传（下）》更点明大月氏与吐火

---

① W. W. Tarn, *Seleucid Parthian Studies*, Proceedings of the British Academy, 14, 1930, p.105. 此外，还可见阿诺德·汤因比著：《人类与大地母亲，一部叙事体世界历史》，徐波等译，235页，上海，上海人民出版社，2001。

② Justinus, *Epitoma Historicarum Philippicarum Pompei Trogi*, *Prologi*, 41.

罗最初的关系是征服者与被征服者之间的关系。其实，在中国古书上追溯到大月氏为族源的民族、国家或国王的很多。例如，“小月氏国，都富楼沙城。其王本大月氏王寄多罗(Kidara)子也。寄多罗为匈奴(即嚈哒)所逐，西徙后令其子守此城，因号小月氏焉。”“嚈哒国，大月氏之种类也，亦曰高车之别种，其原出于塞北。”①又如，“康者，一曰萨末鞬，亦曰飒秣建，元魏所谓悉万斤者。……君姓温，本月氏人。”“波斯，居达遏水西，距京师万五千里而赢，东与吐火罗、康接，北邻突厥可萨部，西南皆濒海，西北赢四千里，拂林也。人数十万，其先波斯匿王，大月氏别裔，王因以姓，又为国号。”②因为吐火罗本身不属于大月氏民族，所以中国史书上一直没有将它视作大月氏的种类。至于《汉书·西域传》载：“乌孙民尽有塞种、大月氏种云。”这纯粹是大月氏南迁后留下的遗民，而且离吐火罗很远。

第三，从西域来华人员的名字中，我们也能看出月氏与吐火罗族的不同。在古代，西方到中国来学习、传教的学者、僧人很多。他们在中国生活，从事自己喜爱的工作，并且取有中文名字。当然，这些中文名字有一定的规律。一般来说，来自安息的僧人、学者，以安为姓，如安世高、安玄等③；来自印度的僧人、学者，以竺为姓，如竺佛朔(或作竺朔佛)、竺叔兰、竺法兰等；从月氏来的或其先祖为月氏族的僧人、学者，以支字为姓，如支娄迦谶、支亮、支谦、支昙签、支道根、支施崙、支曜等。如果吐火罗人与大月氏同族，那么，也会出现以支为姓的情况。但遗憾的是，笔者查阅了众多相关材料，发现在古书上留名的只有八位吐火罗人。他们是《增一阿含经》的

① 参见《魏书·西域传》。

② 参见《新唐书·西域传(下)》。

③ 据载：“李元谅，安息人，本安氏，少为宦官骆奉先养息，冒姓骆，名元光。”参见《新唐书》卷一五六，列传第八十一。

译者昙摩难提，①《无垢净光大陀罗尼经》的译者寂友，②《浴像功德经》、《毗柰耶杂事二众戒经》、《唯识宝生》等20部佛教经典翻译过程中梵义的考证者之一达磨未磨③，朱景元《唐朝名画录》中说的尉迟乙僧④，洛阳龙门山至今还保存的景云元年(710)的一则造像题记(原编号3－168)的作者宝隆，开元七年(719)吐火罗国王送来的摩尼教的僧正解天文人大慕阇，建立《大秦景教流行中国碑》的人来自吐火罗国巴尔赫(Balkh)城Milis之子Yesbusid以及Yesbusid之子僧灵宝。综观他们的名字，我们可以知道，到中国的吐火罗人基本上是没有用支为姓的。这显然是在告诉我们，吐火罗与大月氏不属于同一民族。

众所周知，大月氏与吐火罗的族源问题是中西交通史上一道非常重要的难题。世界上很多著名专家都对此进行过认真的研究。但因为问题本身的复杂性和艰巨性，始终没有人能够向学界提供比较满意的答案。笔者在何兹全先生的启发下，用追本溯源的方法，写就了这篇短文，虽然不敢奢求彻底解决这一难题，但或许能够为后人最后解决这一难题提供一定的帮助。

---

① 道安：《增一阿含经》序；《梁高僧传》卷一；《隋书》卷三十五，《经籍》四。

② 《开元释教录》卷九；《宋高僧传》卷二。

③ 《宋高僧传》卷一。

④ 参见王国维：《观堂集林》第2册，613页，北京，中华书局，1999。

《那先比丘经》中的“大秦国”和“阿荔散”考

《那先比丘经》是唯一在正藏之外被尊奉为绝对权威的佛教经典，最早的中文译本大约出现于我国的东晋(317—420)时期。此经主要记录了那先(Nagasena)比丘和弥兰王之间的一些对话，其中有一段这样写道：

> 那先问王：王本生何国？王言：我本生大秦国，国名阿荔散。那先问王：阿荔散去是间几里？王言：去是二千由旬①，合八万里。那先问王：曾颇于此遥念本国中事不？王言：然恒念本国中事耳。那先言：王试复更念本国中事，曾有所作为者。王言：我即念已。那先言：王行八万里，反复何以疾？王言：善哉，善哉！

此外，在另一处又有“北方大秦国名沙竭。……

① 由旬(Yojana)，又译由延、俞旬、踰缮那，玄奘在其《大唐西游记》中将其译为逾缮那，为古印度路程的计算单位。关于其确切的长度，史书记载不一。《注维摩经》卷六记载：“肇曰：由旬，天竺里数名也。上由旬60里，中由旬50里，下由旬40里也。”翻译《那先比丘经》的作者显然是把由旬的长度定为40里。

其王弥兰以正法治国”等方面的记载。

这两段话文字虽短，但里面保存了两个非常重要的地理概念，一是“大秦国”；二是“阿荔散”。合理确定这两个地名的内涵和位置是中外学术界一直追求的重要目标。

对于汉译《那先比丘经》中“大秦国”和“阿荔散”，我国学者都有过相当的研究。但一般认为，《那先比丘经》中的“大秦国”是指罗马帝国。① 然而，笔者经过多年的研究，却发现这里的“大秦国”与人们常说的罗马帝国毫无关系，它是指巴克特里亚·希腊人在中亚所建立的国家。对此，笔者有非常过硬的证据。

首先，《那先比丘经》中记载的两位主人公那先和弥兰都生长在中亚和北印度一带。那先是印度人，弥兰是梵文“Milindra”或巴利语“Milinda”的音译，从希腊语“Menander”或“Menandros”转化而来。弥兰是一位国王，但他并非生长于西方的希腊罗马，而是生长在中亚的巴克特里亚，是中亚巴克特里亚·希腊人的国王。对此，西方古典作家斯特拉波等说得非常清楚。斯特拉波曾在《地理学》中这样写道：

> 由于巴克特里亚地区的富饶膏腴，领导巴克特里亚暴动的希腊人变得相当强大，他们既成了阿里亚那(Ariana)地区的主人，又成了印度的主人。正如阿特米塔·阿波罗多鲁斯(Apollodorus of Artemita)所言：由巴克特里亚·希腊人尤其是弥兰(Menander)征服的部落远远超过了亚

① 余太山：《塞种史研究》，195页，北京，中国社会科学出版社，1989。参见张星烺：《中西交通史料汇编》，46页，北京，中华书局，1977。A.L.巴沙姆主编：《印度文化史》，641页，北京，商务印书馆，1999。

> 历山大(至少是弥兰逐渐向东越过了希巴尼斯[Hypanis]远至伊毛斯[Imaus]地区)。这些部落中有些为弥兰亲自征服，其余的皆为巴克特里亚国王优提德摩斯(Euthydemus)之子德米特里一世(Demetrius)所征服。他们不但占有帕塔莱那(Patalena)，而且也占有苏劳斯图斯(Suraostus)和西吉底斯(Sigerdis)王国的海岸部分。总之，阿波罗多鲁斯说：巴克特里亚那(Bactriana)不光是整个阿里亚那的装饰，而更值得注意的是，他们还将他们的帝国扩张至赛里斯(Seres)和富里尼(Phryni)。①

特罗古斯也提到过阿波罗多鲁斯和弥兰的丰功伟绩。② 而另一位古典作家普鲁塔克则更在其《治国箴言》中指出：

> 当一位名叫弥兰的巴克特里亚好国王死于军营的时候，他治下的许多城市照例进行葬礼。但在处理其遗骸时，各城之间引起了激烈的竞争。后来，诸城艰难地达成协议，决定平分全部骨灰，并将其带回诸城本地以造碑纪念。③

此外，我们还在印度北部发现了弥兰时期发行的大量货币，它们大部分分布于喀布尔地区、印度河中、上流以及联合省西部地区。在这些货币中主要刻有以下两种希腊铭文和一种

---

① Strabo, *Geography*, 11, 11. 后人考证，这里说的帕塔莱那是指信德(今巴基斯坦印度河三角洲)，苏劳斯图斯即今印度卡提阿瓦尔半岛的南部。西吉底斯则在信德与苏劳斯图斯之间的沿海地区。也参见王治来：《中亚史纲》，77 页。

② Justinus, *Epitoma Historicarum Philippicarum Pompei Trogi*, *Prologi*, 41.

③ Plutarch, *Percepts of Statecraft*, 821.

佉卢铭文。

ΒΑΣΙΛΕΩΣ　ΔΙΚΑΙΟΓ　ΜΕΝΑΝΔΡΟΓ，其意是：执法者弥兰国王；（见图 1）

图 1

ΒΑΣΙΛΕΩΣ　ΣΩΤΗΡΟΣ　ΜΕΝΑΝΔΡΟΓ，其意是：救世主弥兰国王；（见图 2）

图 2

MAHARAJASA DHARMIKASA MENANDRASA，其意是：公正的弥兰大王。其中 MAHARAJASA 一字就来自印度人对国王的称呼。① （见图 3）

---

① A. K. Narain，*The Indo-Greeks*，Oxford，Oxford University Press，1980，图版Ⅱ。

图 3

大量刻有弥兰名字的货币在中亚和印度河领域的发现确实也表明，弥兰这位中亚希腊人的国王曾经统治过这一地区。

总之，无论是希腊罗马人的记载，还是现已出土的货币资料都说明，有一位弥兰国王，他是中亚希腊人，他的统治区域主要包括中亚的巴克特里亚和北印度一带。由此我们完全可以得出结论，《那先比丘经》里所说的弥兰国王的出生地和统治国——“大秦国”显然不可能是罗马帝国。

其次，现存的另一与汉译《那先比丘经》相近的巴利文本《弥兰王问经》(*Milindapanha*)为我们解开“大秦国”之谜提供了极好的条件。在巴利文中，我们也发现了本文开头提到的那段对话，但非常遗憾的是没有找到“大秦国”的对应字。不过，在巴利文本中确实也多处指出，弥兰是萨竭那(Sagala)的国王，他生于亚历山大里亚岛的卡拉西村(Kalasi)，从这里到萨竭那的距离为200由旬。而萨竭那又是臾那(Yona)人的城市。在弥兰出行的时候，总是有500名臾那人陪伴。① 这些信息都非常清晰地告诉我们：汉译《那先比丘经》中的“大秦国”是指Yona即Yavana统治的国家。而Yavana一字来自希腊文

① *Milindapanha*, The Pali Text, edited by V. Trenckner, London, The Royal Asiatic Society, 1928, pp. 1-4、82-83.

“Ionia”，是印度和中亚人对巴克特里亚·希腊人的特称。① 所以汉译《那先比丘经》中的“大秦国”不可能是罗马帝国，而显然是指在中亚的巴克特里亚·希腊王国。

至于《那先比丘经》里提到的“我本生大秦国，国名阿荔散”这句话中的“阿荔散”，国内外学者大多同意法国汉学家伯希和的观点，认为：这里的“阿荔散”是指埃及之亚历山大里亚城，而不是远东的亚历山大里亚城。② 建立这种观点的主要理由是汉译《那先比丘经》中的一句话，即“阿荔散”离当地(指萨竭那)的距离是二千由旬，合 8 万里。

应该说，“阿荔散”是亚历山大里亚的对译，这不成问题。因为在巴利文本《弥兰王问经》中有其对应的字 Alisanda。虽然我们现在还无法确定 Alisanda 的具体位置，但可以肯定这里的“阿荔散”不可能是指埃及的亚历山大里亚城。理由很简单：汉译《那先比丘经》把“阿荔散”离当地的距离翻译错了。因为据巴利文本《弥兰王问经》记载：“阿荔散”是一个岛，离当地(指萨竭那)的距离是 2 百由旬，而不是 2 千由旬。③ 更为重要的是，巴利文本《弥兰王问经》明文指出：萨竭那城距中亚的罽宾(Kashmira)只有 12 由旬。④ 所以这个“阿荔散”一定是在南亚北部的中亚。至于它是指印度的亚历山大里亚(Alexandria in India)，还是指高加索的亚历山大里亚(Alexandria in Caucaso)，还是指其他的、附近的亚历山大里亚，则还需作更深

① 参见拙文：《〈普曜经〉中的“大秦书”考》，载《北京师范大学学报(社会科学版)》，2004(1)。

② 参见冯承钧译：《西域南海史地考证译丛》第 2 卷，35 页。张星烺：《中西交通史料汇编》，46 页，北京，中华书局，1977。

③ *Milindapanha*，The Pali Text，p. 82.

④ *Milindapanha*，The Pali Text，p. 83.

人的研究。①

此外，从时间上说，《那先比丘经》中的“大秦国”也不可能是罗马帝国，“阿荔散”也不可能是埃及的亚历山大里亚。因为希腊人弥兰统治巴克特里亚的时间大约是在公元前150至前130年之间。② 在这一时间段，埃及的亚历山大里亚虽已存在，但它是埃及托勒密王朝统治下的一个城市。只有到公元前30年以后，罗马人才完全控制了埃及的亚历山大里亚。这就是说，只有到这个时候，埃及的亚历山大里亚才真正成为罗马帝国的一部分。

“大秦国”和“阿荔散”是中外关系史上格外引人注意的国际性重大问题之一。对汉译《那先比丘经》中“大秦国”位置的确定以及对“阿荔散”位置的大致确定应当说具有相当重要的学术意义。它不仅大大加深了我们对中亚历史的了解，而且也为我们进一步解决中亚历史上的其他疑难问题，如希腊文明在中亚地区的传播和消亡等，提供了极好的条件。这也是笔者感到非常欣慰的。

---

① 根据罗马学者普鲁塔克的说法，亚历山大统治亚历山大帝国期间共建立了70个新亚历山大里亚城。参见Plutarch，*Moralia*：*On the Fortune or the Virtue of Alexander*，I，5。

② Simon Hornblower and Antony Spawforth ed.，*The Oxford Classical Dictionary*，p. 957.

《普曜经》中的“大秦书”考

《普曜经》，又称《方等本起经》，梵名 Lalitavistarasutra，共 8 卷，为大乘之佛传，现存于《大正新修大藏经》第三册里。内容主要讲述了释迦牟尼降生、成长到成佛的主要经过及事迹。此书由西晋永嘉二年(308)正式传入中国。其翻译者为西晋时期的月氏三藏竺法护。因为译者是西晋人，既熟悉西域多种文字，又了解中国对中亚和西方国家的习惯用语，所以其译名对于我们解开许多历史之谜有十分重要的意义。

在《普曜经》里曾记有净饭王太子与其教师的一段对话。太子问：“今师何书而相教乎?”其师答曰：“以梵、佉留而相教耳。无他异书。”菩萨答曰：“其异书者有六十四。今师何言正有二种。”师问：“其六十四皆何所名乎?”太子答曰：“梵书(一)、佉留书(二)、佛迦罗书(三)、安佉书(四)、曼佉书(五)、安求书(六)、大秦书(七)、护众书(八)、取书(九)、半书(十)、陀比罗书(十一)、久与书(十二)、疾坚书(十三)、夷狄塞书(十四)、施与书(十五)、康居书(十六)、最上书(十七)、陀罗书(十八)、佉沙书(十九)、秦书(二十)、匈奴书(二十一)、中间字书(二十二)、维耆多书(二十三)、富沙书(二十四)、天书(二十五)、龙鬼书(二十六)、犍沓和书(二十七)、真陀罗书(二十八)、摩休勒书(二十九)、阿须伦书(三十)、迦留罗书(三十一)、鹿轮书(三十二)、言善书(三十三)、天腹书(三十四)、风书(三十五)、降天书(三十六)、北方天下书(三十七)、拘那尼天下书(三十八)、东方天下书(三十九)、举书(四十)、下书(四十一)、要书(四十二)、坚固书(四十三)、陀呵书(四十四)、得尽书(四十五)、厌举书(四十六)、无与书(四十七)、转数书(四十八)、转眼书(四十九)、门勾书(五十)、乡上书(五十一)、次近书(五十二)、乃至书(五十三)、度亲书(五十四)、中御书(五十五)、悉灭音书(五十六)、电世界书(五十七)、驰父书(五十八)、善寂地书(五十九)、观空书(六十)、一切药书(六十一)、善受书(六十二)、摄取书(六十三)、皆向书(六十四)”。太子谓师：“是六十四书。”

《普曜经》里的这段对话，看起来非常简单，但实际上它为后人保存了许多鲜为人知的信息，这些信息既包括古代印度与附近国家之间的密切关系，又包括印度附近国家尤其是中亚国家所使用的语言和文字等。而对这六十四书的翻译则更为我们解开一些不解之谜提供了重要的条件。此文的主要目的就是想对其中的“大秦书”作一认真的考证。

对于“大秦书”，我国学者张星烺先生早在20世纪20年代就已经作过研究。他认为：“大秦书”实则为拉丁文。笔者经过较长时间的研究后发现，“大秦书”其实不是拉丁文，而是希腊文。① 理由是：

第一，这里的大秦不是指罗马帝国，而是指耶槃那(Yavana)，而Yavana又是印度和中亚人对中亚希腊人，尤其是对巴克特里亚希腊人的称呼。

大秦一词在中国史书上屡有出现，一般都是指罗马帝国。例如，《后汉书·西域传》载：“大秦一名犁鞬，以在海西，亦云海西国。”“至桓帝延熹九年，大秦王安敦遣使自日南徼外献象牙、犀角、瑇瑁，始乃一通焉。”又如，《南史》卷七十八《夷貊传》载：“孙权黄武五年，有大秦人字秦论来到交趾。太守吴邈遣送诣权。权问论方土风俗。论具以事对。时诸葛恪讨丹阳，获黝、歙短人。论见之曰：‘大秦希见此人。’权以男女各十人，吏会稽刘咸送论，咸于道物故，乃径还本国也。”等等。然而，《普曜经》中的大秦却另有所指。因为《普曜经》的梵文原本保存完好，我们经过认真核对后，发现大秦书的梵文原文是Mangalyalipi。Mangalyalipi在梵文中是一个复合字，其意为Mangalya之书(Lipi)。对于Mangalya一字虽然我们现在还不能核准它的原意，但通过另一中译本，即唐译《方广大庄严经》，我们能够发现：Mangalya即Yavani，而Yavani则是Yavana一字的形容字。② 此字来源于古波斯文Iauna，而后者又来自希腊语Ioniana，即爱奥尼亚人。中文常常将它译成耶槃那、耶寐尼和耶般那等，巴利文将它译为Yona，是印度人

---

① 张星烺：《中西交通史料汇编》第1册，151页，辅仁大学丛书第1种，1926。

② 参见*The Mahavastu*，Vol. 1，Translated from the Buddhist Sanskrit by J. J. Jones，Luzac and Company，Ltd. London，1949，p. 107。

和中亚人对希腊人的称呼。① 正因为如此，所以，佛教的另一重要著作《佛本行集经》(*Abhiniskramansutra*)卷十一则直接将Yavani 翻译为大秦。“大秦书”中的大秦既然不是指罗马帝国，那么将“大秦书”说成是拉丁文也就没有道理了。

第二，这也与历史事实相符。公元前330年，马其顿国王亚历山大东征中亚，遇到了中亚居民的强烈反抗。经过三年苦战，亚历山大终于取得了军事上的胜利。公元前328年，亚历山大挥师南下，入侵印度。亚历山大在中亚的三年中，曾在当地建造了许多希腊马其顿移民城市——亚历山大里亚城，并将大批希腊人安置在这里。例如，仅在巴克特里亚，亚历山大就安置了3 500名骑兵和10 000名步兵。② 亚历山大死后不久，中亚又成了希腊化塞琉古王国的一个行省。公元前256年，塞

---

① 这样的证据很多。其中 Besnagar 石柱上的 Heliodorus 铭文最能说明问题。铭文的原文为：

> [De]vadevasa Va[sude]vasa graudadhvaje ayam
> vatena Diyasa putrena Takhkhasilakena
> Yona dutena [a]gatena maharajasa
> Amtalikitasa upa[m]ta sakasam rano
> [Ko]sipu[tra]sa Bhagabhadrasa tratarasa
> vasena ca[tu]dasemna rajena vadhamanasa
> trini amuta-padani[ia] [su]-anuthitani
> neyamti [svagam] dama caga apramada.

其意为：这座众神之神 Vasudeva 的 Garuda 石柱由 Heliodorus 建设，他是一位 Visnu(毗湿奴神)的信徒(Bhagavata)，Dion 的儿子，Taxila 的居住者。他作为大国王 Antialcidas 派往救世主 Kosiputra Bhagabhadra 国王的希腊(Yona)使者来到此地，时值 Bhagabhadra 国王统治的第14年。

实践三个不朽的箴言将带你进入天堂。它们是：自律、宽容和自觉。

文中提到的 Yona 显然是指中亚的希腊人，因为大国王 Antialcidas(约公元前115—前100年在位)就是中亚的希腊人。

② Arrian，*Anabasis of Alexander*，4，22.

琉古王国的巴克特里亚总督狄奥多德斯一世宣布独立，并在中亚巴克特里亚地区建立了新的希腊马其顿国家——巴克特里亚王国。在优提德摩斯担任巴克特里亚国王时，巴克特里亚希腊军不断向外扩张，侵占了北印度的信德和提阿瓦尔半岛南部。优提德摩斯之子德米特里掌权后，进一步占领了喀布尔、犍陀罗和旁遮普等地。德米特里在旁遮普建造了一座新城，名为奢羯罗(位于今巴基斯坦锡亚耳科特城附近)，并长期居住于此。米南德时，其军队曾侵入恒河流域的马土腊，并一度占领华氏城。他在印度的统治范围，东起马土腊，西到婆卢噶车，北至犍陀罗地区，是北部印度最强大的国家。然而好景不长，米南德死后，在中亚和北印度处于统治地位的希腊人由于内患不断，终于在公元前 2 世纪下半叶被北部来的塞人和大月氏人推翻。希腊人对巴克特里亚王国和北印度的长期统治，不但给这一地区带来了许多殖民城市，而且也给这一地区带来了他们的语言和文化。希腊语既是当地的官方用语，也是在该地区流行的重要商业和交流通用语言。上述历史事实充分说明 Yavana 语也即希腊语确实在中亚和北印度流行过，而且流行的时间还不短，大约为两百年左右。

第三，20 世纪考古学的发现也证明希腊人在这里不但存在过，而且影响非常深远。例如，考古学家在发掘 Kei-kobad Shan 城①时，发现了许多希腊文的信。此外，还发掘了许多希腊化的城市，像 Dal'verzin-tepe (Uzbekistan) 和 Ai Khanoum 等。从发掘的情况看，Dal'verzin-tepe 城有上城和下城；

---

① 此城位于 Tadzhikistan 以南，建城时间大致在公元前 3 世纪或公元前 2 世纪，而消亡的时间为 4—5 世纪。1942 年以前，人们还认为：亚历山大留在巴克特里亚等地的居民未能保持希腊人编纂历史的头脑。他们甚至把自己的语言都丧失了。参见 J. W. 汤普森著：《历史著作史》第 1 分册，上卷，62 页，商务印书馆，1988。

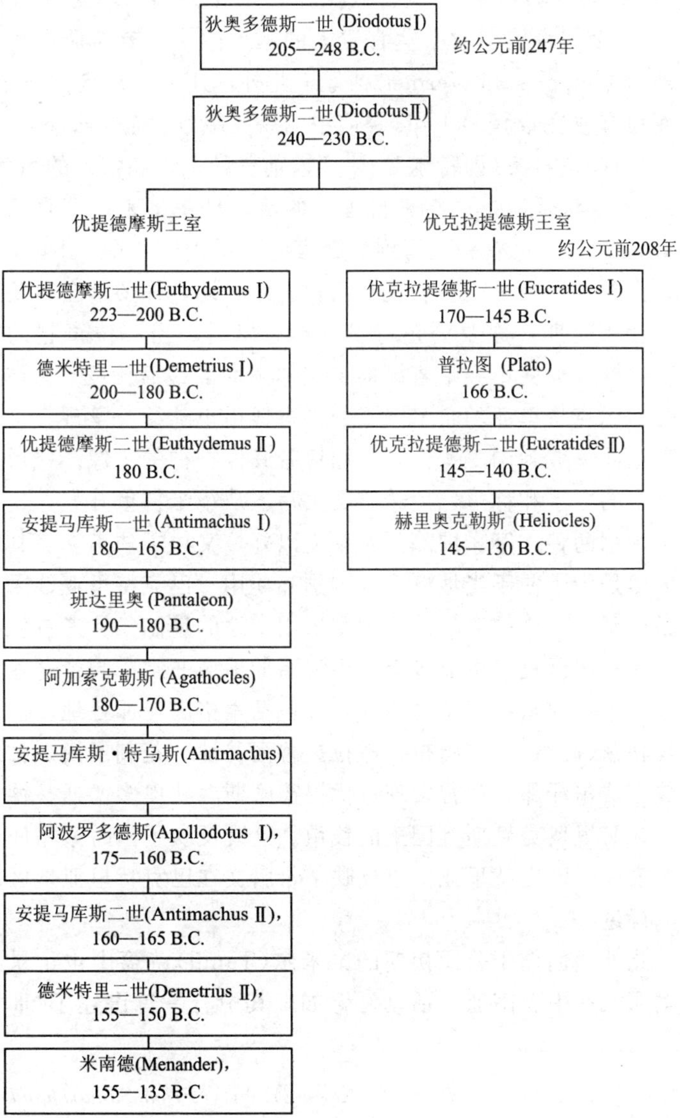
狄奥多德斯一世 (Diodotus Ⅰ)
205—248 B.C.
约公元前247年
狄奥多德斯二世(DiodotusⅡ)
240—230 B.C.
优提德摩斯王室
优克拉提德斯王室
约公元前208年
优提德摩斯一世(Euthydemus Ⅰ)
223—200 B.C.
德米特里一世(Demetrius Ⅰ)
200—180 B.C.
优提德摩斯二世(Euthydemus Ⅱ)
180 B.C.
安提马库斯一世 (Antimachus Ⅰ)
180—165 B.C.
班达里奥 (Pantaleon)
190—180 B.C.
阿加索克勒斯 (Agathocles)
180—170 B.C.
安提马库斯·特乌斯(Antimachus)
阿波罗多德斯(Apollodotus Ⅰ),
175—160 B.C.
安提马库斯二世(Antimachus Ⅱ),
160—165 B.C.
德米特里二世(Demetrius Ⅱ),
155—150 B.C.
米南德(Menander),
155—135 B.C.
优克拉提德斯一世 (Eucratides Ⅰ)
170—145 B.C.
普拉图 (Plato)
166 B.C.
优克拉提德斯二世(Eucratides Ⅱ)
145—140 B.C.
赫里奥克勒斯 (Heliocles)
145—130 B.C.

图 3　巴克特里亚王朝图

Ai Khanoum 城则有一个行政大厦，一个戏院，一个 Temenos，一个体育馆和数个达官贵人的私人建筑。有希腊殖民者崇拜的 Heracles 和 Hermes 神像。此外，还有一块希腊碑文，上面写有放在希腊 Delphic 神庙中的一段箴言。全文如下：

“在圣皮特奥(即特尔斐)供奉着前贤的圣训和伟人的名言。Clearchus 认真地将这些来自远方的箴言抄录下来，把它们放在 Cineas 区。”接着碑文写到了箴言的全部内容，即：“少年时期，你要在行为上充分表现自己；青年时期，你要学会自我克制；壮年时期，你要公正待事；年迈以后，当一位卓越的顾问。这样，你就不会带着悔恨走完你生命的最后旅程。”①与此同时，巴克特里亚的希腊国王的许多钱币也陆续被发现。这些钱币正面一般为国王头像，反面铸有其保护神的头像。钱币上有国王的名字和称号，用希腊文书写。从德米特里开始，这种铭文始用两种文字。即除了希腊文以外，又加了佉卢文。其目的显然是为了便于当地群众的辨别和使用。巴克特里亚钱采用希腊量制——德拉克玛。后期则采用本地的量制。从考古发掘的情况看，巴克特里亚希腊钱币流通的地域非常广阔。这些流通地既包括阿姆河以南的地区，又包括索格底亚那各地。沙赫里夏勃兹(渴石)、布哈拉、泽拉夫善河谷地、花剌子模、帖尔美兹与费尔汗那，都曾发现过优提德摩斯、狄奥多德斯、德米特里、赫里奥克勒斯等国王的钱币。这既反映了当时索格底亚那之隶属于巴克特里亚，也反映了希腊文在巴克特里亚地区广泛流行过。

此外，创作于公元初期的泰米尔(Tamil)诗篇中也记录过耶槃那人在中、南亚的活动。譬如，其中有一首讲述了“耶槃

---

① Susan Sherwin-White & Amelie Kuhrt, *From Samarkhand to Sardis*, p. 178. Austin M. “Hellenistic Kings, War and the Economy”, *Classical Quarterly*, 1986.

那人的超级货船载着黄金，激起佩里亚尔(Periyar)河上白色的浪花一路驶来，当穆吉里斯(Muziris)的钟声敲响时，再带着胡椒重新返回。"①还有一首讲述邀请王子品尝由耶槃那带回的醇香新鲜的美酒的故事。第三首中对普拉的港区作了生动的描述："阳光普照着露天广场，普照着港口附近的货栈和有着如同鹿眼窗户的楼房。在普拉的不同地方，人们的目光总是被耶槃那人的别具风格的房子所吸引。它们仿佛是一场演出，永远繁华。在港口，来自各地的水手共同组成了一个集体。"②

综上所述，我们完全能够得出结论：大秦书不是拉丁文，而是希腊文。正因为如此，所以我们对段成式《酉阳杂俎》一书中所说的"西域书有驴唇书、莲叶书、节分书、大秦书、驮乘书、犎牛书、树叶书、起尸书、石旋书、覆书、天书、龙书、鸟音书等，有六十四种"这段话中的"大秦书"就有了相当清晰的概念。从《普曜经》所载"大秦书"等六十四书中我们能够看到中西文化交流在张骞凿空以后尤其是到了魏晋时期已经有了许多新的发展，这种新的发展对于中国社会的演进尤其是文化的发展产生了很大的影响。

---

① E. H. Warmington, *The Commerce between the Roman Empire and India*, p. 58. Jean-Noel Robert, *De Rome a la Chine*, Paris, 1997, Chapter 7. A. L. Basham, *A Cultural History of India*, Delhi, Oxford University Press, 1975, p. 434.

② Jean-Noel Robert, *De Rome a la Chine*, Chapter 7.

拉丁铭文中的“丝绸”材料考释

丝绸是古代中国的特产，也是最早进入地中海世界的远东产品。对其进行认真细致的探究既有利于推动相关学术研究的深入，也有利于更好地揭示事实的真相。世界学术界已为此做出了巨大的贡献，并取得了丰硕的成就，但尚有许多问题需要探讨。这里只就拉丁铭文中出现的有关丝绸和丝绸制造商、丝绸交易商等方面的内容作一梳理与考释。

罗马时期留下的铭文很多，尤以拉丁铭文和希腊铭文为最。自从1847年史学大师蒙森带领德国古典学者对拉丁铭文进行分类、整理以来，《拉丁铭文集》至今已编就并最后结集出版的达17卷，70余册，收集约180 000块铭文。非常幸运的是，其中有9块铭文涉及丝绸、丝绸价格和丝绸交易商。下面我们将分类对之进行释读。

第一类涉及丝绸制造商，共有5块碑文。

(1)《拉丁铭文集》，卷16，第3711号，发现于意大利的第布尔(Tibur)地区，是一位丝绸制造商的妻子为其丈夫立的一块碑。拉丁铭文为：

DM
M NVMMIO
PROCVLO SIRICARIO
VALERIA
CHRYSIS
CONIVGI OPTIMO
BENEMERENTI
FECIT

这里的 DM 是 Diis Manibus 的缩写，为“神圣的亡灵”、“追悼”、“纪念”之意。铭文的中译文应为：“Valeria Chrysis 为纪念善良、勤劳功高的丈夫丝绸制造商 M. Nvmivs Procvlvs 立碑。”

(2)《拉丁铭文集》，卷 16，第 3712 号，发现于意大利的第布尔(Tibur)地区，是一位丝绸制造商为其妻子立的一块碑。拉丁铭文为：

DM
VALERIAE
CHRYSIDI
M NVMMIVS
PROCVLVS SIRICARIVS
CONIVGI SVAE
OPTIMAE B M FECIT

这里的 DM 与上文相同。B M 是 Bene Merenti 的缩写。铭文的中译文应为：“丝绸制造商 M. Nvmivs Procvlvs 为追悼其善良、勤劳功高的妻子 Valeriae Chrysidi 立碑。”

(3)《拉丁铭文集》，卷 6，第 9892 号。此碑发现于罗马，拉丁铭文为：

Thymele
Marcellae

Siricaria

铭文的中译文应为："丝绸制造商 Thymele Marcellae。"

(4)《拉丁铭文集》，卷 6，第 9890 号。此碑发现于罗马，拉丁铭文为：SERICARI D D。D D 是指 dat dedicat 即"给"、"献给"，还是 dono(donum) dedit 即"赠送"不好确定。但 SERICARI 为丝绸制造商是毋庸置疑的。

(5)《拉丁铭文集》，卷 6，第 9891 号。此碑发现于罗马，拉丁铭文为：

D M

CLAVD BACCHYL

V A XLIX

DATA SERICAR

CONT B M ET SIBI

CONS

D M 与(1)、(2)相同。V 为 V(ixit)的缩写，A 为 A(nnis)的缩写；CONT 代表 contubernalis；CONS 或为 consecravit 的缩写。追悼 CLAVD BACCHYLO，他活了 49 岁。为其勤劳功高的妻子和自己献以(?)丝绸制造商的礼物。

第二类涉及丝绸价格方面的铭文，内容为 302 年戴克里先颁布的工资和物价改革敕令的一部分。此敕令的拉丁文与希腊文残篇传世的较多，与丝有关的内容有以下四方面。①

(1)刺绣与丝织工人工资

刺绣工绣衫一件，用部分丝线	1 盎司 200 狄纳里乌斯
全用丝线	1 盎司 300 狄纳里乌斯

……

① 以上内容译自 N. Lewis and M. Reinhold：*Roman Civilizations*，vol. 2，pp. 464-472，New York，1966。

(2)丝织工人工资

织半丝品兼维护	1天	25狄纳里乌斯
织无图案全丝品兼维护	1天	25狄纳里乌斯
织菱形图案全丝品		40(60)狄纳里乌斯
缝纫衣之丝边的人	1天	50狄纳里乌斯
用丝和亚麻等混合料缝之衣边的人	1天	30狄纳里乌斯

(3)丝织品价格

白丝	1磅	12 000狄纳里乌斯
拆解之丝布	1盎司	64狄纳里乌斯

(4)紫染丝价格

紫染原丝	1磅	150 000狄纳里乌斯

第三类涉及丝绸交易商，已知铭文共有3块。

(1)《拉丁铭文集》，卷14，第2793号。此碑发现于意大利的加比伊(Gabiis)城，碑名为加比伊幸福的维拉奉献给维纳斯的神庙。拉丁铭文较长，全文为：

Veneri Verae felici Gabinae

A. Plutius Epaphroditus, accens(us) velat(us) negotiator sericarius templum cum Signo aereo effigie Veneris, item signis aereis numero IIII dispositis in Zothecis et balbis aereis, et aram aeream et omni cultu a solo sua pecunia fecit cuius ob dedicationem divisit decurionibus singulis denarios quinos, item seviris Augustalibus singulis denarios binos, item tabernaris intra murum negotiantibus denarios singulos, et HS. decem millia nummum reipublicae Gabinorum intulit, ita ut ex usuris ejusdem summae quod annis iv Kal. Octobr. die natali Plutiae Verae filiae suae decuriones et seviri Augustales publice in tricliniis suis epulentur: quod si facere neglexerint, tune ad municipium Tusculanorum HS. decem millia minimum pertineant，quae confestim exigantur. Loco dato decreto decurionum：dedicata Idibus Maiis. L. Venuleio Aproniano II L. Sergio Paulo II Coss.

中文译文是：A Plutius Epaphroditus，帝国官吏(ACCENSOUS VELATUS)①，这位丝织品交易商独自出资修建了一座神殿，其中有维纳斯的青铜塑像、分置于神龛里和青铜大门两旁的四尊青铜像、一座青铜祭坛和所有圣器。为了举行落成典礼，他分送给每位市议员 10 个狄纳里乌斯，给每位奥古斯都六人祭司团 3 个狄纳里乌斯，给城内经营小酒馆的老板每人 1 个狄纳里乌斯。同时他还在 Gabies 城里存了 10 000 塞斯退斯，望市议员和奥古斯都六人祭司团利用这笔经费的利息，在每年 9 月 28 日，也就是他女儿 Plutia Vera 生日的当天到他的饭厅举行公众欢宴。如果他们忽略不做此事，那么这笔钱将回收到 Tusculum 自治市并且立刻被收回。神庙建立在市政官指定区域，落成时间为 L. Venuleius Apronianus 与 L. Sergius Paulus 第二次任执政官那一年(也就是 168 年)的 5 月 15 日。

(2)《拉丁铭文集》，卷 14，第 2812 号。此碑的主人与“为加比伊幸福的维拉奉献给维纳斯的神庙”碑(《拉丁铭文集》，卷 14，第 2793 号)的主人(A. Plutius Epaphroditus)一致。碑文如下：

A PLVTIO EPAPHRODITO
ACCENSO VELATO
NEGOTIATORI SERICARIO
LIBERTI PATRONO
OB MERITA

① 帝国官吏，既负责街道的铺建和维护，也承担着军事随从的职能，但不带武器。

EIVS

中译文为：献给丝绸交易商、帝国官吏（ACCENSOUS VELATUS），Aulus Plutius Epaphroditus。因为他的贡献，他的被释奴给他们的主人立碑。

《拉丁铭文集》，卷 14，第 2812 号碑铭原物照

(3)《拉丁铭文集》，卷 6，第 9678 号。发现于罗马城，拉丁铭文为：

SANCTISSIMAE
M. AVRELIVSFLAVIVS
NEGOTIANSSIRICARIVS
VIVOSFECITETSIBI

中译文为：虔诚的丝绸交易商 M. Aurelius Flavianus 活着的时候为自己建造了此碑。

应该说，上述三类与丝有关的拉丁铭文在 180 000 块拉丁铭文中并不占重要地位，但其颇具价值，对于我们重新审视“丝绸之路”意义重大。原因在于要证明“丝绸之路”的存在，就必须在罗马找到销售丝绸的市场。论证罗马丝绸市场的存在是确证“丝绸之路”合理性的关键。文献材料对此虽能发挥作用，但非常有限。而相关的拉丁铭文却为我们提供了解决上述重要问题的新途径。它不但丰富和印证了文献的相关内容，而且也证实了罗马丝绸交易以及丝绸价格体系的存在，从根本上考证了罗马存在丝绸市场这一客观事实。

洛阳出土东罗马金币铭文考析

在古代中西交往中，中国既是物品的输出国，也是输入国。中国的丝绸、铁器等物品通过海道陆路大量输出国外，深受异国居民欢迎；同时，也有众多西方商品包括作为交易媒介的外国货币流入中国，对中华文明产生影响。这里只想就这些年来洛阳出土的东罗马金币铭文作一考析，以比较准确地确定这些钱币中的铭文涵义。①

一、洛阳北郊出土的阿纳斯塔西乌斯一世金币

阿纳斯塔西乌斯一世(Anastasius Ⅰ，491—518年在位)出生于迪尔哈之乌姆，曾任拜占庭宫廷大臣，于491年就任东罗马帝国奥古斯都位。执政27年，实行稳妥而积极的经济和币制改革政策，使拜占庭国力盛极一时。

出土于洛阳北郊马坡村的阿纳斯塔西乌斯一世金币，正面为阿纳斯塔西乌斯一世半身像，

① 在写作本文的过程中，霍宏伟先生向笔者提供了十分重要的信息材料，在此特表谢忱。

周边有 17 个拉丁铭文，自左向右顺时针方向依次是："DNANASTASIVSPPAVG"。DN 是拉丁文"DOMINUS NOSTER"的缩写，其意为"我们的君主"。这一官定头衔起源于戴克里先(Diocletianus，284—305 年在位)统治罗马之时，后面的君主对此多有承袭。ANASTASIVS 为东罗马君主阿纳斯塔西乌斯的名字。PP 为 PERPETUUS 的缩写，其意为"终身、永远"。AVG 是 AUGUSTUS(奥古斯都)的缩写，为东罗马最高领导的头衔。铭文的全文应译为："我们的君主阿纳斯塔西乌斯，终身奥古斯都"。①

金币背面为带翼的胜利女神像。金币左侧拉丁铭文为"VICTORI"，右侧为"AAVGGGH"，全部铭文联结起来应该是："VICTORIAAVGGGH"。"VICTORIA"为"胜利"之意，AVG 是 AUGUSTUS(奥古斯都)的缩写，GG 代表奥古斯都的复数，"H"为铸钱厂暗记。"VICTORIAAVGGG"应是"VICTORIA AUGUSTORUM"的缩写，将其译成"奥古斯都常胜"也许更为贴切。② 钱缘底部铭文为"CONOB"。CON 是 CONSTANTINOPLE(君士坦丁堡)的缩写，OB 则是拉丁文 OBRYSUM 的缩写，意为"足金、标准"。整个铭文的含义应为"君士坦丁堡足金"，用来具体说明制造所用黄金的品相。

---

① 罗马的官职有很强的时限性，一般来说是一年一选或五年一选，终身官职出现于共和末叶苏拉和恺撒时期，奥古斯都以后元首始为终身。284 年的君主则使用终身奥古斯都的头衔。

② 范振安、霍宏伟把"VICTORIAAVGGG"译成"帝国的胜利"，这显然是值得商榷的。参见范振安、霍宏伟：《洛阳泉志》，153 页，兰州，兰州大学出版社，1999。

二、洛阳市郊出土的查士丁尼一世金币

查士丁尼一世(JustinianusⅠ，527—565年在位)出生于伊利里亚(一说色雷斯)，是东罗马帝国最著名的君主之一。查士丁尼当政期间，励精图治、奋发图强，在军事武功和法制建设方面建树颇多，影响深远。

出土于洛阳市郊的查士丁尼金币，正面为查士丁尼一世半身像。钱缘周边自左至右有一圈拉丁铭文，由17个拉丁字母组成。它们是："DNIVSTINIANSPPAVG"，其全文应该为："D(OMINUS) N(OSTER) JUSTINIAN(U)S P(ER)P(ETUUS) AUG(USTUS)"，是"我们的君主查士丁尼，终身奥古斯都"之意。

金币背面一周铭文为："VICTORIAAVGGGS"，其意为"奥古斯都常胜"。"S"为铸钱厂暗记。钱缘底部铭文"CONOB"，"B"字已被穿孔损坏，为"君士坦丁堡足金"之意。

三、洛阳南郊出土的福卡斯金币

福卡斯(Flavius Focas，603－610年在位)出生于色雷斯，为东罗马历史上有名的僭位者。

福卡斯金币发现于洛阳南郊龙门东山安菩夫妇墓中。金币正面有福卡斯半身像，其钱缘铭文有损，能识的文字只有福卡斯的拉丁名字"FOCAS"。

金币背面中央是带翼的胜利女神像，边缘铭文部分不清，自下而上的拉丁铭文应为"(VI)CTORIA"，即"胜利"之意。①

---

① 参见赵振华、朱亮：《安菩墓志初探》，载《中原文物》，1982(3)。由于不了解拉丁文，文中将"VICTORIA"识成了"VICTOPIA"。

四、洛阳市郊出土的赫拉克利乌斯金币

赫拉克利乌斯（Heraclius，610—641年在位）为拜占庭迦太基总督之子。610年，在推翻福卡斯统治之后，被民众拥立为东罗马帝国的奥古斯都。死后，将奥古斯都位传之于自己的儿子赫拉克利乌斯·君士坦丁。

出土于洛阳市郊的这枚赫拉克利乌斯金币，正面为赫拉克利乌斯与赫拉克利乌斯·君士坦丁的半身像，左侧形象较大者为赫拉克利乌斯，右侧为赫拉克利乌斯·君士坦丁。钱缘有一圈拉丁铭文“ddNNhERACLIUSETHERACONSTPPAVG”，ddNN是DN的复数，指赫拉克利乌斯与赫拉克利乌斯·君士坦丁两人；拉丁文hERACLIUSETHERACONST原文应该为HERACLIUS ET HERA（CLIUS）CONST（ANTINUS），其意为：“赫拉克利乌斯和赫拉克利乌斯·君士坦丁”。全文应该翻译为：“我们的君主赫拉克利乌斯和赫拉克利乌斯·君士坦丁，终身奥古斯都”。

金币背面中央与其他三枚金币不同，不是女神像，而是四层式台梯，一个十字架立于第四层台梯之上。周饰一圈铭文，它们是“VICTORIAAVGUL”，其意为：“奥古斯都常胜”，“L”为铸钱厂暗记。底部铭文“CONOB”与前两枚金币相同。

众所周知，货币是人类交往的重要工具。东罗马金币在洛阳的不断发现不但印证了东都洛阳当年的繁华及其在国际交流中的核心地位，而且也为古代国际间的商贸研究提供了十分珍贵的物证。对这些货币铭文进行释读和研究，虽然繁杂、艰巨，但仍有重大意义，因为钱币文字本身就包含着众多的社会信息，承载着重要的历史与文化内涵，值得高度重视。

五、材料篇

拉丁、希腊及基督教学者记录的丝绸世界

罗马是古代世界重要的丝绸消费国，要验证早期“丝绸之路”就必须对罗马的丝绸状况作一系统的梳理，这是研究工作的基础，同时也是研究成果能否经得住时间和历史考验的关键。因为笔者在阅读、搜集、整理以及理解、翻译拉丁和希腊材料方面所费工夫甚巨，所以对这方面的内容特别珍惜。现将拉丁、希腊及基督教学者对中国丝绸的描述和记载搜集整理如下。按作者写作时间先后排列。

一、拉丁、希腊学者笔下的丝绸世界

（公元前1－3世纪中叶）

赛里斯人(Seres)从树叶上梳下精细的羊毛。

Virgil：*Georgics*，2，121.

把斯多葛的书籍置于丝垫子上。

Horace：*Epodes*，8，15.

维纳斯能够毫无惧色地越过阿拉伯边界，悄悄登上紫色卧榻，能使可怜的年轻人在床上辗转反侧：鲜艳的丝绸织品怎能给他带来安慰？

Propertius：*Elegiae*，1，14，22.

那位纨绔子弟的丝帏华车，我只有不出一声。

Propertius：*Elegiae*，4，8，23.

也正因如此，一些树上甚至开着羊绒花(wool)。① 涅阿尔浩斯说，精美的衣服是用羊绒织成的，马其顿人用它们来制作褥垫，填充马鞍。赛里加(Serica)②也属于拜苏斯(Byssus)的一种，由树皮中抽出而成。

Strabo：*Geographia*，15，1，20.

我常常跟你说："别再染头发了。"你瞧，今后你再也无可染之发。然而，要是你听从我的话，有什么东西能比你的头发更茂密呢？它向下垂附直至腰部，纤细之极，细到连你都不敢梳理。它就像肤色黝黑的赛里斯人穿的薄纱，又像蜘蛛在孤寂的梁下编织自己的作品时，从其纤弱的小爪之端所铺的丝线。它的颜色既非黑色也非金色，非此非彼，而是二者之混合，就像陡峭的伊达山潮湿山谷中之雪松。剥掉树皮时它还是这样的颜色。

Ovid：*Amores*，1，14.

自然对我们从不苛求。没有大理石工匠和建筑师，我们照样能够生活；没有进口丝绸，(我们)照样穿衣，只要我们以大地给我们提供的可用之物为满足，我们就有日常生活所必需的一切物品。

Seneca：*Epist*，90.

我见过一些丝绸制成的衣服。这些所谓的衣服，既不蔽体，也不遮盖。女人穿上它，便发誓自己并非赤身裸体，其实别人并不相信她的话。人们花费巨资，从不知名的国家进口丝绸，却只是为了让我们的贵妇们在公共场合，能像在她们的房间内一样，裸体接待情人。

Seneca：*De Beneficiis*，50，7.

---

① 也即棉花。

② 也即赛里斯(Seres)用于制作外衣(garments)的丝线(threads)。

女仆们，带走这些紫色饰金的服装！我不要推罗人的紫红染料，也不要遥远的赛里斯人采自树枝叶中的丝线。

Seneca：*Hyppolytus*，387～389.

让那些使分散的达哈人(Dahae)烦恼的国王们，那些控制着红海和被红宝石的光彩映成血红色海面的国王们，或是那些为强悍的萨尔马提亚人打开里海通道的国王们都联合起来；让他们竞争谁敢在多瑙河上行走、谁敢在以其羊毛驰名的赛里斯人那里(不管他们居住在哪个地方)行走。勇敢者获取王位。

Seneca：*Thyestes*，369～379.

她也不用梅奥尼亚之针，不用生活于阳光照射之地的赛里斯人采自东方树上的线去绣织衣服。

Seneca：*Hercules Oetaeus*，665～667.

首先遇到的人被叫做赛里斯人，以出产羊毛闻名。这种羊毛生于树叶上，取出，浸之于水，梳之成白色绒毛，然后再由我们的妇女完成纺线和织布这双重工序。靠着如此复杂的劳动，靠着如此长距离的谋求，罗马的贵妇们才能够穿上透明的衣衫，耀眼于公众场合。

Pliny the Elder：*Natural History*，6，20，54.

普林尼在谈到塔普罗巴那(Taprobane，斯里兰卡)国王派遣到克劳狄元首的使节时写道："赛里斯人(Seras)居住在 Hemodos(即喜马拉雅山)山那边，因通商而为外人所知。(使团团长)拉齐阿斯(Rachias)的父亲曾到访过赛里斯，当他们到达赛里斯时，赛里斯人总是奔至沙滩与之相见。他们描写那些人身高超过常人，红发、碧眼，声音沙哑，没有彼此相通的语言。使者所谈到的其余部分，都与我们的商人们所提供的消息一致。货物存放在赛里斯人出售商品那条河的对岸。如果对买卖满意，就可以把它们拿走而留下货款。不管是谁，如果能够亲临其地，了解商品的实质、贸易的方式和目的，就会很自然地对奢侈品产生厌恶。

Pliny the Elder：*Natural History*，6，24.

我们在谈到赛里斯民族时曾提到过生长在该地的羊毛树。

Pliny the Elder：*Natural History*，12，8，17.

更为惊奇的是，今人乃凿山以求大理宝玉，远赴赛里斯以求衣料，深潜红海以求珍宝，掘地千丈以求宝石。

Pliny the Elder：*Natural History*，12，1，2.

阿拉伯海更为幸运，因为它向我们供应珠宝。据最低估算，每年从我们帝国流入印度、赛里斯和阿拉伯半岛的金钱，不下1亿塞斯退斯。这就是我们的奢侈风气和妇女让我们付出的代价。

Pliny the Elder：*Natural History*，12，41，84.

第五种葡萄树被称作羊毛树，这种树长满了绒毛，因此我们对于印度和赛里斯的羊毛树就不必大惊小怪了。

Pliny the Elder：*Natural History*，14，4，22.

晨曦照耀中的赛里斯人前往小树林中去采集枝条上的绒毛。

Silius Italicus：*Punica*，6，4.

赛里斯人居住在东方，眼看着意大利（火山）的灰烬漂白他们长满羊毛的树林。天哪！这真是蔚为奇观！

Silius Italicus：*Punica*，17，595～596.

日出之前，全部军队都在自己的指挥官的率领之下，以队或团为单位走出来，并来到伊希斯神庙前集合，因为统帅们在这里就寝。天破晓时，韦斯帕芗、提图斯出现在人们面前。他们头戴皇冠和桂冠，身穿传统的紫色长袍，行进至屋大维大道。元老们、主要行政官吏和骑士等级的领导人都在这里迎候他们。一个主席台搭建在门廊前面，为他们设置的象牙椅子放在台上，他们登上为他们准备好的讲坛就座。立刻，从部队之中爆发出雷鸣般的欢呼声，以证明他们的勇敢。士兵们不带武装，身着丝绸衣袍，头戴桂冠。韦斯帕芗向他们表示感谢，并示意他们安静。此时，他站起来用斗篷盖住自己的头，与提图斯一起背诵通常的祷文。随后，韦斯帕芗向士兵们做了简短的演讲，便解散士兵队伍，让他们去享用元首按惯例为其提供的早餐。

Flavius Josephus：*De Bello Jud*，7，5，4.

丝绸与其他原料织成托迦，并将其制成花环。

Quintilian：*Training of an Orator*，12，10，47.

他穿着绿色上衣，躺在床上，身下垫着丝绸制的垫子，不时用双肘指使两边的宾客。有一年轻人站立旁边，当他打嗝儿的时候，就赶紧为他递上红色的羽毛及乳香树制的牙签。热了，卧躺在身后的爱妾就轻摇绿扇，扇起阵阵凉风。少年奴隶用桃金镶的小板驱赶苍蝇，女按摩师施展敏捷的技术为他推拿全身。当主人喝酒的时候，阉奴注视着他弹指的信号，适时地将其摇摇晃晃的阴茎引入小便壶里。

Martial：*Epigrams*，3，82.

此外，Martial 还提到"Serica prelis"(*Epigrams*，Ⅺ，9)、在黑夜中像丝一样白的牙齿(*Epigrams*，Ⅸ，38)、在罗马的 Vicus Tuscus 可获得丝织品(*Epigrams*，Ⅺ，27)和装饰头发的丝(*Epigrams*，ⅩⅣ，24)等与丝有关的话题。

克里奥帕特拉(Cleopatra)的白腻酥胸透过西顿的罗襦而清晰可视。这种罗襦依赖于赛里斯人用穿梭来回织成的织物，后再由尼罗河畔针织工人分拆、理之成细线后编织而成。

Lucan：*Pharsalia*，10，141～143.

赛里斯人贪婪至极，他们把圣树剥摘得如此之少，我对此深表怨恨。

Statius：*Sylvae*，1，2，122～123.

在 Statius 的同一作品中，还提到了"丝绸披肩"。

Statius：*Sylvae*，3，4，89.

过了这一地区(指克里塞，Chryse——译者按)，就已到了最北部地区，大海流止于一个属于[赛里斯国](原文此处有脱字——译者按)的地区，在这一地区有一座极大的城市，名叫秦尼(Thinai)。那里的棉花、精致亚麻布和被称为Serikon的纺织品经陆路过巴克特里亚(Bactria)运至婆卢噶车(Barygaza)，或经恒河而运至利穆里亚(Limuria)。要进入该国(赛里斯国)并非易事，从那里来的人也极少。

Periplus Maris Erythraei(1世纪)，64.

至于你，尤里提娅(Eurydia)，我恳求你多熟悉圣训，在你与我们在一起的时候，总说些你在少女时获取的情趣，这样，你就能给你丈夫带来快乐。若你能用朴素廉价的东西打扮自己，装饰一些很不珍贵的宝石，你就能赢得其他妇女对你的尊敬。因为你不能获得富妇们的珍宝，如果不用高价购买，你也不能得到外国妇女的丝绸，但若你使用特阿纳(Theano)、克利奥布里纳(Cleobulina)、李奥尼达(Leonidas)的女儿戈尔果(Gorgo)、特阿洁那斯(Theagenes)的姐姐提摩克莱娅(Timocleia)、老克劳提娅(Claudia)、西庇阿的女儿科尔涅里亚(Cornelia)以及其他业已赢得声誉和敬重的妇女的装饰，穿戴朴素廉价的衣着，你也能非常光荣和幸运地度过一生。

Plutarch：*Conjugialia Praecepta*，Ⅳ，
Advice to bride and Groom，145.

丝绸与精致的亚麻织品具有既薄又密的特征。

Plutarch：*De Pythiae Orac*，Ⅳ，*The Oracles at Delphi*，4.

卸任执政官克温图斯·哈提里乌斯和卸任行政长官奥克塔维乌斯·弗隆托在元老院会议上发表长篇演说，反对罗马国内的奢侈行为。会议决定，不许用黄金制造食具，男子也不应再穿东方的丝织衣服，因为这会使他们堕落下去。弗隆托更进一步提出，要求用法律明文对银器、家具和奴仆等进行限制。

Tacitus：*Annals*，2，33.

他(Caligula)在穿衣、鞋以及其他服饰方面不仅不像一个罗马人或一个罗马公民，而且不像一个男子汉，不像一个凡

人。他常常披着镶有珠宝的绣花斗篷，穿着紧身长袖上衣、戴着手镯出现在人民面前；有时穿着丝绸女袍；有时穿拖鞋或者厚底鞋，有时又穿近卫军士兵穿的那种长筒靴子，有时又穿女人们穿的便鞋。

Suetonius：*Caligula*，52，2.

至于赛里斯人制作衣服的丝线，并不取自树皮中，而是另有别的来源。在其国内有一种小动物，希腊人称之为“赛儿”(Ser)，而赛里斯人则以别的名字名之。这种动物约比最大的金甲虫大两倍。其他特点则与树上织网的蜘蛛相似，蜘蛛有八足，它也一样。赛里斯人使用冬夏皆宜的小笼来饲养这些动物。这些动物所吐之物，类自细丝，缠绕于足。赛里斯人一直用黍喂之四年，至第五年，(因为他们知道这些虫活不了多久)改用绿芦苇饲养。这是它们最好的食物。它们贪婪地吃着，直至肚子胀破。丝即在其体内。

Pausanias：*Description of Greece*，6，26，6～9.

赛里斯(Seres)这个野蛮民族，它不关心羊和牛，而只是梳理沙地上五颜六色的花朵，并用之去编织贵重的衣服，这些衣服在颜色上类似草地上的花朵，在成品的精巧上可以与蜘蛛的丝线相媲美。

Dionysius Periegetes：*Description of the Habitable World*. Ed. Muller，*Geographi Graeci Minores*，Paris，Didot，1861. Tome Ⅱ，pp. 103-176.

他们头戴小圆帽，身穿大红袄，面盖着细麻纱，肩披丝质大围巾；一些人还套着白色束腰外衣，上面镶着无序的尖角形紫带花边，腰间束着带子，脚上穿着黄色的鞋子。至于女神，他们给她穿上一件丝袍，安置在我的肩上驮着走。

Apuleius：Metamorphoses，8，27.

游行队伍中有衣着各异的人群。“一个人佩着士兵的剑带；另一个人扮作打猎的人，身着短外套，佩带刀枪；另一个穿着缕金草鞋、戴假发、丝缎与贵重的珠宝，假扮女人。”

Apuleius：*Metamorphoses*，11，8.

在外科手术时，推荐用丝线缝血管；而且指出：纱巾的原料来自丝。

Galen：*Chartier Hippocratis et Galeni Opp*，tom，Ⅳ，p. 533.

Bombyces是一种像蜘蛛那样的虫，它们从自己的身上抽出线来。有人说：赛里斯人也从这类动物中抽取它们的丝。

Julius Pollux，7，76.

“赛里斯人”一名来自赛里斯国。赛里斯民族与帕提亚人毗邻，以善于造箭而广负盛名。“赛里斯织物(Sericum)”一名也由此而来。

Acron：*Commentaire sur Horace*，Ed. Hauthal，Berlin，Spinger，1864.

按照某些人的记载，为了使太阳不晒着观众，他(指恺撒)在看台的上方挂了由丝绸制成的幕帘。这种织物是野蛮人所使用的奢侈物，现在已经流入我国以满足贵妇人们过分讲究的虚荣。

Dio Cassius：*Roman History*，43，24.

在斯塔提里乌斯·陶鲁斯和路奇乌斯·里波担任执政官时，提比略禁止任何男子穿丝绸衣服，禁止任何人使用黄金器具，在举行圣祭仪式时除外。

Dio Cassius：*Roman History*，57，15.

同时，他(盖乌斯)赐索海姆斯以伊图拉·阿拉伯人(Ituaean Arabians)的土地，赐科提斯以小亚美尼亚及阿拉比亚后半部土地，并授罗门塔奇斯(Rhoemetalces)予科提斯所拥有的土地。此外，赐给波列蒙的儿子同名的波列蒙其祖先的领土。所有这些都通过元老院的表决。仪式在广场上举行，盖乌斯坐在讲台上端两个执政官中间的一把椅子上。有人补充说他使用丝制的布篷。

Dio Cassius：*Roman History*，59，12，2.

在建造桥梁时，不仅建造一个通道，而且沿途修建休息的地方和寄宿室，那里有适用的饮用水。当所有这些准备妥当，他(盖乌斯)身穿亚历山大的胸甲(或者如他自己声称的那样)，外披一件紫色丝制的外套，衣上饰有无数黄金和产自印度的珍贵宝石；腰佩一剑，手持盾牌，头戴橄榄叶花环。然后他向尼普顿、其他神和嫉妒之神献祭(就如他自己所说的那样，以便不让嫉妒与其陪伴)，并由众多武装的骑兵和步兵簇拥，从包利的边界步入桥中。

Dio Cassius：*Roman History*，59，17，3～5.

在其他时候，他(盖乌斯)通常穿着丝制衣服或凯旋服在公众场合露面。

Dio Cassius：*Roman History*，59，26.

但在公共场合，他不使用铁器，不使人流血。在进入圆形剧场前，他总是穿上由丝线与金线织成的白色长袖衣服。然后，我们列队向他致敬。在将进入竞技场时，他换穿镶有金片的纯紫色外袍，披上一件同样颜色的希腊式的斗篷，头上戴着由印度宝石和黄金制成的皇冠。然后，带着像墨丘利(Mercury)传令官模样的传令官入场。至于狮子皮和棍棒，在街上被抬着，走在他前面；在圆形剧场，它们被放在镀金的椅子上，无论他是否出席。他本人总是穿着墨丘利的服装出现在舞台上。在表演时，他脱掉其他所有衣服，只穿一件托迦，并赤脚入场。

Dio Cassius：*Roman History*，73，17.

他(Elagabalus)穿着最华贵的衣服，上面装饰着紫色的宝石和黄金，戴着项链和手镯。头上戴着冠状的皇冠，镶嵌着发光的黄金和宝石。这种服装的样子介于腓尼基人的圣袍和米底人的华贵服装之间。他讨厌罗马人或希腊人的衣饰，因为他认为，罗马人或希腊人的衣服都由羊毛制成，这些都是廉价的原料。只有 Seric 的丝绸才适合于他的身份。他总是在笛声和鼓声的伴随下出现在公众面前，无疑他这是在以一种特殊的方式崇拜他的神。

梅萨(Maesa)看见他的这身打扮后非常担忧，常常吩咐他，当他去罗马和元老院的时候，应改变这身打扮。如果他穿着怪异且蛮族化的服装，会立即引起不习惯者的反对，因为他们认为这么高级的衣服与其说适合于男人，倒不如更适合于妇女。安敦尼·埃拉加巴努斯拒绝了这位老妇人的建议。没有人喜欢他的打扮，除了那些和他有着同样爱好的人以及向他献媚的人。

Herodian：*History of the Empire*，5，5.

她(Penelope)拆掉了已经织好的服装，看着附近蜘蛛织出的丝网，看着它是否能超越 Penelope，还有赛里斯人的编织技术。因为赛里斯人的织物非常精细，相当透明。

Philostratus：*Imagines*，2，28.

赛里斯人。赛里斯织物。

Solin：*Polyhistory*，51.

在朝着夏季朝阳东升的地区，在经过蒙昧族地区之后所遇到的第一批居民，我们称作赛里斯人。他们向树洒水浸叶提取绒毛，并使用这种用液体制成柔软而又精细的绒毛。这就是常称的“赛里斯织物(Sericum)”，我们容忍在公众场合使用它。追求奢侈欲望的首先是女性，现在甚至包括男性都使用之。使用这些织物与其说是为了蔽体，倒不如说是为了卖弄身姿。

Solin：*Polyhistory*，51.

二、拉丁、希腊学者论丝织品

（公元 3 世纪后半叶—9 世纪）

刺绣与丝织工人工资

刺绣工绣衫一件，用部分丝线　　1 盎司 200 狄纳里乌斯

全用丝线	1盎司	300狄纳里乌斯
……		
丝织工：		
织半丝品兼维护	1天	25狄纳里乌斯
织无图案全丝品兼维护	1天	25狄纳里乌斯
织菱形图案全丝品		40(60)狄纳里乌斯
缝纫衣之丝边的人	1天	50狄纳里乌斯
用丝和亚麻等混合料缝之衣边的人	1天	30狄纳里乌斯
丝织品：		
白丝	1磅	12 000狄纳里乌斯
拆解之丝布	1盎司	64狄纳里乌斯
紫染类：		
紫染原丝	1磅	150 000狄纳里乌斯

Diocletian：*Edict of Diocletian*

为了这个战争，马尔库斯·安敦尼(Marcus Antoninus)耗尽了国库里所有的钱财。在无法向行省征收任何特别税的情况下，他就在圣图拉真广场举行了一个公开的拍卖会，拍卖元首的生活用品，其中有金杯、水晶杯和玛瑙杯，有为国王专制的葡萄酒瓶，他妻子的丝质镶金大衣。此外，还有一些他从哈德良专属衣柜里发现的数量巨大的珠宝。

Julius Capitolinus：*Marcus Antoninus* ，17.

对这些事，他精力充沛，但实际上，他体弱多病；确实，他的背部有个极大的隆起物，所有的罗马人都可以透过其丝袍看得很清楚。

Aelius Lampridius：*Commodus Antoninus*，13.

在拍卖的康茂德的物品中，下列东西尤其值得注意：做工精细且镶有金边的丝制长袍，束腰上衣、斗篷和衣服；达尔马提亚风格的长袖束腰上衣和镶边军大氅；以希腊式样制作的紫色大氅和军营使用的紫色大氅。

Julius Capitolinus：*Pertinax*，8.

据说他(Heliogabalus)是第一个穿纯丝衣服的罗马人，虽然部分地用丝绸制造的衣服在他之前已经出现。至于亚麻，从来不碰，认为洗过的亚麻是乞丐穿的。

Aelius Lampridius：*Heliogabalus*，26.

他将提供一个大奖给能使其满意的发明者，甚至可以给其一件丝质衣服。

Aelius Lampridius：*Heliogabalus*，29.

叙利亚祭司曾预言他将死于暴力。他因此给自己准备了紫丝和红丝织成的绳索，目的是如果出现意外，他能通过这个绳索套结束自己的生命。

Aelius Lampridius：*Heliogabalus*，33.

他自己很少有丝质的衣服，从来不穿纯丝的衣服，也不恩赐一件部分是丝质的衣服。他不妒忌任何人的财富，他帮助穷人；至于公职人员，当他看见他们确实贫困时，只要不是假装，也不是奢侈所致，他总是用很多有用的礼物帮助他们，如土地、奴隶、役畜、牛群和农具。

Aelius Lampridius：*Severus Alexander*，40.

Gallienus 在罗马组织游行时，曾展示了两百头头角上圈着金线，披着五颜六色丝绸装饰物的公牛。

Trebellius Pollio：*Two Gallieni*，8.

有一封从 Valerianus 送往叙利亚督察使 Zosimio 的信，这样写道：我们已经提名 Claudius 作为 Martian 第五军团最勇敢、最忠实的保民官。Claudius 出生于伊利里亚，是所有最勇敢、最忠诚的老人中最突出的。按照供给规则，你每年要从我们私库里供给他 3 000 摩底小麦，6 000 摩底大麦，2 000 磅熏肉，3 500 sextarius 陈年老酒，150 sextarius 最好的油，600

sextarius 二等油，20 摩底盐，155 磅蜡，尽量多的干草和饲料，次等酒，绿钯的药草也要充足，30 张兽皮用以制作帐蓬，每年 6 头骡、3 头马、10 头骆驼、9 匹骡子……还有两个 Herculian 标枪、两个矛、两把收割的镰刀、4 把割草的镰刀。还有一个厨师，一个骡夫，两个从俘虏中选取的漂亮女人，一件由 Girba 紫色装饰的白色掺丝衣服……我允诺给予他的一切东西是作为特殊的部分。他不纯粹是保民官，他是一位将军。他能创造出更多的价值。

Trebellius Pollio：*Claudius*，14.

在另一封保存的 Gallienus 信中，Gallienus 提到送许多礼物给 Claudius，其中有包括白色掺丝衣服在内的各式各样的衣服。

Trebellius Pollio：*Claudius*，17.

最近，我们看到执政官 Fuius Placidus 在竞技场举行如此多的欢庆活动，他似乎没有给驾车者以奖金，而是给他们以礼物，其中包括亚麻和丝质束腰衣、亚麻镶边衣、甚至还有马匹。思想正直者对此大声发出抱怨。

Flavius Vopiscus of Syracuse：*The Deified Aurelian*，15，4～5.

他（Aurelian）写给芝诺比亚（Zenobia）一封信，要求她投降，并承诺宽恕她。这封信的内容如下："罗马将军和东方光复者 Aurelian 致书芝诺比亚与其全体军事同盟者：

我于本文中所令之事，原为你们该主动去做。因你们未做，故特下此令。

你们应立即解除武装投降。事成之日，得保障你们全体生命安全。我将按照最著名的元老们的意见选择适当之地安置芝诺比亚以及你的孩子安度余生。但你的宝石、金、银财物、丝绸、马匹、骆驼等都应上交罗马国库。至于帕尔米拉人，其原先拥有的权利，都将继续保留。"

Flavius Vopiscus of Syracuse：*The Deified Aurelian*，26.

他的衣橱里没有纯丝制作的衣服，也不容许别人穿这样的衣服。当他的妻子恳求他留下一件紫色的丝织长袍时，他回答道："绝不允许一块布的价值与黄金的重量相等。"因为在当时一磅丝的价格相当于一磅黄金。

Flavius Vopiscus of Syracuse：*The Deified Aurelian*，45，2～5.

他禁止任何人穿着纯丝制作的衣服。他下令拆除自己的房子，并用个人的资金在那里建造了一个公共浴场。

Flavius Vopiscus of Syracuse：*Tacitus*，10.

Aurelian 送给 Bonosus 的结婚礼物如下："部分丝绸做的带帽紫罗兰束腰外衣，部分丝绸做的带金边的束腰外衣 1 件……以及所有适用于妇女的其他东西。对于 Bonosus，你要给他 100 腓力普金币，1 000 安敦尼银币，以及 10 000 塞斯退斯铜币。"

Flavius Vopiscus of Syracuse：*Firmus*，*Saturninus*，*Proculus*，*and Bonosus*，15，8.

Carus、Carinus 和 Numerian 给予希腊艺术家、体操表演者、演员和音乐家以金银，也给他们以丝质衣服。

Flavius Vopiscus of Syracuse：*Carus*、*Carinus and Numerian*，19.

在君士坦丁时，有一位已经不知名的学者在其颂诗中曾经提到过丝绸。其创作时间大致是 317 年。

征服懦弱和不习惯于战争的人是非常容易的。快乐的希腊人和乐观的东方人子孙，几乎不愿以薄薄的丝巾和丝绸来遮挡太阳的热度。

Panegyric of Constantine Augustus，24.

在 400 年左右，有一位名叫 Refus Festus Avienus 的人也提到过 Ionia 的妇女 Bacchantes 身披丝巾(Serica Pallia)，参加酒神 Bacchus 的联欢游行。

Ed. Muller，*Geographi Graeci Minores*，Paris，Didot，1861，Tome Ⅱ.

《阿维埃努斯诗集》中的地理志部分有这样的记载：然后是残忍的吐火罗人、凶悍的富鲁尼人和不热情的赛里斯人居住的地方。牛羊成群混杂。赛里斯人在森林里收获绒毛。

Ed. Muller, *Geographi Graeci Minores*, Paris, Didot, 1861, Tome Ⅱ, pp. 177-189; George Coedes: *Textes D'auteurs grecs et latins relatifs a l'Extreme-Orient*, Georg Olms Verlag, Hildesheim, New York, 1977, p. 72.

普里西阿努斯(Priscienus, 4 世纪初叶)在其《百科事典》一文中也有赛里斯人制造织物的记载：吐火罗人、富鲁尼人和成群的赛里斯人，他们从来不关心牛羊，而是用从他们居住的荒凉土地上采来的花朵纺织、缝制衣服。

Ed. Muller, *Geographi Graeci Minores*, Paris, Didot, 1861, Tome Ⅱ, pp. 190-199; George Coedes: *Textes D'auteurs grecs et latins relatifs a l'Extreme-Orient*, Georg Olms Verlag, Hildesheim, New York, 1977, p. 72.

他(戴克里先)是第一个穿上黄金斗篷的人，真丝鞋子，点缀着无数宝石的紫袍。尽管这超越了对一个公民有益的东西，是傲慢、奢侈精神的体现，不过，这与其他方面相比，微不足道。实际上，他是继卡里古拉和图密善之后第一个允许自己在公共场合被称作“主人”的人，被称为神，受到这样的尊崇……

Aurelius Victor: *Liber de Caesaribus*, 39, 1～8.

当被问到这个被起诉的人是谁时，他回答说是一位富有的公民。君主朱里阿努斯(Julianus)听后，微微一笑：“你有何证据得出这样的结论?”这个人回答道：“他为自己制作了一件紫色丝袍。”之后他被要求安静地离开，但是没有给予惩罚。

Ammianus Marcellinus: *Res Gestae*, 22, 9, 10.

赛里斯人生活在和平之中，他们远离武器，不习战争。对于宁静和安稳的民族来说，最愉快的事情是舒适，他们不会给任何近邻带来麻烦。赛里斯气候宜人，有益健康，天空清澈，阵风格外温和美好。这里森林资源丰富。赛里斯人经常向这些树木喷水，这种树生产像绒毛一样的东西。他们将这些绒毛搅之于水，抽出非常精细之线，并将其织成赛里斯布(Sericum)。从前，这种赛里斯布仅为贵族阶级专用，而如今最低贱者也能毫无差别地使用了。赛里斯人在其他方面非常节俭，生活安定，避免与其他人接触。当陌生人渡江去采购丝线或别的商品时，他们以目光估量商品的价格，甚至连一句话也不交流。赛里斯人非常简单，他们在出售自己的产品时，不追求获取外国产品。

Ammianus Marcellinus：*Res Gestae*，23，6，67～68.

沃索尼乌斯(Ausonius)曾讽刺一位出身低贱但又自称出身显贵的人，他声称他的家族来自马尔斯、罗慕路斯和勒姆斯，他把自己的肖像雕在铠甲上，织在丝巾里。

Ausonius：*Epig* rams on Various Matters，45.

身穿垂裳衣服的赛儿人从森林里采摘丝线。

Ausonius：*Idyll*，12.

就像印度器皿、波斯丝绸或其他在埃塞俄比亚出产的东西可以通过商业法令被运往各个地方一样，我们本土的无花果树在别的地方并不会生长出来，但可以通过我们出口到其他地方去。

Julian，*Letters*，80.

上了年纪的母亲满心喜悦，以一双灵巧的手制作绣金的长袍和腰带，其原料来自赛里斯人从他们纤细的树上梳理来的丝线，梳理的丝生长在他们羊毛树的树叶里。她把丝和黄金抽成同样长度，后将其混合编织，使其成为一条丝线。

Claudian：*Panegyric on the Consuls Probinus and Olybrius*，177～183.

天下的多种财富都将奉献于您。红海将向您献出珍贵的贝壳，印度将献出她的象牙，潘加亚(Panchaia)将献出其香料水，赛里斯人将献出他们的羊毛。

Claudian：*Panegyrics on the Third Consulship of the Emperor Honorius*，210～211.

克劳狄阿努斯（4 世纪末叶）在多种场合提到了赛里加（Serica）。如：

腓尼基人已献出了他们的染料，赛里斯人献出了他们的丝线（subtegmina），赫达斯波人（Hydaspe 在印度）献出他们的钻石。

Claudian：*Panegyrics on the Fourth Consulship of the Emperor Honorius*，600～602.

克劳狄阿努斯在另一文中又说到郝诺里乌斯与马里亚（Maria）的婚礼时，提到了金黄色的面纱。

Claudian：*Epithalamium of Honorius and Maria*，X，211～212.

让印度人的宝石、阿拉伯人的香料、赛里斯人的羊毛增加你的财富。

Claudian：*Against Eutropius* Ⅰ，225～226.

如同猴子模仿人的面部表情一般，为了讨取已入席之宾客的欢心，一个淘气的孩子为他穿上了珍贵的丝料服装（pretioso stamine Serum），仅让其背部和臂部裸露着。

Claudian：*Against Eutropius* Ⅰ，303～306.

克劳狄阿努斯指责奢侈生活的流行，一些人已经把穿丝质衣服变成了一种负担。他还描写了属于郝诺里乌斯和斯提里科（Stilicho）穿的有图案的执政官服装，他提到了用丝绸制作的马的缰绳和马饰。

Claudian：*De* 4 *Cons. Honor.* 1，577；*In* 1 *Cons. Stilichonis*，1，2，5，350.

Quintus Aur. Symmachus 是著名的政府官员，曾写信给执政官斯提里科，为自己的行为作辩护。原文如下："别人已经耽误了给剧院供水和纯丝绸的时间，这使我有了一个为自己开脱的理由。”

Quintus Aur. Symmachus：*Epistles*，4，8.

在给 Magnillus 的信中，Quintus Aur. Symmachus 提到了 Subseric 布，即只有部分丝料的布。“在你的煽动下，Subseric 布已经被供应。我的人在确定价格以后，开始撤回；同时，属于奖金的事，也应兑现。”

Quintus Aur. Symmachus：*Epistles*，5，20.

赫里奥多鲁斯(Heliodorus)在描写 Theagenes 和 Chariclea 的结婚仪式时，说：“赛里斯的使者也来祝贺，他们带来了蜘蛛生产的丝线和由丝线织成的丝布，其中一部分染以紫色，一部分染成白色。”

Heliodorus：*Aethiopica*，lib. Ⅹ，p. 494. Commelini.

我们和蛮族人一起从君士坦丁堡出发，然后到达了 Sardica，即便速度很快也要用 13 天。驻扎在那里，我们考虑到邀请 Edecon 和他的蛮族人一起吃晚饭是明智之举。我们宰杀了从当地人那里买来的羊和牛，准备了一顿晚餐。在盛宴过程中，当这些蛮族人赞美阿提拉的时候，我们也跟着赞美我们的君主，Bigilas 评论道：“把一个人和一位神作比较是不公平的。”意思是 Theodosius 是神而阿提拉只是人，匈奴人对于这个评论非常不满。我们迅速转移话题以使他们从愤怒的情感中平静下来。晚宴结束，我们分手时，Maximin 送给 Edecon 和 Orestes 许多丝绸衣服和印度珠宝，以作礼品。

Priscus：*Priscus in excerpta de legationibus*.

Seres(赛里斯)：织丝的动物或者是民族的名称，“赛里斯纯丝”(Holoserikon)一词即由此而来。

Seron(赛罗)，制造赛里斯丝(Serika)的虫子。Seres(赛儿)也是指虫子。

Hesychius：*Lexicon*，Ed. M. Schmidt，Iena，1858～1868.

有一个西班牙富裕的女继承人米兰尼亚，十二岁出嫁，二十岁成寡；她的慷慨气魄比君主还阔。与她同时代的史家帕雷狄阿斯，有以下描写：

她(Melania)曾把所有的丝绸衣裳，赠给神圣祭坛，像神圣的奥里庇阿斯(Olypias)所做的那样。她剪裁了她的其余绸服使其适合于教会的别的用处。她把她的金钱托付给一位名叫保罗的长老(他是来自达尔马提亚的一个修道士)，并把金钱经海路运到东方，其中有10 000金币给埃及和提贝易德(Thebaid)；10 000金币给安提库斯；15 000金币给巴勒斯坦。她还曾捐赠10 000个金币给被放逐者居住的教会和被放逐者居住的地方。而对西部的教会，她还亲手分发了同样的赠品。

Palladius：*The Lausiac History*，11.

在Anthropophagi过后是赛里斯人，他们向树林泼水，获得树上的丝线。

Martiani Minei Felicis Capellae：*De Nuptiis Philologiae et Mercurii*，Liber 6.

在第布尔(Tibur)有一块铭文，是一位丝绸制造商为其妻子立的一块碑，铭文如下："丝绸制造商M. Nvmivs Procvlvs为追悼其善良、勤劳功高的妻子Valeriae Chrysidi立碑。"

Corpus Inscriptionum Latinarum，3712.

当特使来到他那里，他们为这么长时间的消息不灵通而羞愧。特使传达了元老们的信息，阿拉里克(Alaric)听到这，知道人们已作好了战争的准备。他说："繁密的杂草比稀疏的更好清除。"说完，他嘲笑这些特使。当他们谈及和平，他用极其傲慢、专横的语言回答他们。他宣布除非把全城的金银、所有的家庭财物、还有蛮族出身的奴隶都给他，否则他不会以任何理由放弃攻城。一个特使说："如果你拿走了这些，你将给市民留下什么呢?"他回答说："他们的生命。"特使听到这个回答，要求给他们一定的时间把消息传递给市民，并与他们协商如何行动。得到允许后，他们把特使团所听到的答复告诉了市民们。得知这些的罗马人，确信是阿拉里克真的要攻打他们，对人的所有抵抗能力充满绝望。他们回想起罗马城曾遭遇危机时所得到的帮助，认为他们之所以缺乏神灵的帮助是因为他们违反了古代传统。当他们沉浸于这些回忆时，罗马城长官庞培阿努斯恰巧遇到了几个从托斯坎尼来的罗马人。他们谈及一个叫 Neveia 的城市，此城借雷电交加的暴风雨击退了野蛮人，使其从极度危险中得以拯救，这主要得益于此城的居民按古老祭祀的方式献祭之故。(与这些人谈话之后，他力所能及地按祭司书上说的去做。想起普遍流行的主张，他决定小心翼翼地进行，并且与城市的大主教 Innocentius 商议。为保护城市，他宁愿放弃自己的观点，允许主教们畅所欲言。然而他们宣布无能为力，除非公开举行传统的祭祀，除非元老们公开地登上朱庇特神庙及城市的不同广场举行这种仪式。但没有人敢这样做。他们打发走了从托斯坎尼来的人，并尽自己最大的努力，以可行的方式缓和与野蛮人的进攻。)为此目的，他们又派出了特使。经过双方的长时间讨论，最后达成了协议：罗马城付 5 000 磅黄金，30 000 磅白银，4000 件长袍，3 000 件丝绸织物，还有 3 000 磅胡椒。由于城市没有公用储备，这就需要有财产的元老来承担。Palladius 被授权按每个人的财富计算其应承担的数目，但无法收齐需要的总数，不是因为许多人隐瞒了他们的部分财产，就是由于皇帝任命的地方官贪婪、无休止的勒索导致了城市一贫如洗。

Zosimus：*New Histories*，5.

在我们所知道的所有民族中，汪达尔人是最奢侈的，而摩尔人是最勇敢的。汪达尔人自从占领了利比亚以后，常常沉溺于洗澡。他们每天都享受着地上和海上生产的最鲜美和最可口的丰盛美味。他们穿金戴玉，穿着 Medic，即现在叫做 Seric 的衣服，在竞技场和 hippodrames 消磨时光，或追求别的享受，尤其是狩猎。

Procopius of Caesarea：*De Bell. Vandal*，4，6.

埃塞俄比亚的国王赫勒斯提埃乌斯是一位基督徒，基督教义的热诚信仰者。大约在此战期间，他发现对面陆地的许多郝美里塔人正残暴地压迫那里的基督徒。这些迫害者有些是犹太人，有些是老教的忠实信徒，我们现在叫做 Hellenic。他因此征集一支舰队和军队征讨他们。战争中，他征服了他们，杀死了他们的国王和许多郝美里塔人。然后，他重新任命一位信奉基督教的、出生于郝美里塔的、名叫埃斯米法乌斯(Esimiphaeus)的人为这里的国王。在责成其每年向埃塞俄比亚供奉一定的礼品以后，他凯旋回家。在这支埃塞俄比亚的军队里，有一些奴隶和一些很容易走向犯罪的人。他们很不愿意追随国王回去。他们由于渴望得到郝美里塔人这里的土地而留下来，因为这是一块非常肥沃的土地。

此后不久的一段时间里，这些人与其他的一些人一起，起来反抗埃斯米法乌斯国王，把他囚禁在这里的石堡中。他们另选了一位国王对其进行统治。这位国王名叫阿布拉姆斯(Abramus)，是一名基督徒。他是罗马公民的一个奴隶。这位罗马公民一直从事埃塞俄比亚阿图里斯(Adulis)城的船运贸易。赫勒斯提埃乌斯得到这一消息后，渴望惩罚阿布拉姆斯及其非法反对埃斯米法乌斯的同伙。他派遣一支由 3 000 人组成的军队，任命他的一位亲戚为总指挥。这支军队一到这里就不愿意回家了，他们希望留在这一块肥沃的土地上。所以在不让总指挥知道的情况下，他们与阿布拉姆斯进行了谈判。当他们开始与对手交战，也就是战斗刚一打响时，他们就杀死了自己的总指挥，并投向敌人的队伍，达到了留下来的目的。赫勒斯提埃乌斯对此非常愤怒，他又派了另一支军队与阿布拉姆斯作战。这支军队与阿布拉姆斯的部队发生了战斗。前者在遭到一次惨重的失败以后，马上班师回国。此后，埃塞俄比亚国王感到非常害怕，不再派遣军队征讨阿布拉姆斯。赫勒斯提埃乌斯死后，阿布拉姆斯同意向埃塞俄比亚新国王奉献贡品，通过这种方法，他巩固了自己的统治地位。当然，这是发生在稍后的事。

也就是在赫勒斯提埃乌斯统治埃塞俄比亚、埃斯米法乌斯统治郝美里塔的时候，查士丁尼派了一位名叫朱里阿努斯(Julianus)的使者，要求两个民族与罗马人一起以他们共同信奉宗教的名义，向波斯人宣战。他建议埃塞俄比亚人从印度那里购买丝绸，然后将其出售给罗马人，这样他们可以得到许多钱。罗马人因此可以从中获取唯一的利益，即：不再把他们的钱付给他们的敌人(他们习惯用于制作衣服的丝，希腊人过去叫做 Medic，而现今则称其为 Seric)。至于郝美里塔人，则要求任命逃犯凯苏斯为首领来治理马德尼(Maddeni)，用赫美里塔和萨拉森斯的马德尼(Maddene Saracens)的人民组成一支军队进攻波斯。凯苏斯出身于首领家庭，是一位非常出色的战士。他杀死了埃斯米法乌斯的一位亲戚，逃至一块无人居住的土地上。每一位国王都承诺按要求行事，但在使者离开后，每一位国王都不履行其承诺。因为对于埃塞俄比亚人来说，从印度人手中购买丝绸是不可能的。因为波斯商人驻扎在印度的商船最先到达的港口(他们是邻国)，习惯于购买整船货物。而对于郝美里塔人来说，困难之处在于要通过一个沙漠之国。通过这一地区需要花费很长的时间，而且还要与比自己更好战的民族交战。后来的阿布拉姆斯也一样，当他的权力稳固地建立起来后，也数次承诺君主查士丁尼入侵波斯，但只有一次付诸实施，而且很快就折回了。上述就是罗马人与埃塞俄比亚人和郝美里塔人之间的关系。

Procopius of Caesarea：*De Bell. Persico*，1，20.

很久以来，丝质外衣就在贝鲁特(Berytus)和推罗城加工生产，从事这些行业的商人、手工业者和技工很早就生活在这里，相关商品也由此输往全世界。查士丁尼执政年间，那些在拜占庭和其他城市从事贸易的商人为丝料索求高价，理由是波斯人当时出售丝料的价格要比过去高得多，而且进入罗马境内也要抽更多的关税。君主本人对于这种丝料价格暴涨的局面佯作愤慨，他颁布了一项法律，宣布每磅丝料的售价不得超过8个金币；违者将遭到没收全部财产之惩罚。而这对于人民来说是不可能的，也根本办不到。因为进口商不可能以高价进口丝绸制品，而又以低价将其出售。

因此，他们就不再从事这类进口贸易了，并一步一步地秘密处理掉囤积的剩货，将其出卖给那些腰缠万贯或官位显赫者。因为这些人一直希望穿戴丝绸服装，并想方设法不择手段地以满足私欲。皇后(指狄西奥多拉)从某些人口中了解到了这件事。她没有核实这一传闻，就立即没收了这些人的所有商品，并强迫他们缴纳百金罚款。

……但这一特别的事务，至少在罗马人那里，是由国库长官来负责管理的。于是，他们不久就任命彼得，绰号叫巴斯美斯(Barsymes)的人，为主管国库的官员，放纵他干这项邪恶的事务。他要求其他所有人严格遵守法律，强令所有的丝绸工匠只为他个人工作，甚至毫不掩饰地在市场广场上以每盎司不少于6个金币的价格出售普通颜色的丝绸，而对于皇家染料的丝绸(习惯上称为“Holoverum”)则暴涨至每盎司24个金币以上。

通过这种办法，彼得为君主搜刮了许多钱财，同时也暗中为自己积敛了大量财富；而他所开创的这些惯例，一直保持到现在。这是不争的事实，即国库长官既是丝绸商品的进口者，也是丝绸商品的批发销售者。以前在君士坦丁堡和其他所有城市中从事丝织贸易的商人，无论是经营海上还是陆上贸易的都因此遭受了严重的损失。在已经提及的那些城市中，几乎所有人都一夜间变成了乞丐。手艺人与技术工人皆挣扎在饥饿线上，许多人也因此放弃了自身的公民权而逃至波斯。唯有国库长官从事这一贸易，如上所述，他把贸易所得的一部分利润上交给国王，而将其余的大部分占为己有，把自己的暴富建立在公众灾难之上。

Procopius of Caesarea：*The Secret History*，25，14～26.

大约在这个时候，某些从印度来的僧侣探知查士丁尼国王非常希望罗马人不再从波斯购买丝绸，便前来求见国王，并向他承诺能解决丝的问题，可以保证罗马人不用向他们的宿敌波斯人，或向其他任何民族，采购这种商品。因为他们声称自己曾在一个叫做赛林达(Serinda)的地方生活过很长时间。赛林达位于许多印度部族的北部。在那里，他们曾非常仔细地研究过在罗马人地区制造丝绸的可行办法。于是国王向他们询问了一系列问题，了解他们的陈述是否真实。僧人们向他解释说，丝是由某种小虫所造，大自然赋予它们这种本领，并使其工作不息。他们还补充说，要从赛林达地区运来活虫不大可能，但运来它们的种子很方便，也很容易，这种虫子的种子是由许多虫卵组成的；在产卵之后很久，人们再用肥土将卵种覆盖起来，等其发热到足够的时间，小动物就会出生。听到这番讲话以后，国王便向这些人允诺加以重赏，并鼓励他们通过实验来证明自己的说法。于是，这些僧人再次返回赛林达，并从那里把一批蚕卵带到拜占庭。依照上面说过的方法，他们果然成功地将蚕卵孵化成虫，并用桑叶来喂养幼虫。从此之后，在罗马的土地上也能生产蚕丝了。

Procopius of Caesarea：*The Gothic War*，Ⅷ，17.

私人无权用Blatta、Oxyblatta和Hyacinthina等颜色织染丝和羊毛；私人也不能将已被染色的丝和羊毛出卖。如果有人要出售以前的染色羊毛，他会被告知他将面临失去财产和生命的危险。

Codex Justinianus，4，40，1.

像已经法定的那样，我们命令，除了商业行政长官以外，所有人将被剥夺从野蛮人那里购买丝绸的权利。

Codex Justinianus，4，40，2.

我们命令此后生丝像已经染色的那样将保留为我们独家使用。如果关税局官员及其他办公人员允许现法遭到别人的无理破坏，他们将被罚款 20 磅黄金。

Codex Justinianus，11，7，10.

我们禁止男人为私人制作由丝和金线织成的衣服，我们已经命令他们只能在 Gyneceums 那里制作。

Codex Justinianus，11，8，1.

我们不允许用宫廷享用的紫色染制羊毛；我们也不允许用玫瑰色，或以后用其他染剂染制丝绸。没有理由白色不应该染成其他颜色。违反此法者将处以死刑。

Codex Justinianus，11，8，3.

让所有的人，无论性别、等级、贸易、职业和地位放弃对皇帝及皇室家族专用衣服的占有，任何人不得在自己家里纺织或制作丝质斗篷和外衣。用宫廷紫色但不掺杂其他颜色染成的任何东西应从加工的工厂搬走，用宫廷紫色染成的所有外衣和斗篷将全部上缴。由宫廷紫色染成的线今后将不织成布，由全丝织成的衣服以后都将移交我们的国库。任何人不应要求支付相应的钱财，因为免除对违法的惩罚就是对其足够的补偿。

Codex Justinianus，11，8，4.

6 世纪，科斯马斯(Cosmas)更把波斯看做是丝绸贸易的中间地。他说："如果地球上也存在天堂，那些受好奇心或贪婪心驱使而想知道一切的人都会毫不犹豫地前往探寻。因为有人为了从卑贱的贸易活动中获得丝绸，皆不惜前往大地的最远处旅行，哪有道理不去能够见到天堂的地方？丝绸之国位于整个印度的最远端，当人们进入印度洋，它就在其左方，但它要比波斯湾，或印度人称之为塞勒提巴(Selediba)、希腊人称之为塔普罗巴那的那个岛屿[即今斯里兰卡——译者按]要远得多。此国被称作秦尼扎(Tzinitza)，其左边有大洋环绕，正如巴巴里亚的右边被大洋环绕一样。……因为秦尼扎的位置非常偏左，所以丝商们走陆路辗转各国到达波斯比行海路所花的时间要短，距离要近。因为去秦尼扎的航行者向塔普罗巴那岛以东航行的路程比由波斯湾进入波斯的距离还要远。此外，从波斯湾嘴到塔普罗巴那这段海路，也即穿越整个印度洋的那部分海路也很长。所以，任何人要从秦尼扎到达波斯，走陆路都会近很多；这也是波斯总是存在大量丝绸的原因。比秦尼扎更远的地方既不能航行，也无人居住。”

Cosmas Indicopleustes：*Topographia Christiana*，2.

科斯马斯说：塔普罗巴那岛“因为位居中心地带，所以从印度、波斯和埃塞俄比亚来的船只很多，它自己派往别区的船只也不少。同时，塔普罗巴那还从更远的地区，我的意思是指从秦尼扎和其他贸易地进口丝绸、芦荟木、丁香、檀木，等等。”

Cosmas Indicopleustes：*Topographia Christiana*，11.

6世纪60年代，粟特国王马尼阿赫(Maniakh)向突厥大汗提扎布鲁斯(Dizabulus)提出建议，认为：“建立与罗马人的友好关系，把丝绸销售给他们，会更符合突厥人的利益，因为罗马人消费的丝绸比其他任何民族都要多。”粟特国王马尼阿赫还主动要求陪同突厥使者一同前往拜占庭。突厥大汗批准了这一建议。568年突厥使团抵达君士坦丁堡，受到了拜占庭皇帝查士丁二世的热情接待。不久，一个由西里西亚人择马尔库斯(Zemarchus)为团长的拜占庭回访使团到达突厥大汗的宫中，“择马尔库斯(Zemarchus)一行刚到就立即得到提扎布鲁斯的接见。他们在他的营帐中看到他坐在装有两个轮子的金制宝座上，这个宝座必要时可用马拉走。……营帐里有各色精致的丝绸帷幕。”

C. Muller：*Fragmenta Historicorum Graecorum*(1841－1870)，vol. 4.

Theophylactus Simocatta 就是指 7 世纪初期的拜占庭史家。著作有《莫利斯皇帝大事记》，书中提到了有关中国方面的一些事情，其中包括 Khubdan。张星烺先生已将其译为中文，现录于下：

“陶格斯(Taugas)国王，号天子，即上帝之子之意。国内宁谧，无乱事，因威权皆由国君一家世袭，不容争辩，崇拜偶像，法律严明，持正不阿。其人生活有节制而合于理智。物产丰富，善于营商，多有金银财帛。然国家法律，严禁男子衣附金饰。陶格斯中央有大河，分国为二部。先代全境，裂为二国，以河为界，时相攻伐。二国衣制不同。尚黑者号黑衣国，尚红者号红衣国。当今莫利斯皇帝君临罗马之际，黑衣国渡河，攻红衣国，克之。遂统治全帝国。其大都城亦号陶格斯。相传马其顿亚历山大战胜大夏、康居，奴役其民，烧杀野蛮人种十二万后，乃筑此城。王居其内，后妃出乘金车，以牛牵挽。盛饰金宝，牛缰皆镀金。国王妃嫔，凡七百人。而陶格斯主要贵族之妇女则乘银车。王死，妃嫔削发衣黑，终身守陵，不得稍离。距都城数里，亚历山大尝别建一城，蛮人称之为库伯丹(Khubdan)。有巨川二，贯流城内。河畔松柏相连，荫枝倒垂。象甚多。与印度人通商甚繁。有谓其人亦印度种之一支，面皙白，居于北方者也。国中有蚕，丝即由之吐出。蚕种甚多，各色皆有。蛮人畜养此蚕最为能巧。”

Theophylactus Simocatta：*History of the Reign of Maurice*，7. 译文见张星烺：《中西交通史料汇编》第 1 册，88～89 页，中华书局，1977。略有改动。

拜占庭的狄奥法纳斯(Theophanes of Byzantium，750 年左右—817 年)也介绍说：

“查士丁尼统治期间，一位波斯人曾在拜占庭介绍过有关蚕虫的起源。一直到那时为止，罗马人对此尚不得而知。这位波斯人从赛里斯人那里来，他曾将一些搜集来的蚕卵放在一个路杖内，将其带至拜占庭。春天到来时，他用桑叶喂养蚕虫。蚕虫在吃食这些树叶后，便长出了翅膀，并完成了其余的变化。查士丁尼曾向突厥人传授过有关蚕虫的诞生、饲养及其吐丝之过程，突厥人对此感到非常惊讶，因为突厥人当时控制着赛里斯人的市场和港口，而这一切过去均掌握在波斯人手中。”

George Coedes：*Textes D'auteurs grecs et latins relatifs a l'Extreme-Orient*，Georg Olms Verlag，Hildesheim，New York，1977，p. 152.

三、基督教学者论丝织品

《新约·启示录》11－13。地上的客商也都为她哭泣悲哀，因为没有人再买他们的货物了；这货物就是金、银、宝石、珍珠、细麻布、紫色料、绸子(Silk)、朱红色料、各样香木、各样象牙的器皿、各样极宝贵的木头和铜、铁、汉白玉的器皿，并肉桂、豆蔻、香料、香膏、乳香、酒、油、细面、麦子、牛、羊、车、马和奴仆、人口。

New Testament，*Rev*，ⅩⅧ，11－13.

如果有必要迁就妇女的话，让我们与她们达成协议，允许其使用柔软的衣物，但必须让其拒绝被视为愚蠢薄透的织物，拒绝荒谬的纺织物品；应告别金线；应告别印度 seres；告别勤奋的野蚕织品。Bombyces 起初是个蠕虫，然后从中生成一个多毛的毛虫；在此之后这个生物经历了新转变，成为我们称为的第三种形式，即 Bombylius，或像有人叫它为 Necydalus；然后像蜘蛛一样吐丝结网。正像因羞愧身体而用纤细的面纱来挡羞一样，使用这些多余且透明的材料应是心灵脆弱的表现。至于华丽的衣服，它既不能遮住身体的形状，也不会是遮蔽物。

Clemens Alexandrinus：*Paedag*，Ⅱ，11.

他(亚历山大)征服了米底人，而又被米底的衣服(Medica)征服。他脱下凯旋的铠甲，屈尊穿上战俘的裤子；换下雕刻有鱼鳞铜像的胸甲，披上透明的外衣；他用透风柔软的丝织品(Serica)抚平战后的气喘。

此外，在同一作品中，特尔图良(Tertullian)还提到："在盾牌的凸雕上，Hercullus 着丝衣"；"一个哲学家穿丝衣"；"将丝织品放于风中"。

Tertullian：De *Pallio*，c，4.

在《论女性打扮》一文中提到用"结实的丝绸，圣洁的亚麻和稳重的紫袍打扮自己"。

Tertullian：*On Female Attire*.

认为穿丝绸衣服的人，不能皈依基督教。

Cyprian：*On the Dress of Virgins*.

虽然你穿了一身外国丝绸做成的衣服，但你是透裸的；虽然你能用金、珍珠和宝石美化自己，但若不敬崇基督，你还是丑陋的。

Cyprian：*De Lapsis*.

阿尔诺比乌斯(Arnobius)说异教神灵："他们要穿衣服，Tritonia 贞女可以纺织极度优质的丝线，并根据情况，将其穿上短袖束腰外衣。这些衣物或者用三线法织成，或用丝线制成。"

Arnobius：*The Seven Books of Arnobius against the Heathen*.

一些人带着银和金，或者由优质的赛里斯丝线织成的布，把它们贡献给上帝，另一些人把他们自己奉献给基督。

Gregorius Nazianzenus：*Ad Hellenium pro Monachis Carmen*，tom，2，ed. Par，1630，p. 106.

巴西尔(Basil)这位著名的学者虽然生活在小亚细亚，在叙利亚和巴勒斯坦从事研究工作，但他显然只从书本上或其他报告中获取"蚕"的知识。巴西尔是第一个明确地提到蚕从蛹变成蛾这一过程的人，同时他也是第一个用蝶蛹变化的过程来说明很难理解的“复活”现象的人，非常贴切。他说：“你们应该考虑印度的带角虫。它开始是一条小虫，然后过一段时间就变成了茧，此后形状又有了变换，长出了轻巧的翅膀。妇女们，当你们坐着忙于卷挽这些动物制作的细线的时候，即用中国的丝制作你们精美衣服的线的时候，应记住这些动物的变换，并从这里想到复活的存在，相信保罗告诉我们的复活的存在是正确的。”

Basil：*Homily*，8.

富裕的男人们紧裹的织有金线的丝质衣物与面纱，对于活人来说是一种浪费，但对于死人来说也毫无所得。

Ambrose：*De Nabutho Jezraelitd*，cap. 1.

杰罗姆(Jerome)在多种地方提到了丝织品。有细丝带(第22封信)、饰金丝衣(第22封信)、“异教寡妇夸耀丝质衣服”。“因为我们不使用丝织品衣服，我们被别人称作修道士；因为我们不喝酒，不哈哈大笑，我们被别人叫做傻瓜：如果我们不穿洁白的衣服，我们立即就会听到这样的谚语，即他是一位骗子，是一位希腊人。”(第38封信)。丝织长礼服(第77封信)和丝织长袍(第127封信)；有让信徒改变或放弃项链、珠宝和丝绸之爱(第54封信)、有人物与心理描写的：羡慕别人穿戴的丝绸衣裙和锦缎(第117封信)，穿着丝绸的留着长头发的人(第117封信)，穿丝绸的裙子(第127封信)。在提到女儿教育时，还要让她学习一些仿毛线的活计，会使用绕线杆，会把篮子放在膝上，转动纺轮，用大拇指捻纱。让她们蔑视丝织品，中国毛织品和金丝锦缎；她给自己做的衣服要能御寒，遮盖身体不致暴露在外(第107封信)。愿她所珍惜的不是丝织品或珍宝，而是《圣经》的手抄本(第107封信)。

Jerome，*Epistles*.

从前你赤脚走路，现在你不但使用鞋子，而且还把鞋子装饰。你过去外面穿一件破烂的束腰衣，里面穿一件黑色的衬衣，又脏又邋遢，满手都长着劳动后出现的老茧；现在你穿着亚麻和丝绸制成的衣服，穿着来自 Atrebates 和 Laodicea 地区的制服。

Jerome，*Adv. Jovinianum*，2，21.

东罗马帝国君主阿卡狄乌斯时期，St. Chrysostom 记载："皇帝御用衣物都是丝织品，上面绣着金龙图案。" St. Chrysostom：*Homilies*，14. 他指责："妇女身着的丝绸衣服。" *Homilies*，25. 他指出："富人们披着丝织围巾，但他的心灵却衣衫褴褛。"他认为："丝织衣服是漂亮的，但它为虫子所织。"

Homilies of St. John Chrysostom on Timithy, Titus, and Philemon.

401 年，罗马君主阿卡狄乌斯为其刚刚出生的儿子狄奥多西二世举行基督教洗礼，"全城(指君士坦丁堡)的人都头戴花环，身穿丝绸袍服，戴着金首饰和各种饰物，没有人能把全城当时的盛况用笔墨描述出来。此外，人们可以看到犹如海波一样众多的居民；还可以看到款式各异的盛装"。

Mark the Deacon：*The Life of Saint Porphyry, Bishop of Gaza*，47.

"你看他穿着丝衣，驾着战车，一副得意洋洋的样子。清澈的毒剂正在发生作用，小肿病向肿起的皮肤渗透。"

Prudentius：*Peristeph. Hymn.* Ⅱ，L，237～240.

在另一首赞颂 St. Romanus 的圣书中有下面一段话：

"为了满足肉体的需要，追求成堆的黄金，有花纹的衣服，宝石，丝、紫色染料；为了满足肉体的需要，不惜用无数的方法达到目的。"

Prudentius：*Peristeph. Hymn.* Ⅹ，L，511～514.

在同一首圣书中，Prudentius 描写了一位异教的祭司在向神献祭时，身穿一件丝质 Toga，为了固定丝质 Toga，他使用了 Gabine 腰带。

Prudentius：*Peristeph. Hymn.* Ⅹ，L，1015.

此外，还有两个部分谴责穿丝质衣服，尤其是谴责男人们穿丝质衣服，认为这是奢侈行为。

丝巾在衰弱的手上飘动。

Prudentius：*Psychomachia*，L，363～164.

他们羞于叫做男子。他们追求在美化自己方面的最大虚荣，在柔弱中消耗天然的力量。他们喜欢飘逸的长袍，这种长袍不是用羊毛制成而是来自东部世界树上的绒毛制成。他们以奢侈的刺绣装饰菱形图案。……无论什么动物只要长着柔软的毛，都会被拿来梳理。男人们轻率地追求五花八门的衣服，推动了需要，发明了新织机，织羽毛衣。其羽毛衣可与真实的鸟的羽毛相媲美。

Prudentius：*Hamartigenia*，L，286～298.

他们(远古的人们)很容易得到橡树籽充饥，不饮加了蜂蜜的酸酒，不知如何用推罗的颜料染饰丝绸，他们安稳地睡在草丛里，靠着松木遮蔽，饮着涓涓溪水。

Boethius：*Consolation of Philosophy*，2，5.

"赛里斯"一名由他们自己城堡的名称而来，它是位于东方的一个民族。在他们那里，人们用采摘来的树绒织布，所以有这样的说法：人们不知赛里斯人长成何样，但皆知他们织成之物品。

Isidorus of Seville：*Etymologiae*，9，2.

赛里斯本是东方的一个城堡，赛里斯民族即由此得名。其国名也以此而来。此国从斯基太和里海开始，一直延伸至东边的海洋。人们可以在那里找到许多长绒毛的树叶，人们从叶中采摘绒毛。赛里斯人不愿以此同其他民族做交易，只出售那些能裁制衣服的丝。

Isidorus of Seville：*Etymologiae*，14.

赛里斯服装(Serica)得名于赛里斯布。也就是说，这种衣服首先是由赛里斯人输往别处。

Isidorus of Seville：*Etymologiae*，19，22.

赛里斯服装之所以如此称呼，是因为它首先是由赛里斯人所输出的。据记载，在赛里斯国内，有一些小虫子，它们以自己的丝缠树。在希腊文中，这些虫子又被称作“Bombyx”。

Isidorus of Seville：*Etymologiae*，19，27.

什么方法使 Seric 蚕吐出这样光泽诱人的丝线，它既能染以紫色，还能使非凡的男人引以为傲。

当它们在衣服上闪闪发亮的时候，想法自然流露：诱人的衣袍曾经是蛹的外衣：我们的复活来自坟墓，它死于它自己编织的坟墓里，这个可怕的住所既是它的家，也是它的墓，它在这里腐烂，直到一定的时候，它留下的腐烂物，重新恢复原来的形状。它的一些陈腐的肉体，通过一个无法言语的黑暗过程，神奇地恢复了其早期的形式。

Georgius Pisida：*Poem*，*Appendix Corporis Hist. Byzantinae*，Roma，1777，folio.

在对早期“丝绸之路”的研究和取材过程中，笔者搜集、阅读、查阅和研究的有关希腊罗马和基督教学者的作品很多。上面只是笔者选译的一部分。但从中能够看到罗马世界使用丝绸的概貌。笔者始终认为对承载历史真相的相关文献尤其是权威文献的准确释读是历史学的第一前沿，是历史学基础之基础。这种前沿性贯穿于历史研究的始终，这种基础性渗透于历史研究的整个过程。在无法架控众多典型性材料的情况下，要获取原创性研究成果，提出自身独特的、有价值的看法并更好地揭示历史真实，显然是不可能的。

为表达自己对西方古代前贤在贡献思想和保持材料方面的敬意，同时也为了使后来的探索者有更方便的途径获取信息，笔者考虑将自己在“取证”过程中所使用过的主要作品作一梳理，并附录于下①。

1. Ammianus Marcellinus. *Roman History*

2. Appian. *The Civil Wars*

3. Apuleius. *Metamorphoses*

4. Arrian. *Anabasis of Alexander*

5. Athenaeus. *The Deipnosophists*

6. Aulus Gellius. *Attic Nights*

7. Ausonius. *Poems*

8. Basil. *Letters*

9. Boethius. *Theological Tractates and The Consolation of Philosophy*

10. Caesar. *Alexandrian War. African War. Spanish War*

11. Caesar. *The Gallic War*

12. Caesar. *The Civil Wars*

13. Cato. *On Agriculture*

14. Catullus. *Catullus. Tibullus. Pervigilium Veneris*

15. Cicero. *Letters to Atticus*

16. Cicero. *On the Republic*, *On the Laws*, *On Duties*

17. Cicero. *Philippics*

18. Claudian. *Panegyric on Probinus and Olybrius. Against Rufinus* 1 *and* 2. *War Against Gildo. Against Eutropius* 1 *and* 2. *Fescennine Verses on the Marriage of Honorius. Epithalamium of Honorius and Maria. Panegyrics on the Third and Fourth Consulships of Honorius. Panegyric on the Consulship of Manlius. On Stilicho's Consulship* 1

19. Claudian. *On Stilicho's Consulship* 2-3. *Panegyric on*

---

① 这里使用的皆出自 Loeb Classical Library。

the Sixth Consulship of Honorius. The Gothic War. Shorter Poems. Rape of Proserpina

20. Clement of Alexandria. *The Exhortation to the Greeks. The Rich Man's Salvation. To the Newly Baptized (fragment)*

21. Columella. *On Agriculture*

22. Cornelius Nepos. *On Great Generals. On Historians*

23. Dio Chrysostom. *Discourses*

24. Diodorus Siculus. *Library of History*

25. Dionysius of Halicarnassus. *Roman Antiquities*

26. Florus. *Epitome of Roman History*

27. Galen. *On the Natural Faculties*

28. Herodian. *History of the Empire*

29. Horace. *Odes and Epodes*

30. Horace. *Satires. Epistles. The Art of Poetry*

31. Jerome. *Select Letters*

32. Josephus. *The Jewish War*

33. Josephus. *Jewish Antiquities*

34. Julian. *Orations*

35. Julian. *Letters to Themistius, To the Senate and People of Athens, To a Priest. The Caesars. Misopogon*

36. Julian. *Letters. Epigrams. Against the Galilaeans. Fragments*

37. Juvenal. *Juvenal and Persius*

38. Livy. *Roman History*

39. Lucan. *The Civil War (Pharsalia)*

40. Lucian. *Phalaris. Hippias or The Bath. Dionysus. Heracles. Amber or The Swans. The Fly. Nigrinus. Demonax. The Hall. My Native Land. Octogenarians. A True Story.*

Slander. The Consonants at Law. The Carousal (*Symposium*) *or The Lapiths*

41. Lucian. *Anacharsis or Athletics. Menippus or The Descent into Hades. On Funerals. A Professor of Public Speaking. Alexander the False Prophet. Essays in Portraiture. Essays in Portraiture Defended. The Goddesse of Surrye*

42. Lucian. *The Passing of Peregrinus. The Runaways. Toxaris or Friendship. The Dance. Lexiphanes. The Eunuch. Astrology. The Mistaken Critic. The Parliament of the Gods. The Tyrannicide. Disowned*

43. Lucian. *How to Write History. The Dipsads. Saturnalia. Herodotus or Aetion. Zeuxis or Antiochus. A Slip of the Tongue in Greeting. Apology for the "Salaried Posts in Great Houses." Harmonides. A Conversation with Hesiod. The Scythian or The Consul. Hermotimus or Concerning the Sects. To One Who Said "You're a Prometheus in Words". The Ship or The Wishes*

44. Magie, D.. *The Two Valerians. The Two Gallieni. The Thirty Pretenders. The Deified Claudius. The Deified Aurelian. Tacitus. Probus. Firmus, Saturninus, Proculus and Bonosus. Carus, Carinus and Numerian*

45. Marcus Aurelius. *Midetation*

46. Martial. *Epigram*

47. Martial. *Spectacles*

48. Ovid. *Art of Love. Cosmetics. Remedies for Love. Ibis. Walnut-tree. Sea Fishing. Consolation*

49. Ovid. *Heroides. Amores*

50. Pausanias. *Description of Greece*

51. Petronius. *Satyricon. Apocolocyntosis*

52. Philostratus. *Life of Apollonius of Tyana*

53. Pliny the Elder. *Natural History*

54. Pliny the Younger. *Letters*

55. Pliny the Younger. *Panegyricus*

56. Plutarch. *Pericles and Fabius Maximus. Nicias and Crassus*

57. Plutarch. *Alexander and Caesar*

58. Plutarch. *The Education of Children. How the Young Man Should Study Poetry. On Listening to Lectures. How to Tell a Flatterer from a Friend. How a Man May Become Aware of His Progress in Virtue*

59. Plutarch. *How to Profit by One's Enemies. On Having Many Friends. Chance. Virtue and Vice. Letter of Condolence to Apollonius. Advice About Keeping Well. Advice to Bride and Groom. The Dinner of the Seven Wise Men. Superstition*

60. Plutarch. *Sayings of Kings and Commanders. Sayings of Romans. Sayings of Spartans. The Ancient Customs of the Spartans. Sayings of Spartan Women. Bravery of Women*

61. Plutarch. *Can Virtue Be Taught? On Moral Virtue. On the Control of Anger. On Tranquility of Mind. On Brotherly Love. On Affection for Offspring. Whether Vice Be Sufficient to Cause Unhappiness. Whether the Affections of the Soul are Worse Than Those of the Body. Concerning Talkativeness. On Being a Busybody*

62. Plutarch. *Concerning the Face Which Appears in the Orb of the Moon. On the Principle of Cold. Whether Fire or Water Is More Useful. Whether Land or Sea Animals Are Cleverer. Beasts Are Rational. On the Eating of Flesh*

63. Plutarch. *On Love of Wealth. On Compliancy. On En-*

vy and Hate. On Praising Oneself Inoffensively. On the Delays of the Divine Vengeance. On Fate. On the Sign of Socrates. On Exile. Consolation to His Wife

64. Plutarch. *Roman Questions. Greek Questions. Greek and Roman Parallel Stories. On the Fortune of the Romans. On the Fortune or the Virtue of Alexander. Were the Athenians More Famous in War or in Wisdom?*

65. Polybius. *Histories*

66. Propertius. *Elegies*

67. Procopius. *Gothic War*

68. Procopius. *On Buildings.*

69. Procopius. *Persian War*

70. Procopius. *The Anecdota or Secret History*

71. Procopius. *Vandalic War*

72. Ptolemy. *Geographyia*

73. Quintus Curtius. *History of Alexander*

74. Quintus Smyrnaeus. *The Fall of Troy*

75. Quintilian. *Training of an Orator*

76. Sallust. *War with Catiline. War with Jugurtha. Selections from the Histories. Doubtful Works*

77. Seneca. *Tragedies* I、II

78. Seneca. *Epistles*

79. Seneca. *Moral Essays*

80. Sextus Empiricus. *Against the Physicists. Against the Ethicists*

81. Sextus Empiricus. *Outlines of Pyrrhonism*

82. Sidonius. *Poems. Letters*

83. Silius Italicus. *Punica*

84. Statius. *Silvae*

85. Statius. *Thebaid*

86. Strabo. *Geography*

87. Suetonius. *Julius. Augustus. Tiberius. Gaius. Caligula. Claudius. Nero. Galba. Otho and Vitellius. Vespasian. Titus, Domitian*

88. Tacitus. *Agricola. Germania. Dialogue on Oratory*

89. Tacitus. *Annals*

90. Tacitus. *Histories*

91. Terence. *Phormio. The Mother-in-Law. The Brothers*

92. Tertullian. *Apology and De Spectaculis. Octavius*

93. Valerius Maximus. *Memorable Doings and Sayings*

94. Velleius Paterculus. *Compendium of Roman History. Res Gestae Divi Augusti*

95. Virgil. *Eclogues. Georgics. Aeneid*

96. Vitruvius. *On Building*

97. Xenophon. *Anabasis*

98. Zosomus. *Histories*

附录一

古代中国的一个罗马城市①

有一个值得注意的事实是：在5年的中国城市和郡县名册上，有一座以古罗马的中国称谓命名的城市。古代的中国人和现在一样，一般不给他们的城市取外国名字。在那份有着1 587个城市的名册上，仅有两个以外国名字命名的城市：一个为古名库车(Kuchu)，另一个叫温宿(Wen-siu)。库车和温宿都坐落于中突厥斯坦(Turkeștan)地区，我们知道这两个地方居住的都是来自中国境外同名城市的移民。由此可以推知：有一些来自罗马帝国的民众已经迁至中国，并建立了这座城市。

这一结论听起来似乎相当不可思议。在古代中国和罗马帝国之间，贯穿着闻名于世的丝绸之路。中国的丝绸经此运往欧洲。此路绵延4 000多英里，环境险恶，多是沙漠高山。庞大的帕提亚帝国(Parthia)横跨其间。此国为罗马之死敌，罗马从未成功地将其征服。帕提亚有效地控制着丝绸之路，从不允许自由的罗马人穿越其境。介于帕提亚和中国之间的众多部族，

① 此书为 Homer Dubs 所著。

尽管允许商队经过，但对外来居民的成群过境却始终控制严格。

这座以罗马中文名命名的城市位于现在的永昌南部，地处甘肃省向西北延伸的狭长地带。公元前121年，中国人从匈奴手中夺取了这一地区，当地居民或逃脱中国人的控制，或被遣送至中国的另一边境地区。此后，中国人逐渐于此定居。据史书记载，公元前79年，匈奴入侵此地，并蹂躏了靠近罗马城市的番和县。既然史书并未提及前者，这似乎可以说明此城在当时尚未存在。首次提及这一地名的是在5年的中国地名册上。此外，《汉书》上还有9年篡夺帝位的儒教信徒王莽为这座城市所起的名字。王莽采用了孔子“正名”法，对所有地名都起了一个与之相应的名字。他把这座城市改名为“揭虏”，这一名字有两层意思：“摧毁城市时俘获的徒众”和“被安置的俘虏”。那么是不是中国人俘获了一些罗马军团的士兵，并把他们安置在靠近中国西北边境的镇上，让其充当边疆的守军呢？

骊靬是这座城市的中文名称。它也被中国人用来称呼罗马和罗马帝国。后汉以后，中国人始称罗马帝国为大秦。166年，一位到达中国的人宣称他是“大秦王安敦(即：马尔库斯·奥里略·安东尼乌斯，Marcus Aurelius Antoninus)的使者。中国人称罗马帝国为大秦直到中世纪，之后才用拂菻(东罗马帝国之名)之名将其替代。《后汉书》在记载大秦时，一开始就这样写道：“大秦国一名犁鞬。”这一陈述在中国的其他史籍中也常出现，因此毋庸置疑。

几乎可以断定犁(骊)鞬一名来自希腊语“亚历山大里亚”的中文转述和缩略。最初指的是埃及的亚历山大里亚。我们甚至可以讲出这个词如何在中国使用起来的情况。

公元前110年到公元前100年之间，一个帕提亚国王的使团来到中国首都。据载在呈送给中国皇帝的礼物中有来自犁靬(骊靬)的出色的杂技艺人，这些来自埃及亚历山大里亚的男女杂技艺人相当出名并被送至外国。既然帕提亚国王极为尊重中国皇帝，那他自然送来了他们所能找到的最好的杂技艺人。当人们问及这些杂技艺人来自何处时，他们当然回答说："来自亚历山大里亚"，中国人不喜欢这个以元音开头的多音节词，也发不出准确的希腊音，就把它简化为"犂靬"。当中国人又获悉此地不同于帕提亚时，他们自然用亚历山大里亚这一名称来称呼这些杂技艺人之国。没有一个中国人到过罗马帝国，所以他们无法区别罗马境内一个重要地区与罗马国家之间的不同。此外，罗马人除了称他们的帝国为"Orbis terrum"，也就是"世界"之外，别无他称，以至这些杂技艺人发现很难用此来说明罗马帝国之名。可能就是在这种情况下，促使中国人用犂鞬(骊靬)这一称呼来通称整个罗马帝国了。

现在让我们回顾一下在罗马帝国和中国发生的，使得欧亚大陆这两个端点联系在一起的一系列值得注意的历史事件。

公元前 60 年，庞培经元老院批准在罗马举行一次凯旋式。他征服了本都(Pontus)、亚美尼亚(Armeria)、犹太(Judea)，与帕提亚人订立了友好条约，并认真规划建立了对罗马新增领土的管理体系。然而，当他作为一位普通公民回到罗马时，却发现自己在政治上完全陷于孤立无援的境地。恺撒和克拉苏为他解围，并共同结成前三头同盟。公元前 59 年，恺撒当选执政官，使庞培的东方措施得以批准。公元前 55 年，庞培和克拉苏成为执政官，后者不久出任叙利亚(Syria)总督。

克拉苏为三头同盟提供了另外两人所缺少的大笔资金。这笔资金是完成其计划所必需的。克拉苏已经依靠低价买进被苏拉剥夺的政敌的财产而发了大财。他所最缺乏且最渴望得到的是军功——这在罗马被看做是最崇高的荣誉。到达叙利亚后，克拉苏不顾手下最优秀将领的劝告，发动了对帕提亚人的战争。公元前 55 年，他所发动的第一次战役流产。次年，他率领 7 个军团，4 000 名骑兵以及数量差不多的轻装部队进入帕提亚。双方在卡雷(Carrae)相遇。主要由骑兵弓箭手组成的帕提亚军队，包围了罗马人，发箭如雨，持续不止。帕提亚人避免与擅长格斗的罗马人近身作战。帕提亚骑兵在罗马步兵发动冲击前撤退，罗马人对此毫无办法。先前，罗马军团只要等到帕提亚人的箭射完，就可以发起冲锋。但这次不同，帕提亚指挥官准备了骑兵，为他们的弓箭手轮流运送新箭，于是弓箭手们可以整天向罗马人发射箭雨。克拉苏之子普布里乌斯(Publius)指挥的辅助骑兵和部分军团士兵果断发动进攻，其结果仅仅是将这支队伍从主力部队中分离出来而已。军团士兵被迫组成一个外围以盾牌紧密相连的方阵来保护自己，这个方阵叫龟形阵。这样军团士兵们得以保全身体。帕提亚人于是抬高射点，箭飞越盾牌，伤及躲在盾牌后面的人。帕提亚人还向盾牌底下射箭，射中罗马人之腿，于是“他们的腿被深深地钉在地上”。当普布里乌斯·克拉苏的队伍同主力部队分离后，退至一个沙丘上，以盾牌相连组成龟形阵。凡是站在沙丘更高处超过盾牌防御线的人都中箭倒地。18 年后，安东尼的部队在同样情况下又改进他们的战术：前排人跪下，盾牌抵地，保护站在后边人的双腿；第二排将盾牌举至头顶；剩下的人将盾牌举过头顶。通过这种新型的龟形阵，全军得以在帕提亚人的箭雨中保全。但是在卡雷，龟形阵还无法保护士兵的头或脚。

帕提亚人于是以极小的代价击败了罗马人。入夜，克拉苏所带来的42 000人中，20 000 被杀，10 000 人被俘，仅有 1/4 的人逃回叙利亚。我们对俘虏们以后的遭遇知之甚少。普林尼(Pliny)说他们被送到马尔吉阿纳(Margiana)，守卫帕提亚的东部边疆。这一地区在中亚，包括今天的莫夫(Merv)。至于这 10 000 名俘虏中有多少来到了这一地区，我们不得而知。从卡雷到马尔吉阿纳·安条克(Antioch)距离大约为 1 500 英里，在这样一次跋涉中，俘虏们不可能得到善待。不过，他们都是非常强壮的人。我们的信息仅此而已。贺拉斯(Horace)

猜测这些罗马人与蛮族妇女结了婚并在帕提亚军中服役。

现在我们从乌浒河(Oxus)附近的马尔吉阿纳转向中国。在那里我们虽然找不到关于罗马和罗马士兵的记载，但从现有的材料中，我们可以找到证明这些罗马军团中的部分士兵最终到达中国的有关暗示。

公元前2世纪，现在的蒙古(Mongonia)由被中国人称为匈奴的匈人占据。他们劫掠中国人，特别是在第一个匈奴皇帝冒顿统一蒙古之后更甚。冒顿建立了一个横跨中国北疆的庞大帝国，大致包括从满洲里(Manchuria)到巴克特里亚(Bactria)的全部地区。他自封为天子，这是这个匈奴语头衔的汉语音译，匈奴语读作单于(Chanyu)或(Shan-yu)。到公元前60年，连续的恶劣天气削弱了匈奴。匈奴单于死后，一场争夺权位的战争爆发，八单于争立。经过两年多的争斗，除了两位单于以外其余的皆被消灭。这两名单于是：呼韩邪单于，他由东部的贵族会议拥立，可能是合法的统治者；郅支单于，他是呼韩邪单于的哥哥(可能是同父异母的哥哥)。郅支单于打败了呼韩邪单于。于是，呼韩邪寻求中国的帮助并把儿子送到中国，入侍汉朝。(按中国的惯例是将盟国的王子留在朝中。部分原因是将其作为人质以保证其父行不越轨；部分原因是让这个将来可能成为重要人物的孩子记住中国的文明和实力)。郅支同样也把儿子送至中国朝中。呼韩邪为显忠顺，恳请获准参加中国一年一度的新年朝觐。因为无法对匈奴行使征服，所以呼韩邪受到了汉朝政府的盛情款待。明智的汉朝皇帝像招待客人一样款待他，把他视作皇帝，置于诸侯王公和贵族之上。单于收到大量馈赠，两个月后被护送回内蒙古，获准在那里占据中国的某些边远要塞。中国人为支付抵御匈奴入侵所需的大量钱财，被迫征收重税，不仅征收财产税、人头税，而且对被匈奴人卖为奴隶的中国俘虏也征税。在以后的数年里，中国人总共给呼韩邪送去了20 000蒲式耳的谷物，从而使他能够吸纳大批的匈奴追随者。

郅支害怕他的对手，于是离开蒙古并试图与乌孙结盟，乌孙人可能是哥萨克人(Cossacks)或吉尔吉斯人(Kinrghiz)，那时住得比今天更靠东。但乌孙是中国的盟友。他们杀了郅支的使者，把使者的头颅送至中国。郅支成功地发动奇袭，打败了乌孙军队，但还是无法征服乌孙。于是他向北发展，征服了位于今天西西伯里亚(Sibenia)的三个王国，建都坚昆。坚昆可能是现在的欧姆斯克(Omsk)或托姆斯克(Tomsk)。正如对蒙古人或其他草原游牧民族一样，对匈奴人来说，管理1 000英里的草地易如反掌，毫不困难。

郅支认为现在安全了。他给中国朝廷送去一信，佯称内附中国并要求送还其入侍朝中的儿子。中国司马谷吉奉命护送其子回国，但中国官员了解郅支并对他缺乏信任，一名御史大夫认为：谷吉应送其子至塞而返。但谷吉回答说：这个男孩在中国生活了十余年，而且为了将来与他父亲搞好关系，也应将他安全地送至其父的宫中。汉朝政府绝对是个官僚政府，就此事接连讨论了三年，最后获首席将军同意，汉元帝才决定接受谷吉的大胆建议。公元前42年元月，谷吉率手下护卫出发，抵单于朝廷，并皆为匈奴所杀。

与此同时，位于郅支帝国南面的独立王国粟特(Sogdiana)深受乌孙侵扰之苦。郅支由于击败了乌孙，赢得了很高的声望。他是一位匈奴单于(皇帝)，而且乌孙一度臣服于匈奴。所以粟特王邀请郅支入居粟特东部，在那里郅支得到了一块比北方寒冷地区肥沃得多的土地，他也能保护粟特免受乌孙之害。郅支听说呼韩邪日益强大，而且越来越意识到冒犯中国是件非常严重的事，他开始害怕中国人为复仇而向他发动秘密进攻。于是他接受粟特的建议，双方订立了协约。粟特送给他几千匹骆驼、驴、马，但是郅支的队伍在路上遭遇严寒，仅有3 000名匈奴人安全抵达粟特。

粟特国王盛情款待郅支，与他结成坚实同盟。粟特王把女儿嫁给郅支；郅支则把自己的女儿嫁给粟特国王。郅支率粟特军队进攻乌孙，入其腹地，屠杀、奴役乌孙人，抢走他们的牛、羊。乌孙被迫撤退，放弃了西部300英里的领土。

此后郅支居功自傲，他断绝了同粟特的关系，杀死粟特王之女及粟特民众数百。他在都赖水河上为自己修筑了一座牢固的城池。可以断定都赖水河就是今天的塔拉斯河，是流经药刹河(Jaxartes)至巴尔喀什湖(Balkash)之间的沙漠后自行消失的诸多河流中的一支。据斯特拉波记载：郅支向奥西(Aorsi)和费尔汗那(Farghana)强征年贡。

中国人对都赖水河流域感兴趣，因为丝绸之路经过此地。为了防御西部边境，他们在今天新疆塔克拉玛干(Taklamakan)沙漠富饶的边缘地带设立了一个名为西域都护的官方机构，配备一支训练有素的精锐流动部队。分布在沙漠边缘绿洲上的小王国都臣服于中国并在接到中国皇帝诏令时为都护提供辅助部队。中国政府不时向各地派出使者密切了解中亚，特别是丝绸之路沿途的情况。

汉廷曾连续遣使三辈至康居求谷吉等人之尸首。但郅支极不友好地对待他们并傲慢地回应西域都护的要求。

公元前38年，两个年轻人，甘延寿作为西域都护和骑兵总司令(骑校尉)，陈汤作为他的副手和副校尉来到西部边疆地区。甘延寿出身良家，有一个无可指责的履历。陈汤雄心勃勃、勇敢、足智多谋且小心谨慎。他初到朝中时，因犯错而失去为官的机会。为获取更高的职位，他数次求使外国。在被任命为都护的副手之前，他已经几次为使出访，如今他对西域地区十分熟悉。

陈汤从郅支扩张势力并力图在中亚建立一个大帝国的明显企图中预见到中国将受到的巨大威胁。他知道中亚土城无法抵挡训练有素的中国军队。蛮族兵刃朴钝，弓弩不利，汉人在武器上占有优势。他更知道在当地人的配合下，都护指挥的汉军现在就能够战胜郅支，取得辉煌的胜利。但是如果他们等到匈奴加强了安全措施再动手，那就太晚了。甘延寿同意他的意见，但指出他们必须首先得到中央政府的批准。陈汤认为：上报朝廷将会引起官僚的拖延；且朝廷一向节俭，必以远征耗费太大而不予批准。就在这时，甘延寿病了。

远征的诱惑对陈汤来说实在太大。他胆大妄为，独矫制发城郭诸国兵、车师戊己校尉屯田吏士，准备出征。

甘延寿闻之，惊起，欲止之。但真正危险的举动——伪造皇帝诏令的重罪业已犯下，无法收回，所以，陈汤半威逼半说服，敦促他的上司抓住这一可以带来不朽名誉的机会。当40 000人的军队聚集完毕，甘延寿和陈汤一面给东方朝廷上疏自劾矫制，陈言兵状；一面发兵西进。时为公元前36年秋的同一天，任何撤回命令都无法对其产生影响。

一半军队经塔克拉玛干沙漠南部翻过阿尔泰山(Altai)，穿越费尔汗那。另一半军队由甘延寿和陈汤率领从现在的乌什出发，穿过沙漠北部，然后折向西。在路上他们与一支劫掠乌孙的粟特军相遇。陈汤率领部众袭击这支军队，杀死3 460人，释放了被粟特人抓获的170个俘虏，把他们送还给乌孙统治者。从粟特入侵者手中夺回的马、牛、羊被乌孙王作为回报送给陈汤作军粮。

当他们进入粟特时，陈汤禁止军队劫掠。他与一些憎恨郅支的粟特贵族立下秘密协定，并从中获得有关郅支的重要情报。中国军队在距郅支城15英里处扎营。第二天推进到8英里之内。

中国关于该城陷落的记述可以明显地分为九个场景。它们显然来自描述城市陷落的画卷。这种描绘当时作战情景的画卷在中国历史上是没有先例的。下面我就将中国《汉书》里的相关内容翻译如下：

（第一场景）明日，前至郅支城都赖水上，离城三里，止营傅陈。望见单于城上立五彩幡织，数百人披甲乘城，又出百余骑往来驰城下，步兵百余人夹门鱼鳞陈，讲习用兵。城上人更招汉军曰“斗来!”

（第二场）百余骑驰赴营，营皆张弩持满指之，骑引却。颇遣吏士射城门骑步兵，骑步兵皆入。

（第三场）（甘）延寿、（陈）汤令军闻鼓音皆薄城下，四面围城，各有所守，穿堑，塞门户，卤楯为前，戟弩为后，卬射城中楼上人，楼上人下走。土城外有重木城，从木城中射，颇杀伤外人。外人发薪烧木城。

（第四场）夜，数百骑欲出外，迎射杀之。

（一个纯文学的插叙）初，单于闻汉兵至，欲去，疑康居怨己，为汉内应，又闻乌孙诸国兵皆发，自以无所之。郅支已出，复还，曰：“不如坚守。汉兵远来，不能久攻。”

（第五场）单于乃披甲在楼上，诸阏氏夫人数十皆以弓射外人。外人射中单于鼻，诸夫人颇死。单于下骑，传战大内。

（第六场）夜过半，木城穿，中人却入土城，乘城呼。时康居兵万余骑分为十余处，四面环城，亦与相应和。夜，数犇营，不利，辄却。

（第七场）平明，四面火起，吏士喜，大呼乘之，钲鼓声动地。康居兵引却。

（第八场）汉兵四面推卤楯，并入土城中。单于男女百余人走入大内。

（第九场）汉兵纵火，吏士争入，单于被创死。军候假丞杜勋斩单于首，得汉使节二及谷吉等所赍帛书。

我们有必要考察一下上述细节描写中的某些问题。首先，在第一幕场景的描写中，有这样的记录，“步兵百余人夹门鱼鳞阵”。“鱼鳞阵”(fish—scale formation)一词在中国历史文献中是绝无仅有的。这引出一个问题，即具有何种性质和民族性的军队能够布出如此复杂的阵形。要布成一个像鱼鳞一样非常整齐的阵形需要有极高的纪律和训练水平。这样的阵形不是任何游牧民族都能完成的，比如匈奴就不行。游牧民族和野蛮人只会一窝蜂地冲上去作战，比如高卢人就是如此。在战争中要布成一个整齐的阵形只有那些像职业军人一样经过长期训练的人才能做到。

这会是希腊人吗？巴克特里亚的希腊政权被野蛮部落推翻发生在公元前141年到公元前128年之间，大约是公元前130年，几乎发生在陈汤远征100年以前。威廉·塔恩先生写信告诉我：

“我看不出那时的‘鱼鳞阵’与马其顿方阵或希腊方阵有怎样的关系。或许暗示有关方阵的记忆在粟特人中保存了一个世纪……任何有关希腊方阵的想法似乎都不可能。马其顿方阵只使用小的圆形盾牌，手持这样盾牌的士兵列阵时无法紧密相连摆成‘鱼鳞阵’。”

当我放弃“鱼鳞阵”可能代表古罗马军队的龟形阵这一想法时，威廉·塔恩先生首先提醒我，离郅支城不远的地方有罗马军团的士兵。这些罗马人在到达马尔吉阿那之前已在军团里当兵谋生。而希腊人、塞加人和其他民族一般都以当外国雇佣军谋生。罗马政府将所有够格的罗马人招募至军团里，从而使他们不用去国外当雇佣军。居住于马尔吉阿那的克拉苏战俘由于远离罗马本土，毫无返回的希望。于是有一部分罗马人逃离可憎的帕提亚，成为其他统治者的雇佣军，这也是很自然的事。

从波斯边境乌浒河旁的马尔吉阿那地段到都赖水河边的郅支城，大约有400～500英里，而从克拉苏战败到中国人看见郅支城前士兵布列典型的罗马龟形阵已达18年。别的军队皆未使用过这些龟形阵。罗马军队使用的长方形长盾，其正前面呈圆凸状，手持长盾的士兵并肩站在一起。这种景象在一个标准的中国平视者看来，在一位从未见过龟形阵的人看来，真的极像鱼鳞。

对于我们大多数人而言，古罗马方阵的突出特征是士兵的头上没有盾牌来充当抵挡射击物的掩体。图拉真纪功柱在表现102年一些军团对达西亚堡垒发动猛烈攻击时，展示了这个阵势。但是，龟形阵正常或真正的用途并非是用作掩体。罗马人不是弓箭手。他们的弓箭手完全是辅助性的，他们宁愿赤手空拳肉搏，自然处于劣势。他们需要一种抵挡弓箭的保护物，于是找到了坚固得足以抵挡各种弓箭的古罗马长盾。长盾是用一些坚硬的长木片牢固地组合而成的，外面用羽毛之类的东西加固。当罗马人面对箭雨时，他们自然地把长盾连在一起。长盾外形是长方形，其阵势构成一道抵挡弓箭的安全屏障。从对卡雷战役的描述中我们知道，克拉苏军队不用长盾挡头。而在马尔库斯·奥里略纪功柱之上的龟形阵则展示了较为简单的战术。任何士兵倒下都会构成对阵势的破坏，所以阵势需要由具有高度纪律性和专业化的军队组成，因为在面对敌军时，他们必须保持坚定，并且习惯于集体作战。没有像罗马长盾这样的武器，也没有像罗马龟形阵这样的陈列，更能被中国人描述成“鱼鳞阵”了。

郅支城中确有罗马人，这也为中国人所发现的城外重木城所证实。威廉·塔恩这样写道：“在文学里或考古学里，我不记得何曾见过有哪一个希腊城邦的城墙是带重木城的。城墙外建一沟渠的做法(或一个大堡甚至有三条沟渠)是绝对存在的。”然而，罗马人惯于用木城来加固他们的沟渠，特别是在大门前。只要水上有桥的地方，就会建起栅栏。这一栅栏或建于岸上、或建于桥下。匈奴是游牧部落，他们在蒙古除了有中国降将所建的一些非常少的城市外，没有别的城市。在粟特，郅支单于当然要找最好的军事帮手，而罗马军团的士兵在筑城方面能提供无与伦比的帮助。中国人在粟特所见到的“重木城”是当时罗马在筑城方面的普遍特征。由此可见，郅支单于在修筑城防时，无疑得到了罗马人在工程上的帮助。

对于郅支来说，他利用罗马人来充当雇佣军是相当自然的。他的盛名使费尔汗纳和别的城市皆向其纳贡，他有支付雇佣军的费用来源。郅支身边没有大批的匈奴人，因为他的追随者中除了仅有的 3 000 人外，其他的都冻死在天寒地冻的通往粟特的道路上了。当他与粟特人开战时，他当然不相信当地人。而另一方面，罗马人会自然地被吸引到一个著名的勇士身边来，因为这个勇士宣誓要与可憎的帕提亚人成为对手，所以，在郅支人与罗马人之间存在着互为利用的关系。

甘延寿和陈汤在给皇帝的报告中说他们杀了 1 518 人，其中包括郅支单于的夫人们、太子和名王等，生虏 145 人，降虏 1 000 多人。这些人作为奴隶赋予城郭诸国所发十五王。如果我们将“145 俘虏”人数与在郅支城外摆鱼鳞阵的“100 多名士兵”人数相比较，就会发现两者实际上是同一批人，这一结论显然不会有误。陈汤所俘的应该是 145 名罗马人。这些人并没有投降，而只是停止战斗，正如色诺芬远征军在库那克萨(Cunaxa)打仗时得知他们的雇主被杀之后所做的那样。他们极可能仍保持着阵势，这是一群由自我防卫能力的人所组成的一个令人生畏的群体，只有职业军人才能做到。

这些罗马人似乎自由地选择去投靠中国人。因为对于他们而言，逃至四周荒凉的沙漠将意味着饿死。他们不像野蛮人那样能在草原上养活自己。而返回帕提亚，也同样意味着死亡，因为他们是从边境卫兵的岗位上逃出来的。至于中国人，则相反，他们欢迎能守卫其边疆的勇猛战士。在中国，这些罗马人被安置在一个特意建造的边城里，中国人给这个城市命名为骊靬。中国史学家没有注意到这件事，因为这对中国来说，是微不足道的事。我们在中国县名目录中发现了骊靬，王莽按儒教原则将其正名为“揭虏”，即“被安置的俘虏”。这个名字本身就足以说明罗马人确曾到了中国并被安置在那里。

罗马影响的另一证据是向朝廷陈送的远征报告，这一报告中包括进攻图，此图为班固所描述。毫无疑问，这些画面是真实的。正如狄乌文达尔克教授所说：“应该记住的是，绘画出战争中一系列人物杂乱活动的场面比用语言对之作出明晰的描述要容易得多。而另一方面，对画面作文字说明也很容易。”

在史书有关的编年纪事中，我们进一步发现了与这次战役有关的记载：

“四年春正月（公元前 35 年 2 月），以诛郅支单于告祠郊庙。赦天下。群臣上寿置酒，以其图书示后宫贵人。”

很自然，在每年一度的朝会和祭祀上大家一起庆祝这场非凡的胜利。那时儒教认为冬天是杀伐之时，所以惩罚性的远征都被有规律地安排在冬天。春天来临之前，陈汤得到了众人对其大捷的盛赞。图书，即“文件与图表”也被拿来向后宫贵人展示，这是史无前例且令人惊讶的。是什么样的图书，居然在后宫贵人看来如此有趣。

《萧何列传》提供了“图书”一词的最具权威性的证据：

“沛公至咸阳，诸将皆争夺金帛财务之府分之，何独先入秦丞相御史律令藏之。沛公具知天下塞，户口多少，疆弱处，民所疾苦者，以何得秦图书也。”所以图书一词包括地图、户籍、朝廷奏章，等等。

从下面的事实看，“图”包括地图是显而易见的。《汉书·地理志》中关于琅琊郡长广县有载：“奚养泽在西，秦地图曰剧清池。”可见到 1 世纪，当班固编写《汉书》时秦朝的地图仍被完好保存。

广义的“图”可以指任何被描绘的东西。“书”从字面上讲是

"写"，是一切写出来的东西的总称。班固所著《汉书》，即"汉代的书"中的书显然是指"书籍"。

但是图表或地图、朝廷奏章和有关文件这类东西一定不会被后宫贵人所赞赏。后宫贵人中鲜有识字者，而拿上述文件让妇女们看，未免太形同儿戏。在这儿，我们肯定不能狭义地理解"图书"，认为它仅仅指的是"地图与文件"，一定有有关这场胜利战争的画卷——班固能清晰地分场描写这场战争就是明证。

正如狄乌文达尔克教授所指出的，有充分证据证明中国前汉时期拥有高超的绘画艺术。而且军队穿越人迹罕至的地区需要用地图来记录他们的路线。

古代地图不像我们今天的地图。他们画出一个个位置，标在画纸的适当地方。这样的地图需要的不是制图员，而是画家。李陵的先例和陈汤"每过城邑山川，常登望"的行为，很明显地说明他在去粟特的途中带有记录其路线的画家。这样的地图一定需要很长的绢轴(此时纸尚未发明)来描绘沿途风景。画绢的旁边留有大量的空白，以便绘制别的东西。

汉代的中国画——我们有许多这方面的描写——只能描绘著名人物、道德故事和神话。除了陈汤的报告之外，我们还未听说有描绘当时实际事件的图画。有关郅支城被攻陷的画面在中国绘画史上是史无前例的。它们对中国艺术产生了新的影响。

众所周知，在罗马的凯旋式上经常使用大量图画。"塔楼林立，代表被占领城市，展示着战争功绩。"在从粟特返回中国的路途上或这之前，陈汤一定与这支罗马军队的长官谈过话，询问过他母国的情况。他们以前的战绩说明他们的长官必然是一位足智多谋的人。因为他正与一位获胜的将军一起回来，所以他一定向陈汤描述了罗马的凯旋式。克拉苏军队里有一些庞培的老兵，这些罗马人也许曾亲眼见过或参加过发生在公元前60年(即比卡雷战役早七年)庞培的凯旋式。在庞培凯旋式上有表现米特里达梯和与其同死的女儿们以及死在他之前的儿女们的画面。在韦斯帕芗和提图斯的凯旋式上，“丰富而典型的战争场面，各自独立，提供了非常生动的战争画面”。

上述罗马人的做法与陈汤远征地图上的画面特征完全吻合，而班固对这次远战的详细描述则依赖于陈汤的画面。像陈汤这样想象力丰富而敏锐的人，听说在罗马凯旋式上能用几个典型的战争画面表现一场成功的战役，他一定会利用这种表达方式，引起中国朝廷与皇帝对他那卓越战功的注意。

甘延寿与陈汤也很需要用这类办法来夸耀他们的战功。因为甘延寿曾违元帝之宠臣石显之意，拒娶其姊为妻。石显对此耿耿于怀。陈汤素贪，所虏获财物入塞多不法。两人又都犯有矫制诏书之罪。大臣们当然不会原谅这两位出使时未能按计划行使正当权力的军官。所以这两人都需要想法打通京城官僚们并让京城要人知道他们的胜利。

上文所引是班固《汉书》中能找到的唯一清晰地描述战争的文字，其编写依据是档案材料——朝廷奏章、奏折，等等。所有这些都收藏在帝国的藏书阁里，班固写史时被获准自由出入此地。毫无疑问，他应该看到陈汤的原始报告和地图。

我们也许应该把当时战争场面引入中国绘画主题的功劳归之于罗马的凯旋式。不过，这种风格在中国并没有流行起来。儒教并不赞美夸耀军功。但是一幅描绘129年之前于小汤山墓室东墙发现的汉人与中亚野蛮部落之间的战争画面仍保存着。宋代，1057年狄青死后，有人给皇帝献上两幅归仁铺战线图。于是皇帝在上面写了赞美之词，将之作为祭奠狄青的祭祀文。18世纪由“中国王朝征服者”乾隆皇帝监督塑成的16尊辉煌的雕塑又重现了这种风格。《满洲实录》(*Veritable Records of the Founder of the Manchu House*)一书里记载了乾隆的辉煌战绩，并配有插图。中国从来没有凯旋(Triumphus)和小凯旋(Ovatio)之类的仪式，儒教不赞成赞美纯粹的军事功绩，所以这类绘画也从没能流传下来。

结论：公元前 36 年，甘延寿和陈汤在中亚遇到了一些克拉苏军团的士兵，并把他们带回中国。中国的文献记录了这次远征，并用了中国其他作品中从未出现过的一个词来描绘这些军团的阵势，这个词只能是龟形阵，一种罗马士兵才能布成的阵式。被中国人围困的匈奴城为重木城，这不为中国人或希腊人所知，而常为罗马人所用。用绘制典型场景来表现战争，这是罗马凯旋式的惯用手法，而在中国是不曾见到的，可是在这次远征报告中恰恰出现了这种表现手法。更具说服力的是，公元前 79 至 5 年，中国出现了一个由古罗马的中国称谓命名的城市骊靬，名字本身就说明该地住有来自罗马帝国的人。

两位事件参与者的结局可谓有趣。甘延寿和陈汤在上疏中认为他们仰赖皇帝陛下神灵，行天诛，杀死了郅支单于，建议将郅支单于的头悬在藁街蛮邸间，“以示万里，明犯疆汉者，虽远必诛”。

但是他们最担心的事发生了。两位权臣冷冷地回答说蛮夷已知此事，宜勿悬。两位将军战战兢兢地回答：宜悬十日，后埋之。皇帝谦逊地采纳了后一种意见。司隶校尉移书道上，欲收甘延寿和陈汤下狱受审，陈汤上疏质问司隶是否在为死去的郅支单于报仇。皇帝立即下令用酒食犒赏陈汤的军队。

等到论功之时，石显和另一位有权的宦官提醒皇帝，认为延寿、汤擅兴师矫制，幸得不诛，如复加爵，则后奉使者争欲乘危徼幸，生事于蛮夷。皇帝内心嘉许甘延寿和陈汤，想犒赏他们。但也难违丞相之议，所以此事久议不决。

终于，一位耿直的儒生故宗正后来有名的刘向上疏曰：两位出使的军官承圣旨斩郅支单于之首，若其所得待遇太低，就不能鼓励人民从事军事行动。他们的远征不费国家分毫，其立之功大大超越所犯之过。所以应免除其过，并赏其爵位。于是皇帝下令赦免其过，召集公卿商议封爵之事。议者都认为他们斩了单于之首应获得适当的军功奖赏。但两位宦官认为：郅支本亡逃失国，窃号绝域，非真单于。皇帝打算封他们千户侯。两位宦官再提异议。最后甘延寿被封为义成侯，赐陈汤为关内侯，食邑各200户。另外各赏黄金100斤，拜甘延寿为长水校尉，陈汤为射声校尉，每人每年俸禄2 000石。甘延寿寿终正寝。陈汤后来被指控受贿而丢爵罢官，并因别的不正当行为被充军边疆，最后被召回京，并死于京城。

关于这些罗马人，除了那个中国西部城市骊靬继续存在下去外，我们一无所知。这个城市是不是殖民地，我们不得而知。这些罗马人人数太少，无法从罗马元老院获取建制。但是，它一定是按罗马模式建成的。这些人不是逃到中国的，而是自由人，所以无论如何不会顺从中国的行政统治。中国政府基本上让这些人独立行事，只要其保留臣服、和平、纳税并服一定兵役即可。中国一定给这些罗马人派了一个首领或长官来监管这座城市。罗马人与中国妇女结婚生子是肯定的事，这座城市此后又延续了好几个世纪。不管是不是某种殖民地(Colonia)，这个地方一定成了罗马人的聚居地，从这个意义上说，它亦可称为罗马的殖民地。

此城被列为中国的一个县，一直到5世纪才改变。那时它的重要性和人口都下降了。它被并入近邻番和县，但这个城市依然存在，因为7世纪时颜师古与一些从骊靬来的人谈话，记下了当地的发音，表明这些人在拼读名字时仍带一个“x”，正如“亚历山大里亚”一样。这种拼读法向我们证实罗马的传统依然留存在这个地方。大约746年，当吐蕃攻袭此地时，此城可能被毁，不再有人居住。此后，有关这座城市的记载也就消失了。正如所有伟大的民族一样，中国也是一个多民族国家。一百多位罗马人对这样一个容纳了许多其他民族的大国来说显然是微不足道的。罗马人在古代中国的出现表明世界实在太小，即使是那个时代也是如此。

附录二

主要参考文献

1. Ammianus Marcellinus, *Res Gestae*, Loeb Classical Library, Cambridge, Massachusetts, Harvard University Press.

2. Basham, A. L., *A Cultural History of India*, Delhi, Oxford University Press, 1975.

3. Claudius Ptolemy, *Geography*, New York: Dover Publications, Inc. 1991.

4. Coedes, George, *Textes D'auteurs grecs et latins relatifs a l'Extreme-Orient*, Georg Olms Verlag, Hildesheim, New York, 1977.

5. Dio Chrysostom, *Discourse*, Loeb Classical Library, Cambridge, Massachusetts, Harvard University Press.

6. Florus, *Epitome of Roman History*, Loeb Classical Library, Cambridge, Massachusetts, Harvard University Press.

7. Frank, T., *An Economic Survey of Ancient Rome*, Vol. 5, Paterson, New Jersey, Pageant books, Inc. 1959.

8. Hornblower, Simon and Antony Spawforth ed., *The Oxford Classical Dictionary*,

Oxford, New York, Oxford University Press, 1996.

9. Josephus, *The Jewish War*, Loeb Classical Library, Cambridge, Massachusetts, Harvard University Press.

10. Justinus, *Epitoma Historicarum Philippicarum Pompei Trogi*.

11. Narain, A. K., *The Indo—Greeks*, Oxford, Clarendon Press, 1957.

12. Pausanias, *Description of Greece*, Loeb Classical Library, Cambridge, Massachusetts, Harvard University Press.

13. Perponius, *Elegiae*, Loeb Classical Library, Cambridge, Massachusetts, Harvard University Press.

14. Pliny the Elder, *Natural History*, Loeb Classical Library, Cambridge, Massachusetts, Harvard University Press.

15. Plutarch, *Percepts of Statecraft*, Loeb Classical Library, Cambridge, Massachusetts, Harvard University Press.

16. Procopius of Caesarea, *The Gothic War*, Loeb Classical Library, Cambridge, Massachusetts, Harvard University Press.

17. Raschke, D. G., *New Studies in Roman Commerce with the East*, *Aufstieg und Niedergang der römischen Welt* 2.9, 1976, pp. 604-1361.

18. Richthofen, Ferdinand von, *China*, *Ergebnisse eigener reisen und darauf gegründeter studien*, Bd. 1, Berlin, D. Reimer, 1877.

19. Robert, Jean-Noel, *De Rome a la Chine*, Paris, 1997, Chapter 7.

20. Saeki, P. Y., *The Nestorian Documents and Relics in China*, Tokyo, The Maruzen Company Ltd. 1951.

21. Seneca, *Hercules of Oetaeus*, Loeb Classical Library,

Cambridge, Massachusetts, Harvard University Press.

22. Seneca, *Phaedra*, Loeb Classical Library, Cambridge, Massachusetts, Harvard University Press.

23. Seneca, *Thyestes*, Loeb Classical Library, Cambridge, Massachusetts, Harvard University Press.

24. Sherwin-White, Susan & Amelie Kuhrt, *From Samarkhand to Sardis*, University of California Press, Berkeley, Los Angeles, 1993.

25. Silius Italicus, *Punica*, Loeb Classical Library, Cambridge, Massachusetts, Harvard University Press.

26. Statius, *Silvae*, Loeb Classical Library, Cambridge, Massachusetts, Harvard University Press.

27. Strabo, *Geography*, Loeb Classical Library, Cambridge, Massachusetts, Harvard University Press.

28. Suetonius, *The Lives of the Caesars: Augustus*, Loeb Classical Library, Cambridge, Massachusetts, Harvard University Press.

29. Tarn, W. W., *The Greeks in Bactria and India*, Cambridge, Cambridge University Press, 1938.

30. Virgil, *Georgics*, Loeb Classical Library, Cambridge, Massachusetts, Harvard University Press.

31. Warmington, E. H., *The Commerce between the Roman Empire and India*, London, Curzon Press, 1974.

32. Yule, C. H., *Cathey and the Way Thither*, Printed for the Hakluyt Society, London, 1866.

33. *Milindapanha*. The Pali Text, edited by V. Trenckner, The Royal Asiatic Society, 1928.

34. *Periplus Maris Erythraei*. Princeton, N. J.: Princeton University Press, 1989.

35. *The Mahavastu*, Vol. 1, Translated from the Buddhist Sanskrit by J. J. Jones, Luzac and Company, Ltd., London, 1949.

36. *The Regions of the World* (Hudud al-Alam), Printed for the Trustees of the "E. J. W. Gibb Memorial" and Published by Messrs, Luzac and Company, Ltd., 46 Great Russell Street, London, W. C. 1, 1970.

37. 爱德华·吉本. 罗马帝国衰亡史. 北京：商务印书馆，1997。

38. 特奥多尔·蒙森. 罗马史. 第1、第2、第3卷，北京：商务印书馆，2004—2005。

39. 汤普逊. 中世纪经济社会史. 上册，北京：商务印书馆，1984。

40. 戈岱司编. 希腊拉丁作家远东文献辑录. 北京：中华书局，1987。

41. 威尔斯. 世界史纲. 上海：上海商务印书馆，1927。

42. 塔西佗. 编年史. 北京：商务印书馆，1983。

43. 塔西佗. 历史. 北京：商务印书馆，1981。

44. 姚宝猷. 中国丝绢西传史. 北京：商务印书馆，1944。

45. 希罗多德. 历史. 北京：商务印书馆，1985。

46. 普鲁塔克. 希腊罗马名人传. 北京：商务印书馆，1990。

47. 阿庇安. 罗马史. 北京：商务印书馆，1975。

48. 李约瑟. 中国科学技术史. 北京：科学出版社，1975。

49. 阿诺德·汤因比. 人类与大地母亲，一部叙事体世界历史. 徐波等译，上海：上海人民出版社，2001。

50. 余太山. 两汉魏晋南北朝与西域关系史研究. 北京：中国社会科学出版社，1995。

51. 林梅村. 古道西风——考古新发现所见中西文化交

流．北京：生活·读书·新知三联书店，2000。

52．岑仲勉．隋唐史．下卷，北京：高等教育出版社，1957。

53．朱谦之．中国景教．北京：人民出版社，1993。

54．林悟殊．唐代景教再研究．北京：中国社会科学出版社，2003。

55．阿里安．亚历山大远征记．北京：商务印书馆，1985。

56．西域南海史地考证译丛．第1、第2、第3卷，北京：商务印书馆，1962。

57．世界历史词典编委会编．世界历史词典．上海：上海辞书出版社，1985。

58．辞海·历史分册(世界史·考古学)．上海：上海辞海出版社，1982。

59．彭树智．文明交往论．西安：陕西人民出版社，2002。

60．雅诺什·哈尔马塔主编．中亚文明史．第2卷，北京：中国对外翻译出版公司，联合国教科文组织，2002。

61．玄奘原著．季羡林等校注．大唐西域记校注．北京：中华书局，1985。

62．S. A. M. 阿谢德．中国在世界历史之中．石家庄：河北教育出版社，1993。

63．芦苇．中外关系史．兰州：兰州大学出版社，1996。

64．沈福伟．中西文化交流史(第2版)．上海：上海人民出版社，2006。

65．朱新予主编．中国丝绸史(通论)．北京：纺织工业出版社，1992。

66．刘增泉．古代中国与罗马之关系．台北：文史哲出版社，1995。

67. 亚里士多德. 亚里士多德全集. 第4卷，北京：中国人民大学出版社，1996。

68. 张星烺. 中西交通史料汇编. 北京：中华书局，2003。

69. 布尔努瓦. 丝绸之路. 济南：山东画报出版社，2001。

70. 夏德. 大秦国全录. 北京：商务印书馆，1964。

71. 李雅书选译. 罗马帝国时期(上). 北京：商务印书馆，1985。

72. 司马迁. 史记. 北京：中华书局，二十四史点校本，1959。

73. 班固. 汉书. 北京：中华书局，二十四史点校本，1962。

74. 范晔. 后汉书. 北京：中华书局，二十四史点校本，1965。

75. 阴法鲁、许树安主编. 中国古代文化史. 第2分册，北京：北京大学出版社，1991。

76. 余太山. 塞种人研究. 北京：中国社会科学出版社，1989。

77. 王治来. 中亚史纲. 长沙：湖南教育出版社，1986。

78. 王治来. 中亚通史·古代卷. 上册，乌鲁木齐：新疆人民出版社，2004。

79. 松田寿南. 古代天山历史地理学研究. 北京：中央民族学院出版社，1987。

80. 赫德逊. 欧洲与中国. 北京：中华书局，1995。

81. 李约瑟原著，柯林·罗南改编. 中华科学文明史. 上海：上海人民出版社，2001。

82. (晋)孔晁注. 逸周书. 丛书集成初编，北京：中华书局，1985。

83. (晋)郭璞注. 山海经. 丛书集成初编，北京：中华书局，1985。

84. (战国)吕不韦辑. 吕氏春秋. 丛书集成初编，北京：

中华书局，1985。

85. (西汉)刘安. 淮南鸿烈解. 丛书集成初编，北京：中华书局，1985。

86. (西汉)贾谊. 新书. 北京：中华书局，1985。

87. 王国维. 观堂集林. 北京：中华书局，1956。

88. 岑仲勉. 汉书西域传地里校释. 上册，北京：中华书局，1981。

89. 方豪. 中西交通史. 上册，上海：上海人民出版社，2008。

90. 斯坦因著. 沙埋和阗废墟记. 乌鲁木齐：新疆美术摄影出版社，1994。

91. 勒尼·格鲁赛著. 草原帝国. 西宁：青海人民出版社，1991。

92. 阿里·玛扎海里. 中国—波斯文化交流史. 北京：中华书局，1993。

93. 范振安、霍宏伟. 洛阳泉志. 兰州：兰州大学出版社，1999。

94. 杨共乐. 罗马史纲要. 北京：商务印书馆，2007。

95. 杨共乐. 罗马社会经济研究. 北京：北京师范大学出版社，1998。

附录三　推荐意见

推荐人必须认真审读申报成果，对该成果的学术质量作出实事求是的评价。一旦推荐，须承担个人信誉责任，推荐意见将作为成果入选后出版的附录材料。							
推荐人姓名	廖学盛	年龄	73	专业职称	研究员	研究专长	古希腊罗马史
工作单位	中国社会科学院世界历史研究所					联系电话	65778781

主攻古代罗马史的杨共乐教授，对于古代的中国与中亚、西亚以及欧洲的希腊、马其顿、罗马等地的文化交流，特别是与早期丝绸之路有关的历史和相关的学术论争，长期给予高度关注，并在细心收集和研究国内外相关资料的基础上，一再撰文申述自己的心得和见解，提出质疑，他在这方面的学术活动，早已引起学界的关注。现在，他将多年积累的文稿和资料汇编成《早期丝绸之路探微》书稿。我认为这部书稿既有学术和理论意义，又有现实意义。在中国的对外文化交流日益显得重要的今天，出版部门尽力帮助《早期丝绸之路探微》这样的书早日面世，乃是责无旁贷的事。

就我所知，这部书稿中的一些论断都是建立在翔实可靠的材料的基础之上，提出的质疑确有发人深省之处，都是认真继承前人成果，又长期独立钻研，并与师友共同探讨的结果。书中涉及的问题，有许多都是广大群众所关注，并非仅为学术界人士所瞩目。

推荐人签字：廖学盛

2010年6月3日

推荐人必须认真审读申报成果，对该成果的学术质量作出实事求是的评价。一旦推荐，须承担个人信誉责任，推荐意见将作为成果入选后出版的附录材料。

推荐人姓名	刘家和	年龄	81	专业职称	教授	研究专长	世界古代史 [illegible]
工作单位	北京师范大学历史学院					联系电话	62208591

杨共乐教授著《早期丝绸之路探微》推荐书

这一本书是杨共乐教授近十年来潜心研究的成果。在此以前，他所专注的研究重点是罗马史，尤其罗马社会经济史；他也是由此而进一步研究罗马丝绸消费与丝绸之路的问题的。为了研究此问题，他又进而钻研中国秦汉史。从中西两方面的历史研究入手，进而作丝绸之路研究，这使他的此项研究有了一个坚实的双方的历史基础。这是此书的一个优点，也是其特点之一。

此书虽建立在若干单篇研究论文基础之上，但是结构完整，逻辑严密。全书五篇，首先述交往以为先导，继则在前贤研究基础上提出质疑，由质疑问难而引入思考，由思考而进行必不可少的考据，最后殿之以材料即考据之根据。这是此书的有又一优点，也是其特点之二。

此书最使我印象深刻的地方在于，作者之善于质疑与密于考据。

关于前者，如甘英出使大秦路线问题。范晔《后汉书·殇帝纪》无说，《后汉书·西域传》在总序言班超遣甘英西使时一语带过，全无路线记载。前贤多取北道说，以其合于西人托勒密之记载。而此书作者以为，托勒密说本身即有难解之处，且袁宏《后汉纪·殇帝纪》则明言"甘英逾悬度，乌弋山离，抵条支，临大海。"复审《后汉书·西域传·德若国传》也有从该国自皮山经乌秅、涉悬度、由乌弋山离而抵条支的已知路线。以袁宏《后汉纪·殇帝纪》与《后汉书·西域传·德若国传》所记两相印证，由此可知，甘英所行经者实为南道，几乎无可疑义。

关于后者，如《那先比丘经》中的"大秦国"与"阿荔散"问题。前贤一般以为"大秦国"即罗马，"阿荔散"即埃及之亚历山大里亚。此书作者以《那先比丘经》巴利文本（即《弥兰王问经》）之英译文与汉译本相对校，发现巴利本中并无"大秦国"或罗马之文，与此词相对应处之字实为YONA（YAVANA），即汉译佛经常见之"臾那"，实即南亚人对中亚希腊-马其顿人之称呼。作者由此证明，此经所言之"阿荔散"，毕竟不能是埃及之亚历山大里亚，而只能是中亚的一个亚历山大里亚。

如此质疑与考据，置根于中西文献比较、对证之中，乃中西历史比较研究之必经途径，殊为可嘉。这是此书又一优点，也是其特点之三。

根据以上三点管见所及，愚以为此书实具有开拓性之进展，能备一家之言，且其思路亦颇有启发性。兹谨郑重推荐，尚请予以资助，以利出版。

推荐人签字：

2010年6月1日

后 记

《早期丝绸之路探微》是笔者在深入研究古代罗马史和罗马经济史的基础上开拓出来的一个新的研究点，属于扩大化的罗马史研究范畴。选择这一研究领域与笔者聆听刘家和先生讲授的《史记研读》课程有密切的关系。从刘先生的授课中，笔者逐渐领悟到了两个重要的道理：(1)历史学的最高境界应该是独家之言。把客观存在的真相充分或完全地揭示出来，是一项非常艰苦的工作。能“成一家之言”已相当不易，要求“独家之言”更是难上加难。但这是历史学的根本，也是历史学存在的基本前提。(2)历史学的研究方法众多，唯有考据才能达到以上目的。陈垣先生有言：“考证为史学方法之一，欲实事求是，非考证不可。”①考据之功能由此可见。正是基于上述认识，笔者选择“早期丝绸之路”作为研究的重点和突破口。这样，既能训练考据学方法，又能解决相关的学术问题。因此，从某种意义上说，《早期丝绸之路探微》是一部

① 陈垣：《通鉴胡注表微·考证篇序录》，98页，北京，科学出版社，1958。

以“丝绸之路”为切入点的探索性作品，也是笔者十余年来从事考据训练的实践性成果。

6 世纪以前，丝绸是中国特有的物品，在世界上具有唯一性。与此同时，丝绸也深受罗马帝国上层贵族的欢迎，是史有所载的客观事实。但在 1877 年以前，世界上从来没有把中国丝绸与罗马丝绸联系起来加以考察的作品。从学术史的层面上讲，李希霍芬应该是世界上第一位提出“丝绸之路”这一概念的学者。不久，赫尔曼在此基础上，把“丝绸之路”的范围延伸到罗马叙利亚，从而将中国与罗马连接于“丝绸之路”这一纽带之中。后来的学者也都在“丝绸之路”的概念下，不断丰富相关的研究内容，但很少有学者去证明或验证“丝绸之路”是否真的存在这一带有根本性问题。

自从 1996 年开始，笔者从东西方古代文献入手，系统搜集、整理古代西方作家笔下的有关丝绸的材料。最初，只是想解决一些与“丝绸之路”有关的疑难问题，后来，随着研究的不断深入，笔者愈发感到对“丝绸之路”这一概念有重新验证的必要，并开始进行重点探研。通过十余年的艰苦工作和认真摸索，笔者发现：

1. 罗马人曾到过中国，但次数很少。有据可查的只有四次。第一次，罗马和中国文献皆有记载；后三次唯有中国文献有记录。虽有一次中国人到达罗马的记录，但经作者考证是误载。

2. 罗马有较大的丝绸市场。在不能获取更多人员交往资料的情况下，论证罗马丝绸市场的存在是确证“丝绸之路”概念合理性的关键。文献材料和相关的拉丁铭文为我们提供了解决上述重要问题的新途径，尤其是拉丁铭文材料，不但丰富和印证了文献的相关内容，而且也证实了罗马丝绸交易以及丝绸价格体系的存在，进而从根本上还原了罗马存在丝绸市场这一客观事实。

从现有的材料来看，虽然找不到一条具体、固定的由中国前往罗马的商贸大道，但丝绸确实“是连接东西方古代文明最重要的物品，东西方各文明区之间早在公元前1至8世纪就形成了一个较为完整且自成一体的‘丝绸世界’。这个世界从产丝的中国开始，转经中亚、波斯或印度，再到买丝消费的罗马。这是世界上出现的一种独特的跨文明区但同时又超越跨文明区的文明现象。”① 当然，对于这种现象的解释还须花很大的功夫。

《早期丝绸之路探微》中的“探微”二字为刘家和先生所改，“见微知著”与本书的内涵非常吻合。笔者在写作时，尽量立足微观，由小见大，关注人类交往的广泛性、多样性和复杂性，审视早期人类世界所具有的整体性特色。本书既注意细微的考证，又重视缜密的分析，更关注对宏观问题的深刻思考。

《早期丝绸之路探微》是国家社会科学基金项目(批准号为：01CSS002)，为笔者十余年间陆续完成的成果。书中的部分内容虽然以论文的形式在《世界历史》《北京师范大学学报》等杂志上发表过，但在出书时笔者又对之进行了适当的修改和充实，在此特作说明。

在本书出版以前，刘家和先生和廖学盛先生又对作品作了认真、细致的审读，笔者备受感动，特再次向他们表示谢忱。

杨共乐
于北京师范大学史学理论与史学史研究中心

① 见本书序言。